启真馆 出品

穿越西方
社会理论的省思

叶启政　著

A Reflection
on the Western
Sociological
Theory

ZHEJIANG UNIVERSITY PRESS
浙江大学出版社

自　序

　　前年（2016年）三月间我赴北京大学从事短期的系列演讲时，北京大学社会学系的渠敬东教授告诉我，浙江大学出版社的王志毅先生要他转告我，浙江大学出版社有兴趣出版我过去写的作品。得知这个消息后，我即与王先生联络，做了初步的意见交换，并了解了一些相关细节。王先生表示，即使同时为我出版两三本论文集都不成问题。对我来说，这可是一项殊荣，实在辜负不得。

　　回到台湾后，我立即整理了一下过去所写就的文章，做了一些筛选，把过去已分别收录在2005年由上海人民出版社出版的《期待黎明：传统与现代的搓揉》和2006年由北京大学出版社出版的《社会理论的本土化建构》的文章，以及因时宜或版权问题不适合再次出版的文章予以排除后，总共还剩有十三篇可以运用，其中有两篇是从未发表过的文稿。我再次认真地审阅这些文章的内容，并加以思索，认为全部合并成为一本书出版，不只篇幅过大，而且，内容也将显得过于纷杂且臃肿，犹如一道大拼盘，感觉不是很恰适。当时，我已准备再撰写两篇文章，加起来共十五篇，总字数势必又要增加（超过三十万字）。这么一来，我想，无论就篇幅的大小还是内容的性质来说，分成两本来出版应当会更适当些，结果，情形就是读者们所将看到的这个样子。

　　如此决定之后，剩下来的工作变成只是如何为这十五篇文章归类收编的问题了。我反复地浏览这些文章，也斟酌过好几次，终于决定把所有理论性的论文收编在一起，这就是诸位读者将看到的这本书的样子。另外有关对各种实际社会议题的论述以及两篇有关爱情的理论性讨论的文章则收编在一起，名之为《社会学家的絮言絮语》，另行成书出版。下面，让我对这本文集的内容，尤其是我写这些文章时的心路历程，做个简单说明，好让准备继续阅读下去的读者心里头有些底，或许有助于读者进入状态。

从 1984 年出版第一本学术作品至今的三十四年间，说来惭愧，我真正以从头到尾一气呵成的方式来表述一个核心议题的著作只有三本，我一直把它们当成是检讨西方社会学理论的三部曲。这三本书分别是 2000 年的《进出"结构－行动"的困境：与当代西方社会学理论论述对话》（2004 年修订二版）、2008 年的《迈向修养社会学》以及 2013 年的《象征交换与正负情愫交融：一项后现代现象的透析》。就我个人四十多年的学术生涯来说，我一直把在这三本书中所表述的，当成是毕生从事社会理论思考的一点成果，而这个成果还真只不过是一个起点而已。我的意思是，终于在撰写《象征交换与正负情愫交融》一书时，自认才似乎把理解当代社会的基本理论概念轴线拉了出来，让整个理论思考之光谱架构的雏形露出一点曙光。更重要的是，这可以用来作为重新批判地检讨整个西方社会学的理论思维以及其背后之认识论与存有论根底的概念基础。依我个人的看法，大有可以翻转、颠覆整个西方的思维模式以重构社会理论之座架的潜势。然而，到了这么一个耄耋残烛之年，我深感心有余而力不足，只能徒呼负负了。看来，这个工作只能留给下一代的学者来完成，假若这被认定为是有意义的话。

我并不认为自己是患有"大头症"的人，我自己深知，这样的认知是否有道理，还有待学术界的同好们来公评。倘若认为我说得有点道理，那么，我就十分期盼有人接下来继续发展。这可以说是我从事社会理论思考四十多年来余下的一点小心愿。为了让这样的心愿有实现的可能，首先，当然就是让更多的同好有机会接触我的想法。无疑，留下具体的痕迹就是机会，而出版著作就是留下痕迹最具体的做法。说来，这就是我想让这本文集问世的最主要理由。

当然，最好的做法是让上面所提到的三本拙作能够同时地在整个汉语世界里被看到。但是，基于种种的现实因素，这似乎行不通。于是，我就转个弯，找个变通的方式来进行，而这个变通的方式所以得以运用，乃与我过去的思考模式与撰写习惯有关。自从拿了学位出道在大学任教以来，我就习惯于把自己在一段时间里所思考的东西整理一番写成文章。这么做至少有两个好处：一则，在遗忘之前，把自己所思考的成果留个记录，随时可以回过头来再思索与修饰；二则，帮助自己重新整理整个思绪，写作本身常常可以使得诸如问题的焦点、处理的线索，或相关议题的纠结等等的难点，获得更进一步的澄清，以至可以让自己更透彻地予以掌握。所以，在写前面提到的三本书之前，我都把自己的一些前置想法先行写成论文，等到这些相关的文章累积到一定程度，我再根据这些文章的内容予以扩充，并重新做更细致的修润或更改。

总之，由于我过去有这样的写作习惯，如今，我才可以在不涉及版权与种种现实条件之限制的情况下，把过去累积起来的相关文章汇集在一起成书出版。如此，纵然读者们没有机会阅读到前面所提到之三部曲作品的完整全文，但是，基本上，还是可以透过本书所汇集之文章中的论述掌握我所欲表达之想法的梗概，甚至还是更加精练而简约，少了不少的啰嗦赘言呢！

在本书中有两篇文章，我必须特别做点说明。首先，《西方社会理论的历史质性》这篇文章的内容是根据这些年来我在几个大学做短期讲座时的原始初稿予以修改并扩充而成的。当初，写这篇文章的动机是企图藉此来整理，并统摄我过去对西方社会理论所持有的基本观点。如今，收集在这里，自然也有着相同的意思，希望在与西方社会理论论述接触时，扮演着相同的承接转折角色。正因为有着如此的期待，所以，我把它安排在第一篇的位置上，让读者们对我（对西方社会理论）的基本想法有个初步的了解。如此，再来阅读下面的文章，应当会有所帮助的。至于《重估韦伯的"理念型"——后设理论的启示》一文则是我最近思考韦伯的方法论与认识论所获得的一项新见解，认为韦伯的"理念型"思维在相当大的程度上呼应着我所谓（也是我所主张）之具搓揉摩荡性的"断而未断"思维，乃是有别于西方人从十七世纪笛卡尔以来着重二元互斥逻辑的"断而再断"思维的。我认为，韦伯这样的思维颇有助于我们重新来检讨两个过去一直被西方研究行为与社会的"科学"家所"诟病"并力图避免与排除的概念，它们分别是模棱两可（ambiguity）与正负情愫交融（ambivalence）。说得更为具体点，在我的心目中，用来分析与理解当代人类文明，这两个概念具有正面，乃至是不可或缺的意涵，而韦伯的"理念型"的分析策略正有助于我们来证成此一意涵。所以，有关韦伯之"理念型"的这篇文章可以说是为我在这本书的基本立论做注脚，也是提供"强心壮体"的概念"营养剂"。

我是一个一直沉溺在抽象思考世界的学院人，既"不务实际"，更是远离凡尘。几十年下来，我深知，不论是我的讲课还是书写作品都有嫌过于艰涩生硬难懂，这是四十多年来几乎所有我教过的学生（特别是大学本科的）的共同评语。对此，我由衷地接受，也一直引以为戒，更是想改，但是，似乎是始终没有办法做好。当然，我不能，更不想以此为由来原谅自己。不过，在这是既成事实的前提下，假若读者们阅读起来有困难，那就实在不好意思了，还请务必担待，耐心多看几遍，或许就会有不同的体会吧！

最后，让我再次感谢浙江大学出版社的王志毅先生以及参与此书之编辑工作的同仁们，没有各位的用心与耐心，这本书是成不了形的。我也应当再次感谢北京大学社会学系的渠敬东教授，没有他的引荐，这本书更是不可能问世的。

叶启政识于 2018 年 1 月 9 日

目 录

西方社会理论的历史质性

一、前言

知识是人自身对世界（包含其他人）与自己所引发的感受与认知结晶，反映的是人们对现象世界的特殊经验和问题意识，并且对世界施展着诠释的功夫。胡塞尔在检讨欧洲科学的发展时，即明白地指出，欧洲科学所面对的最根本危机，即在于科学家们普遍忽略了科学知识背后所存在之这样的社会（也是历史）质性。换句话说，今天我们所拥有的科学知识事实上是欧洲人所感知的"特殊"经验，乃受其所经历之历史－文化质性所影响。胡塞尔即因此认定，所有的知识涉及的，基本上都是心理学的问题 [①]（Husserl, 1970）。胡塞尔的弟子伽达默尔更是明确地指陈：任何知识体系都是在人们使用特定语言、既有的定见（prejudice）和既有的传统等等的条件下被建构出来的，它必然有着特定的方法论、认识论与社会存有论（哲学人类学的存有预设）作为后盾（Gadamer, 1975）。

就集体的角度来说，知识会被累积，有着一定的文化传承——也就是一般说的传统。尤其，一旦知识成为一套具体系性的建制之后，它往往即被赋予了一种无形的权力形式，有了施加于人们身上要求接受（乃至认同）的力道。其中，传统可以说即是界定权力之运用正当与否的重要社会机制，甚至是决定知识本身之社会价值的重要判准。的确，尽管我们可以看到传统不断受到挑战而有所更迭，甚至不断地萎缩，但却不可能完全消失，总是一直以点滴渗透的方式潜沉地产生着作用，只不过作用的程度有多有少而已。

---

① 以胡塞尔惯用的哲学语言和概念来说，称之为现象学应当更为恰当。

以上面这样的论述作为基础，针对西方知识体制的历史发展，特别是就所谓的科学知识传统而言，其所展现的整个知识内容自然不会一成不变。正相反，它有着某个程度的变异，甚至被要求要有所变异，而这也就形塑成为推动知识（特别是所谓的科学知识）发展的重要"意识形态"，人们甚至称之为"进步"。尤其，倘若这样的知识翻新能够转化成为技术，促成现世的功利实效，人们更是欢迎，并视为是知识的成就，也是知识所应担当的社会任务。只不过，在这样不断的挑战与翻新过程中，知识体系却总还是依旧附着在一套具一定程度之"传统"成分的座架下被人们经营着。科学史家托马斯·库恩称之为常态科学（normal science）（Kuhn, 1973）。这也就是说，任何的知识体系都有着一套特定的文化－历史质性作为经营知识的潜在底蕴，因此，尽管所有的知识都是"诠释"的——人的诠释，但是，这一切却显得所当然，不必言喻而自明，甚至更是不容置疑和挑战，因为它恰似是上帝所恩赐的"物自身"，而如此之"物自身"的"意识形态"，施及于自然科学知识，更是特别耀眼。

伽达默尔告诉我们，相对于自然现象的本身，人的行为表现和社会现象自身，相当程度地可以说是人们对文化－历史质性予以诠释的显体，而当知识所具有的诠释特质施于有关人自身的行为和社会现象时，其所显现的因而是一种二度诠释的情形，即：知识是一些特定的人（如学者）对一般人的一度诠释进行着再度诠释的系统化诠释成果（Gadamer, 1975）。只是，对此种现象，一般人（甚至学者）总是没自觉到，尤其深受自然科学之"物自身"观的影响，以至于把文化－历史质性的特殊底蕴抽空，或顶多把这样的二度诠释的知识等同于一度诠释的知识，且总认为其所经营出来的知识指向的是一种可以超越特定时空制约的客观且普遍现象。无疑，这是严重的误认，纵然它显现的，看起来似乎是一种具有普遍校准的现象（如万有引力定律）。在此，我要特别指陈的是，不管是一度还是二度诠释，也不论是指向人的社会世界或自然世界，任何的知识必然承载着特定的文化－历史质性，总是有着特定的宇宙人生观作为后盾。换句话说，作为一种人为的象征产物，知识的本身即具有特殊的社会性。

那么，经过所谓科学理性洗礼过的现代西方知识自然也不例外，必然有着一定的文化－历史质性作为后盾，而这可以说是西方人之特殊感知经验的一种系统性的体现，自没有具"普遍或非普遍"与否之争议的必要；若有，那也只是一种有关居优势主导权之感知模式和信念象征的斗争。追根究底地来看，此一斗争本质上是"感性"的，甚至是以激情为本的。下面，我就尝试着以西方社会理论（或思想）为范例，进行如此一般的知识社会学剖析。

二、以"认知"面向为主调的二元互斥对彰观——冲突是社会互动的本质

自从十四世纪源自意大利地区的文艺复兴（Renaissance）运动兴起以后，西方人逐渐从"人"自身出发来思考种种（包含物理和社会）的现象，遂有了所谓"人文主义"（humanism）这样的说法。就历史的轨迹来看，这样的人文观首先遭遇到的，莫过于中古世纪基督教会垄断下以"上帝"为中心的思想。其中，在承认"上帝"是万物之创造者的基本前提下，如何安顿人的"理性"，遂成为重要的课题。在十七世纪，这甚至可以说是主导整个西欧社会思想与自然科学知识发展背后的核心哲学议题，诸如笛卡尔、霍布斯、牛顿等人的思想，追根究底地来看，莫不触及。

回到人自身作为出发点来看问题，跨越十六与十七世纪的笛卡尔（1596—1650）以一句"我思故我在"（*Cogito, ergo sum*）的名言道出了"存在"的条件，成为后来西方哲学（连带的，科学）认知的基础。笛卡尔之"我思故我在"中的"思"指涉的，基本上是人们的认知面向，其所涉及的，推到极点来说，乃是攸关真理的理性与否的问题。其实，自古希腊（至少自苏格拉底与柏拉图）以来，西方人对人所具有的纯粹理智即特别迷恋。譬如在《普罗泰戈拉篇》中，柏拉图即通过苏格拉底的口这么说："智慧是组成美德最大的部分，而罪恶之源乃来自无知。"

　　首先，笛卡尔确立了主/客（或心灵/物质）的二元互斥对彰的思维模式——一方面，肯定（物质）客体的自主独立存在；另一方面，则确立了人作为感知主体，乃以思想（知觉）认知作为铺陈真理的依据。换句话说，在笛卡尔的认知范畴里，具有自我察觉之"人"作为认知主体的"我思"位置，乃是判定任何存在之"确定性"（certainty）的基础。这么一来，我们就不能不肯定人的感官知觉（perception）的重要性，也必须承认其是可以"运作"，且有着一定的可靠性。以此一见解为基础，笛卡尔分享着同时代（但是稍早）之英国培根（1561—1626）的主张，以为"怀疑"是获致真理的必要心智条件。笛卡尔在其《沉思录》的第一部分中，即提出了所谓"怀疑的方法"（method of doubt）来阐明人类的理智认识禀赋，并以寻找称之为"魔鬼证明的确定性点"（a demon-proof point of certainty）的方式来证成"真理"，后人遂称此一怀疑的提引与解决为"笛卡尔的怀疑"（Cartesian doubt）（Descartes, 1984）。

　　根据笛卡尔的意思，简单地说，当人们判定命题的真伪时，首先应当对其真理性的怀疑予以悬搁，仅当成是一种无掩遮的可能。然后，透过对记忆、感官，甚至理性之陈述判断的"怀疑"，逐渐增加接受的标准。在这个过程中，最具戏剧性的莫过于内涵在人之记忆、感官，甚至理性的陈述判断中总是有着所谓的"魔鬼欺骗"。不过，上帝是不会欺骗人的，人们可以透过上帝所赋予的"理性"能力，并运用感官来从事"我思"，以对客存事物获取正确的认识。就西方理性认知发展史的角度来看，这样的"确定性"说法衍生出来的，即意涵着连后来所谓的科学理性亦是秉承上帝的旨意而来的，乃上帝特别恩赐给人类的一种禀赋。倘若允许我们进一步地予以推衍，那么，这也就是说，经过适当的训练，任何心智正常的人基本上都有能力可以运用"理性"来认识自身与世界。摆回西方之认识论的发展历史场景来看，逻辑与科学方法即是训练这种理性心智的典型技能。

　　假如允许我们进一步衍生地予以阐述，上面的陈述乃意味着，在笛卡尔的眼中，人首先要对任何事物予以怀疑，唯一不可怀疑的，就是怀疑本身。那么，人们怎样从不断怀疑之中寻找到真理呢？笛卡尔化解此一疑难的绝妙论点，则在于确立"清晰明白的概念就是真理"这样一个命题上面。这也就是说，人具有从事"理性"思辨的能力，这是上帝赋予人类的恩典。于是，倘若人们能够提供并凝聚出清澈而细致的概念，真理终究是可以被确立的（Descartes, 1984）。以现在的观点回溯地来看待，笛卡尔这样的主张可以说是柏拉图主义强调"理念（Idea）自身乃建构知识之基素"这样的论点所衍生的一种说法，是十七世纪理性主义的修正版本。基于此，留下的问题，最为典型且重要的莫过于：如何使得人的概念清晰明白得足以构作出让人信服的"真理"？无疑地，这样对"真理"的认知期待，为此后以逻辑与其他种种方式（如实验、归纳与演绎等等）作为基础的科学方法铺下了一条康庄大道，也开启了理性主义的信念，连带地逐渐减少了人们对企图以"奇迹"和"上帝"的名号来认识、处理人类事物之作为的信赖。更重要的是，笛卡尔如此的真理观，在以客体作为互斥且对彰的范畴来穷尽地对应着主体的概念架构的推动下，除了形塑出了西方人的基本认知模式之外，尚成就了唯物的、机械的和可预测的宇宙图像，这特别明显地表现在（自然）科学的认知上面。

笛卡尔如此以"客体"作为互斥且对彰的范畴来穷尽对应着"主体"的概念乃意味着，假若"主体"这个概念可以被接受的话，它所指涉的基本上乃是对反着"完全"受制于"关系"之"客观化"的结构理路而有所超脱，并进而得以展示人有自主能动之潜力的意思。无疑地，如此一般之主客相互穷尽的二元互斥对彰观，使得人们对任何事物一直相信，也承认存有着一个对立面，除此之外，没有任何更多的对立面。譬如，A与非A是互斥着的，两者不能同时存在，总是非此即彼，而且，两者总和起来，则穷尽了一切。说来，西方这种逻辑的基本律则，几乎从来就没有被人们怀疑过，乃是上帝赐予的真理。很明显，在这种观点的完全笼罩下，相对地来看，譬如，《心经》中所说的"色不异空，空不异色；色即是空，空即是色"的说法，自然是不合逻辑的。因为"色"与"空"必须是相互排斥着的概念，两者势不两立，怎么可能等同并立着呢？再说，就分类的逻辑而言，此二"非此即彼"的概念连在一起，即已穷尽了所有的可能，中间既不能有任何的空档，更是不允许有任何灰色地带存在着。

这样采取二元互斥且穷尽的对彰方式来建构概念，成为近代西方人对科学分类的基本理趣要求。基本上，这是唐力权在《周易与怀海德之间：场有哲学序论》一书中所说的"断而再断"的认知模式，讲究的正是犹如树枝分权层次一般之由一而二而四而八而十六等等依序以二元方式一再分叉下去的分类逻辑。相反地，《心经》对"色"与"空"的说法则是一种"断而不断"的思维方式，强调的乃有如《易经》中揭橥之"阴"与"阳"相互搓揉摩荡的功夫，其所呈现和期待的，是一种类似混合着泥土之"你中有我，我中有你"的纠结缠绕，且相互渗透的状态（唐力权，1989）。在此，姑且不去细究此一东西方不同的思维认知传统可能蕴涵的意义，单就西方此一"断而再断"的认知模式来说，毫无疑问地，它对整个西方社会学思想的发展有着深远而厚实的影响，值得特别加以注意。即使如此，其实，回顾当代西方学者的论述，我们发现，并不是没有人对笛卡尔之如此一般的"断而再断"认知模式有意见，譬如，法国人类学家杜蒙所提之"概念的阶序对立涵摄说"就是一个例子①

---

① 依照杜蒙的观念，阶序原则是构成人类社会的原始特质，而此一阶序基本上并不是一串层层相扣的命令，甚至也不是等第依次降低的一串存有锁链，更不是一棵分类树。它是一种关系的呈现形式——可以适切地称之为"把对反包含在内"的关系。这也就是说，阶序意涵着"对立"现象的必然存在，而阶序对立是一个集合（特别是一个"整体"）与此一集合（或整体）之某个元素的对立。此一对立在逻辑分析上可以分成两个矛盾的样相：（1）元素乃与集合是同一的（identical），而形成为其部分；（2）两者又是不同，或更严格地说，乃具对反（contrariety）性质。于是，阶序同时包含着其对反（the encompassing of the contrary），只能以相互涵摄包融之"断而未断"的方式来体认处理（Dumont, 1986: 227; 1992: 417-418）。杜蒙即引举《圣经》中《创世纪》第一章第二节有关夏娃从亚当的肋骨中创造出来的故事作为例子来阐明阶序现象。杜蒙是这样说的：

上帝先创造亚当，他是一个未分化的人，"人类"的原型，这是第一步。第二步则从亚当身上抽出另外一种不同的存有。亚当与夏娃面对面，这是两性的原型。这项奇特的手术一方面改变了亚当的性质：原本未分化的，变成一个男人。另一方面，出现一种既是人类种属的一员，而又和该种属的主要代表不同的生物。亚当这个完整的个体，或者我们（西方）的语言中的"man"（人，男人），把两种合而为一：既是人类种属的代表，又是这个种属中的男性个体的原型。（转下页）

（Dumont, 1986, 1992），只不过没有获得众多支持而蔚成主流而已。

总之，侧重人的认知（特别是所谓的理性认知）面向，成就了之后鼎盛发展的科学，当然，它也同时受到"科学"的回馈庇荫，两者相互增强推动着。在这样的情形下，人所具有的另外的心理秉性——情绪性的感受，终至于总是以"非理性"的罪名遭受压制与贬抑，在建构知识的历史过程中始终没有地位。荣格在《自然与心灵的解释》（*The Interpretation of Nature and the Psyche*）一书中讨论其提出之有名的共时性（synchronicity）概念时即曾指出，西方人特有之如此一般的理性态度，不应被视为是唯一可能，更不应当是全包的（Jung, 2012）。从许多的角度来看，它其实只不过是一种具有特定文化‐历史质性的定见，甚至是偏见。

事实上，回顾西方的历史，尽管在十七至十八世纪之间，意大利思想家维柯（1668—1774）在其著《新科学》中即曾对笛卡尔的这种认知模式有所批评，并进而另起炉造，主张以具美学意涵之"诗"学模式作为感知这个世界的基础（Vico, 1989）。即使到了二十世纪，伽达默尔也一样有不同的立场，企图以审美的感知模式来作为经营诠释学（hermeneutics）的基础（Gadamer, 1975）。但是，不管如何，笛卡尔之"我思故我在"作为人们接近人自身与整个世界的基本感知模式，展现了难以撼动的优势力道，为整个西方世界的"理性"知识经营确立了基调，更是成就了今天我们所看到的科学观（特别是自然科学观），使之成为人类文明史中极为特殊，但却居绝对优势的历史景观。

（接上页）在第一个层次上，男与女是同等的；在第二个层次上，女人是男人（或人）的对立物或反面。这两种关系显示阶序关系的特质，此项特质以包含未来的夏娃之原料，是来自第一个人亚当身上为其象征，真是十分适切。此一阶序关系，就其最广义者而言，即是一个整体（或一个集合）和其中的一个要素的关系：该要素属于那个整体，因而在此意义上与那个整体同质或同等；该要素同时又和那个整体有别或与之相对立。这就是我说的，"把对反包括在内"的意思（Dumont, 1992:418）。

于是，杜蒙眼中之亚当与夏娃的关系，就有如《易经》中所指出之"阳"与"阴"的关系，"阳"出自于"阴"，尔后则与"阴"对反着。

除了笛卡尔的思想之外，如此一般的科学观所以在西方世界出现，尚有其特殊之具物质性的文化－历史背景，值得我们特别予以关注。1962 年麦克卢汉在其著《古腾堡星系：活版印刷人的造成》（*The Gutenberg Galaxy: The Making of Typographic Man*）一书中提到，对照着使用表意文字（ideographic writing）的民族（如中国人），使用表音文字（phonetic writing）的西方人，在十五世纪古腾堡（Gutenberg）发明了活字印刷术之后，在认知上有着相当显著的改变，可以说是缔造"科学理性"很重要的历史条件[①]。麦克卢汉认为，印刷品（最典型的是"书籍"）是一种"热"媒体（hot medium）[②]，乃以视觉作为唯一的感官基础（即仰赖阅读与书写）来建构人们的感知模式（McLuhan, 2007:200）。这样的感知模式的最大特点是，透过视觉，以沉默的读写方式来浓缩人们的感受与认知。对表音文明来说，这样浓缩人的感知系统对现象的体认最为显著的结果是，首先把语音所具有的朗读听觉效果抽离掉，让人们的脑部里充满着抽象概念化的无形"图像"，这样的图像构成了人们感知系统的内心事件，其特质是一种具高度自衍（因而是封闭）性的完形形式。于是，原先，我们在部落社会里常可看见透过视听觉合鸣而成之具集体直觉感应的无形且无限衍生的感知魔力状态被削弱了。此一集体性的魔力状态的消失程度，乃与内心事件之视觉化的外显程度成正比，感知愈来愈被推往理性推论的方向发展，也因此愈来愈个体化，成为每个

---

①　当然，我们不能单单以此一创新的出现来解释"科学理性"所以诞生的全部，比较妥帖而保守的说法应当是，印刷术的出现与"科学理性"的塑造具有着一定之历史亲近性的关系。

②　同时参看《认识媒体：人的扩展》（*Understanding Media: The Extensions of Man*, 1964）与《媒体即讯息》（*The Medium Is the Message: An Inventory of Effects*, 1967）。根据麦克卢汉的说法，所谓"热"媒体指的是一种媒体至少具有下面的特质：（1）接受者低度参与（或甚至纯粹是旁观者）；（2）讯息量多、具体、精细、翔实；（3）经常是依赖单一感官（特别是视觉）予以高度定义。最为典型的是印刷品（书籍）、照片、收音机、电影、讲课等等。反之，"冷"媒体则是，接受者高度参与、确定讯息少，需要接受者自行填补，可能是多感官涉入（如同时使用听觉与视觉，甚至触觉）。此类的媒体如电话、电视、演说、对话性的讨论或卡通动画。以今天的媒体形式来看，透过互联网运作的"脸书"或 Line 即属于"冷"媒体。

独立个体人的事情，而不是集体的（亢奋）感动。诚如麦克卢汉所指出的:"去部落化、个体化和图像化其实都是一回事"（McLuhan, 2007:85）。

在这样的历史趋势的催化下，"人的读写能力愈强，和周遭世界的关系就愈疏离"（McLuhan, 2007:117）。更重要的是，对非读写人来说，发生的事"就是"现实，但是，对读写人来说，只有经过概念抽象化（特别透过定义与推论）的程序所完成的整个思维架构才是"真实"的。简单地说，依据麦克卢汉的说法，印刷术带来的，基本上是具接续与齐一性的线性感知模式，强调的是个体化的推理认知效果，而这更是带动量化的基本工具。麦克卢汉即认为，从十四世纪末逐渐萌芽的文艺复兴运动得以兴起，并大鸣大放，即得力于印刷术的发明，而这也促成了后来的个人主义与民族主义的出现（McLuhan, 2007:184, 191, 227, 250, 283-286, 308, 309-318）。

撇开印刷术带来读写主导之视觉个体化的说法不谈，对西方人来说，以概念抽象化作为感知（或谓接近）世界的要件，让他们可以与古希腊柏拉图以"理念"（Idea）作为形塑世界图像的基础以及亚里士多德之强调形式（form）、本质和定义连接上。这样，具体的个别事物或事件透过语言（的定义与阐明），可以被重新建构，且予以完全的重复。这也就是说，本质不是物体本身的一部分，而是定义的一部分；物体永远是单一整体，一旦被切割成为各自独立的性质，就只剩下一组抽象物，存在于概念之中，没有了实体。结果，如何进行理性的精确逻辑推演遂转而成为最重要的事业，而这恰恰是"科学理性"所包揽下来的伟大任务。如此一来，与上述之柏拉图和亚里士多德的论述连带一起来看，一切现象于是乎被转化成为语言的游戏，语言才是关键。准此，唯有运用精确的语言，形式逻辑力求的精确性才有可能达致。再者，精确的语言乃建立在稳定且可见的符号上面，因此，语言精确必须排除所有非视觉的要素，只留下视觉成分，连文字也不例外。

显而易见，独尊视觉的线性理性认知是压抑的，必须压抑来自听觉或触觉之"非理性"的干扰。于是，在线性理性主导下的感知模式，才有从意识层面压抑下之潜意识的问题，而强调直觉感应的非读写人没有潜意识的问题，因为他们生活在非线性的听觉与触觉世界里，根本不需要压抑，他们总是让神圣性被收编在显性之生活的一部分之中。相反地，理性的推理需要将资讯管道限制在单一感官里头，才可能愈精确，尽管推理所及的范围因此变得相当有限（如现代科学），也是"扭曲"（但却被科学人认为是非常"科学"）的。丹奇格（Tobias Dantzig）在1954年出版之第四版的《数字，科学的语言》（*Number, The Language of Science*）中曾经指出，西方的数学乃诞生在"线性"而"理性"的世界里，直线、平面与齐一是想象世界的"原始本质"。譬如，对弯曲之弧线长度的测量，乃透过最多线性切线贴近弧线，以逼近一个极限值来理解，而这正是微分概念所涉及的基本根据。丹奇格认为，这种欧式几何空间是文字的产物。同样地，把丹奇格这样的评论推及于观察与实验作为逼近世界的方法，整个问题的关键于是乎并不是在于培根所特别强调的观察与实验的本身，而在于坚持"只有可见可感的可重复证据才是最可靠的最终依据"这样的论断。

　　就在这样的历史背景之下，发展至今，整个西方的行为与社会学科的知识，基本上，可以说乃是建立在以视觉为唯一依据所形构之认知面向为主调的一套知识体系。其中，认知的"理性"与否，或者说，理性如何（充分）表现，成为关心的焦点，乃至是唯一的判准。甚至，人们假设了人类（至少西方的文明人）乃是一种理性的存有体，追求"理性"的充分实践于是乎是文明发展的必然趋势，也是人存在的社会（特别是政治）本质。这在心理学与经济学上面表现得特别明显，最为典型的莫过于所谓的理性选择论（theory of rational choice）。即使是社会学也不遑相让，有着类似的"定见"。譬如，理性即被看成是现代社会（也因此是现代性）的核心价值，更是整个社会机制运转的核心座架[①]。至于人类所具有的感性部分，在概念的定位上，则总是轻易地被社会学家以非理性

---

　　①　譬如，理性化即被韦伯视为是勾勒现代社会的基本轴线，尽管齐美尔对此一理性化所衍生出来之种种社会现象（如都市化、科技化，乃至货币的高度流通等等）的负面意义多有着墨（参看 Weber, 1978; Simmel, 1950, 1971）。如此说来，此一理性化更是以巧妙的隐晦方式内涵在结构功能论的论述当中，特别是帕森斯的社会体系说（Parsons, 1951, 1966, 1977）。

的名义视为是残余（residues），认为可以予以忽略，甚至需要刻意地予以抑制、消除。

　　尽管，在十九世纪，尼采即一再地强调人的本能感性部分是认识人之存在的基本元素，并且宣扬着酒神戴奥尼修斯的精神，但是，这依旧挡不住理性化的潮流。在二十世纪初，意大利社会理论家帕累托更是曾经认真而严肃地看待着人类的"与逻辑无关的行动"（non-logical conducts），并且把那些来自"非理性"的"残余"当成是形构人之种种社会行为的"基素"（Pareto, 1935）。再者，在涂尔干的论述当中，我们也可以发现，他相当看重"非理性"的感性情愫，并且视之为构作社会体的根本元素。他强调诸如集体意识、集体亢奋与神圣性等等概念，可以说即是一个明例（Durkheim, 1995）。但是，终归来说，隐藏在类似这些论述背后之"感性"成分所具有的社会意义，在社会学家的心目中，似乎始终起不了足以产生显著影响作用的力道。直到今天人类处于所谓"后现代"的场景里，人性中的这一部分才逐渐被西方社会学者注意到。有关这个议题，在第七节中再来讨论。

　　就概念内涵而言，二元互斥对彰的认知模式成就的是相互对衡的局面，对立的两造基本上是势不两立地对峙着，结局总是相互厮杀到不是你死就是我亡的状况。就在这样之认知模式的支撑下，"冲突"于是乎被西方人视为是任何两造之关系的本质。这样的局面体现在西方的文明进程中，最为典型的莫过于古希腊神话里描绘的诸神交战情形。在他们的眼中，神祇们，与人类一样，有着种种的情欲，也有着种种的情绪，彼此之间始终存有着嫉妒、猜忌、怨愤等等的情愫，相互斗争可以说是常态。假若我们套用十七世纪之英国思想家霍布斯的说法，即是人类原本是处于相互对抗的战争状态（all against all in war）之中（Hobbes, 1998）。就是以这样的前提为基础，霍布斯才不得不提出了一个具转圜性的说法来圆成人们之所以组成"社会"的历史事实。他认为，为了自保，人们不得不学习到以合作并订约的方式来经营群体的生活。就在对人的社会存在做出这样之想象图像的历史背景下，现代的西方（尤其是德国）社会学于是乎认定"冲突"乃是社会互动的本质，而人们所以相互协作，乃至合作，则是因为被强制而使然。韦伯（1978）与齐美尔（1950）

的论说可以说即是典型的例证。这么一来，我们实在很难把"社会"的自身想象成为是一个具有维持自我均衡能量的"有机体"。相反地，它毋宁说是需要依靠着种种权力（power）形式来予以制约的强制性合作状态。连带地，具正当性之权力形式的权威（authority）如何运作，也就因此成为阐明社会秩序得以维续的基本课题，这特别明显地体现在韦伯的社会思想中。

三、以持具个体为本之自由主义和资产阶级的历史交会——个体与集体的互斥对彰格局

在欧洲，自从十六世纪的绝对王权现象浮现以来，资产阶级即挟持着其特有的经济力量，逐渐发挥着左右"国王—教会—领主"三角关系的力道，注定将扮演起重要的历史角色。以当时这样的历史场景为基础，并且拉长时间（至少到了十八世纪末的法国大革命）来看，当欧洲人在进行着走出中古世纪之庄园社会的历史格局之中，不论就教会、国王还是具贵族身份的领主来说，其所拥有的种种特权即渐渐面临挑战，有着被威胁，乃至产生危机感，终至于崩溃的窘境。但是，对具有自由居民（或公民）身份的资产阶级来说，让他们崛起的机会却正来临着①，这样的机会使得他们对自己的前途日益有了信心，也感到具备充满着活力的生机。具体来说，这样之社会结构性的改变，促使资产阶级可以持续不断向政治统治者讨价还价的筹码增多，而且，也更加让他们感觉到需要寻求更为坚实的正当基石来保护（也拓展）利益机会。在当时政治权力已然是决定社会运作的优势判准的格局之下，显而易见，透过政

---

①　最为典型的莫过于，国王为了捍卫其统治权，需要健全的财政制度作为后盾，而透过贸易与健全金融体制则是最基本的要求。就在这样的情形之下，具有经营贸易与金融之专才的资产阶级自然成为统治者不能不倚重的人物。从十五世纪以来，西欧诸国（如葡萄牙、西班牙、荷兰等等）之王室愿意花大钱支助探险家寻找新大路就是一个明例，而这也展开了欧洲诸国争取霸权的序幕。

治机制来保护经济利益，自然是具经济实力之资产阶级不能不努力经营的重要着力点。其实，单就此一历史力道就足以说明，何以自霍布斯以降，自由主义（Liberalism）的政治思想即强调分配正义的课题，并且，以保护与巩固基本人权与财产权作为界定"人民"（people）[①]之基本权利的两大基石。谁最需要透过法律形式来保障自己的这两种权益，不言而喻，当然是正在兴起的资产阶级，绝不会是原先有着固定主从归属、被绑在土地上且处于社会底层的无产阶级（如佃农），也不是原就拥有种种特权的贵族、国王与教会，尽管这样的特权体制处于日益瓦解之中。

到了十七世纪，特别是洛克（John Locke，1632—1704）所处之中后叶时期以后，至少在英国，资产阶级已然形成一股沛然的社会力，有着主导社会发展的强劲力道。从更早之霍布斯开始，所谓"自由主义"的信念，说得极端一点（或许也是透彻一点），其实就是具经济力之资产阶级所拥抱的一种政治理念，甚至也正是充当捍卫其阶级利益的政治手段，而这一切为资产阶级开启崭新的历史格局提供了有利的契机（参看 Macpherson, 1962:67, 86; 1968:12; Oakeshott, 1975:83; Schmitt, 2008:156）。直到十九世纪中叶，看到了工业资本主义的快速发展，马克思才把历史主角从资产阶级转移到以工人为主的无产阶级身上。回顾整个现代史，笼统广义的资产阶级依旧逍遥漫游于人类的文明里头，继续扮演着导引历史发展的角色。当然，随着整个人类文明历史场景的结构性迭变（如生产结构与生产物之社会属性等等的变迁），它被涂染上一些不同的色彩，已非十九世纪，更非十七或十八世纪的旧有原貌了。

霍布斯在《利维坦》（Leviathan）一书的第一部分《论人类》中企图从人类所共同具有的基本生理机能，特别是第六章所提到的嗜欲（appetites）等等具本能性质的概念来勾勒人的（社会）特质。他认为，如何保有足以维持最低程度之生存状态（衣食保暖与生命安全等等）的条件，乃是作为一个人得以存在的本能性要件，霍布斯名之为自我保全

---

① 借用英文词语来形容，即让一般百姓由臣属于国王或领主的"子民"（subject）摇身变成具有自由身份的"人民"（people）。

本能（instinct of self-preservation）（Hobbes, 1998:9-40; 同时参看叶启政，2013b:28-36）。因此，对人类而言，以如此一般的本能作为基础形塑出来的是一种自然状态，而追求此一本能的满足与保障，更是一种自然权利，不容他人轻易剥夺。尤其，当霍布斯把意志看成是"经过熟虑后的最终嗜欲"，如此"欲望"化人的意志能力，显然使得意志不是仅属于少数人的特殊心智能力，而是人类普遍具有的基本心理特质。如此把意志普遍共属化，是把权利予以"自然"化，并赋予神圣性的关键所在——"自然"意味着神圣不可侵犯，而且，也是属于绝大多数人们的。

更进一步的，霍布斯认为，尽管人们的种种身心能力各有长短，但是，"自然"使得人们的各种能力总加起来，总是十分地相等。这样回归到人类所具的共同身心机能，并且认为是相等的说法，具有重要的社会（特别是政治）意涵。其中最为重要的莫过于，暗示着在上帝面前众生是平等的（Hobbes, 1998:82-83）。看来，这似乎是以相当现世而世俗的立场进一步地证成了十六世纪马丁·路德（Martin Luther）所推动之宗教改革的初衷。

总的来说，霍布斯以本能嗜欲架设出的自然状态与自然权利说，提供了一个有力的论述条件，使得西欧世界有了走出少数人（特指国王、贵族与教会）垄断社会资源的特权格局，让原本臣属于特定"主人"之受统治的"子民"，有着翻身成为自由且自主之"人民"的机会。无形之中，这使得当时日益获得更多翻身机会的资产阶级，自然是最为积极的"反动革命"者或改革者。于是乎，过去社会所强调之那种以追求荣誉、荣耀（上帝）、勇气等等少数人才可能成就的"承认欲望"以及由此带出的"优越愿望"，逐渐为建立在以保障最低程度之自我保全的"生存欲望"以及由此衍生的"对等愿望"所取代（参看 Fukuyama, 1993:chapter 13-17）。自此，西欧（特别是英法两国）世界迈入以持具个体为纲本之自由主义的时代，资产阶级为主之肯定个人权益的"市场人"，遂成为主导历史的重要主角，形塑了十九世纪之西欧世界的历史场景。

走出"臣属于特定主人的子民"格局，除了意味着人人平等之外，也同时意涵着人是自由且独立自主的。如此一来，人的世界就不必然只是由既有的特定社会关系来界定人的存在位置了，情形理应是由人自身来经营和决定社会互动关系的样态，至于既有的特定社会关系，充其量只是充当着引发促动随后而来之行动的"奇异吸引子"而已①。总结来说，以上的论述为我们带来了一个关键的根本意涵，那就是：无论从引发行动还是社会效果的角度来看，个体（individual）都可以说是最具终极性，也是最重要的社会单元。而且，倘若嗜欲的满足与经营是营造人之存在意义的现实基础的话，那么，人是否以及如何持有并运用种种社会资源，也就顺理成章地成为界定（与理解）人的基石了，这既是"持具个体为纲本之自由主义"所以诞生的哲学人类学存有论基础，也是支援资产阶级（继而无产阶级）具有历史正当性的关键所在。

持具个体为纲本的思想，乃至由此引发的种种具体社会行动，无疑是带动出个体与集体对彰而至抗衡之局面的历史动力。首先要指出的是，在西方社会学家的眼中，以持具个体为纲本乃是自由主义思想结合着资产阶级利益所带动出来的一种"应然"信念，而集体所反映的则被视为是人类有史以来的一种"实然"存在状态。因此，两者的斗争是一种应然与实然之间相互摩擦扦格的状况，两者之间如何取得平衡点，始终是西方社会学理论的争议重点，延续至今，双方始终坚持不下，争论依旧。然而，依我个人的意见，此一"个体／集体"互斥对彰局面之所以形成，且成为纠结的议题，显然地，如同其他二元互斥对彰的概念组一样，可以说都是笛卡尔之二元互斥且并行对彰的认知模式的衍生现

---

① 马克思在《费尔巴哈纲领》之第六与第八纲领中曾经说过一句名言，他是这么说的："个人并没设定有'人的本质'，它只不过是'社会关系的总和'。"（Marx, 1960:5）可以理解，或许马克思这样的说法有着冲撞德国既有的观念本质论的意思，进而，他所特别强调的"人的社会生活本质上是实践的"这样的主张，更是意味着人的实作才是最为根本，也最为重要的。这么一来，以实作为本来关系化人的存在状态，基本上是一种托体于经验层面，并加以"物质化"的现实认知观点，乃伴随着实证科学观所衍生的一种历史决定论，对理解当时的西欧社会，确实有着特定的历史意义，也相当具有启发性。但是，假若我们承认人们具有感知与冥想的能力，而且拥有着自主地创造自己之命运的能动性的话，那么，人们没有绝对的理由必然要附属于特定既有的实际社会关系模式。这是我认为我们顶多只能说，既有的特定实际社会关系模式是引发随之而来之行动的随制条件（contingency），充当具一定之牵引促发作用的"奇异吸引子"的缘故。如此说来，上述马克思的说法，也许正有着这样的意思。

象。因此，这样的特定认识论才是导使整个问题无法收拾化解的最根本因素。

　　从英法自由主义的传统来看，契约论者，特别是十八世纪法国的卢梭在其著《社会契约论》中，即极力主张个人先于社会，社会乃因个体相互订定契约才得以形成。如此一说让个体与集体之间的关系有着时间序列上的先后关系，因而似乎可以把"个体／集体"二元互斥并行对彰的尴尬局面轻易地化解掉。但是，身处十九至二十世纪初的法国社会学家涂尔干，却持着相反的看法否定了契约论的立场，以为社会总是先于任何个体而自存着。这似乎有把整个"个体／集体"二元互斥并行对彰的困局又抬上桌面来的意思（Durkheim, 1964）。不过，涂尔干提出一些说法，却仿佛可以用来化解这样的困局。他在其著《社会分工论》（*The Division of Labour in Society*）中即明确指出，西欧社会到了十九世纪之后，肯定个体具存在优位性的个人主义信条（the cult of individualism），蔚成为社会里头的优势集体意识。这样的说法其实即意味着，个体以"个人主义"的集体意识形式与具集体意涵的既有结构形式相互搓揉摩荡，以至于有着相互消融的现象（Durkheim, 1964）。换个面向来说，人们的自由是"社会"（让我们假设有着如同 Durkheim 所说的这样"东西"[thing]）给予的，但人们却一心一意地要扬弃（撤销、解构或至少贬抑）"社会"。这可以说是"自由意志"予以理性化后所带来的一种理性自我反噬的吊诡现象。但是，假若我们知道了"社会"原本就是被建构出来的"东西"，而自由也是因人的自我意志（或者，使用尼采的用语，即权能意志 [will to power]）受到限制而被激发出来的一种心理感受与要求，那么，人到底有了，也要求着怎样的自由？

　　假若我们使用上面提到杜蒙之"把对反包含在内"的阶序关系的观念来关照这个问题的话，那么，在涂尔干的眼中，个体原是包含在集体之中的，一旦孕生了，它终将成为一个独立的力量，总是反过来与原来的母体（即集体）对立着。因此，个体与集体既是涵蕴，又是对反，发展到了今天这样的后现代社会，相当明显的是，个体挟持着"个人主义"这样的"集体意识"作为后盾，大有鲸吞集体作为单一和谐整体之自身的态势。多元主义之所以风行，并蔚为"正统"，可以说就是这样之发展趋势的成果。把此一观念施及于"自由"与"社会"之间的摩荡关系，或许鲍曼（Zygmunt Bauman）在《后现代性的提示》（*Intimations of Postmodern*）（1992）与《后现代伦理》（*Postmodern Ethics*）（1993）等著作中针对后现代性的伦理内涵所说的有点道理，值得在此予以引述。

根据鲍曼的意见，后现代性的一个重要内涵即是人们有着自我决定的契机，而这与多元化的浮现互为表里地增强激荡着。特别针对"社会"的规范约束来说，这即意味着整个社会里的伦理意识的范围扩大，人们可以选择的空间更多，他可借助否定、颠覆、扬弃，乃至悬搁、忽视与逃逸等等方式来应对。于是，社会既有的仪式与民德等等（表现在阶级、种族、地位与性别等等上面）的传统规范形式逐渐失效，转而强调自我侦测、反省、管理与评价的行为。这也就是说，相对于现代性下的伦理有着终极性，后现代的伦理则没有终极性。这样的论述，说来正呼应着美国哲学家罗蒂（Richard Rorty）在《偶然、反讽与团结》（*Contingency, Irony and Solidarity*）中所称呼的自由反讽主义（liberal ironism）的说法（Rorty, 1998）。再者，对这样的历史场景，美国的自由学者，也是政治学与社会心理学家瓦尔特·安德森（Walter T. Anderson）在 1990 年出版的《实在不再是一向惯有的样子了》（*Reality Isn't What It Used to be*）一书中有一段话，说得相当精辟。他是这么说的："你并不选择是自然的，你也不选择作为一个前现代的人。假若你选择了，你至少即是现代人。假若你知道你正在做选择，那么，你则是后现代人。"（Anderson, 1990:112）这句话的意思是：作为人类，我们没有能力选择"自然"，因为这是给予的；一样的，作为前现代的人，我们也没有能力选择自己愿意的，因为一切是先赋的。作为现代人，我们是有了选择，但是，遗憾的是我们没有不做决定的可能机会。只有在后现代的场景里，人们才同时有了选择与不选择的契机。

总的来说，正是这样体现在后现代性中的社会特质，为许多过去一直视为是二元互斥对彰并立的概念困局，开启了一道可能予以化解的曙光。说来，明显浮现在二十世纪七十年代西方（特别英国）社会学界的所谓"结构／能动"（agency）二元互斥对彰并立的争议，其所触及的，其实即是相同的议题，只是呈现在不同的概念架构之中而已。

四、外塑、持具且具刚性的社会属性是认知的主调——压迫与抗争的永恒对峙

回顾十六世纪以来的发展，马丁·路德的宗教改革影响极其深远，带来的是逐渐削弱了宗教力量独断地主宰乾坤的格局，滋养着当时兴起的绝对王权，开始为整个欧洲世界展呈出新的局面。到了十八世纪，工业革命与法国大革命更是撼动了欧洲的政治-经济结构，带来的正是诚如政治经济学家波兰尼（Karl Polanyi）在《巨变》（*The Great Transformation*）一书中指出的：十九世纪的欧洲乃处于巨变的状态之中（Polanyi, 1944）。在所谓市场社会浮现的过程中，无论就地理空间（大都市的形成）还是社会景观（贫穷、犯罪、污染、人口拥挤或交通运输拥塞等等）来看，欧洲社会确实出现了史无前例的社会不均现象。在肯定个体自由且平等之自由主义信念的驱使下，这样的不均现象自然成为欧洲人关心的课题，并且认为是最根本的社会问题，衍生了所谓"阙如与不平等"的社会观，成为人们（特别是知识分子）掌握社会脉动的基本认知模式。就此现实来看，伴随着资产阶级的兴起和市场社会的来临，无产阶级（特别是工人）所经历的"贫穷"，遂成为十九世西欧社会的核心问题，而这情形又以工业最发达、资产阶级最活泼、无产阶级工人最明显地受到剥削的英国为最。狄更斯（Charles Dickens）在 1838 年出版的小说《雾都孤儿》（*Oliver Twist*）里头所刻画之纺织工厂里童工的悲惨情形，可以说是最为深刻，而就学术作品来说，马克思的诸多作品则堪称是极为典型的代表。

在如此一般之社会秩序遭受到破坏，并且充斥着阙如与不平等现象的历史格局下面，社会学这样一门学问会诞生，也就不足为奇了。从最根本的角度来说，正是整个社会处于严重"失序"的状况之下，才促使了西方人开始询问"到底社会（秩序）的基础是什么"这样的根本问题，美国社会学家帕森斯称之为"霍布斯的秩序问题"（Parsons, 1937）。反

过来，从社会实际浮现的表象来加以审视，如何有效地解决种种"阙如与不平等"的社会问题，无疑是最为现实的课题。这些林林总总的问题，给受到工业革命与政治大革命双重打击的法国人带来的冲击自然是特别严重，感受也更加深刻。无怪乎，"社会学"之说首先在法国诞生，而且，出现在具神圣意涵的学院外面①。或许，这是因为学院经常与现实世界有所隔离的缘故。况且，在当时的历史格局之下，学院自然是维护既有建制的，因为这样的保守性格正是其神圣性与权威得以形成的基础。

既然社会学是出现在"阙如与不平等"作为一种明显之社会表征的历史格局之中，于是乎，环绕着"阙如与不平等"的概念来经营整个社会学知识的基本概念座架，也就不足为奇了。在此，我需要特别提醒，基本上，"阙如与不平等"乃相对着持具之"有"（having）而言，才会有意义。这意思是说，我们首先得承认并肯定"持（拥、具、享、占等等）有某种具体的社会资源"（如土地、物资、金钱等）乃是人作为社会存有体之最基本，且至高无上的要件。诚如上面已经提到过的，这恰恰是自霍布斯以降以持具个体（possessive individual）为本之自由主义者所持有的基本信念，并奉之为探讨人与社会现象的根本基础。就历史发展的角度来看，当时兴起的资产阶级，正是承接这样之哲学人学存有论最适当的代表人物。继而，重视权利（right）的概念，并视之为"自然"的（因而，有了"自然权利"的概念），顺理成章地成为认识，也是经营人之社会存在的核心概念。连带地，从政治与经济的面向来勾勒社会的图像，遂成为建构现代西方社会学知识的基本座架。强调透过法制的形式来经营与建设社会，也跟着成为社会设计工程的基本任务。

这样的思维与认知模式即明显地呈现在马克思的论述之中，他更是特别强调由生产面向所引生的种种现象，以诸如剥削、宰制、压迫、异化等等概念作为勾勒资本主义社会的基本概念。即使如涂尔干与韦伯等非正统左派的社会学家们，也不例外地把对整个社会的理解安顿在政治与经济的面向上面，并且，甚多以生产面向为基轴来予以派生。大家相

---

① 譬如，被尊为社会学之父的孔德（August Comte）就从没在大学里任职过，即使法国首位持有社会学教授头衔的涂尔干先前也是以教育学教授头衔受聘的。

当熟悉的众多概念，诸如资本、劳动、分工、职业分化、规范、权力、权威、正当性、社会连带、传统、社会化、再社会化、整合等等彰显的意涵就是最好的例证。倘若再把"社会秩序的基础为何"的存有论问题一并考虑进来的话，那么，运用类似上述的诸多概念来刻画社会的图像，成为社会学家的共同任务，也就更加不足以为奇了，看起来，反倒是相当顺理成章，自然得很。

就我个人的感知体认，这些因应工业资本主义兴起而衍生的"社会阙如与不平等"现象，进而用来形塑社会秩序之底蕴的诸多概念，基本上都具有"强制"意味的厚重力道感，可以说是一种深具刚性特质的词汇。就人道的立场来说，一旦人们所赖以生存的种种基本权利被剥夺，也就是说，当许许多多的人们处于"社会阙如与不平等"的状况之下，整个社会状况所可能给予人们最明显的感觉，似乎总是带来了紧张、压迫、愤慨、抑郁，甚至窒息的氛围，其韵味或为悲壮，或为惆怅，或为无奈，或为怨愤，乃至是伤感。这一切基本上正是让带着阳刚意味的概念具有了至高性的生命特质，足以恰适地用来反映一般人的生活情境。连带地，弱势者（与其同情者）所采取的种种反抗与斗争行止，更是顺理成章地被视为是具有正当性的行动策略。其中，最为具体而微的莫过于马克思所特别强调之体现在资产阶级与无产阶级间的压迫与剥削现象，以及视"革命"具有正当性，也是必要的。

上述的这一切可以说是相当贴切地反映着十九世纪之西欧世界的场景。只是，施及于以充满愉悦情怀的消费为导向之二十一世纪的"后现代"场景里的时候，则不免会让人们产生时空错乱的概念误置感觉，一切显得相当不搭调，也不贴切。特别是在互联网昌盛与时尚机制横行之双重夹杀的情况下，物质丰盛而富裕的欧美社会，基本上是一个处于充满诱惑、不时变异，且一切显现着自我滋生的时代里，人们有的只是使得短暂的"活生"与"死亡"感觉不断交替浮现着，总是让过去与未来浓缩在片刻的"现在"，并且迅速凝聚成为永恒。在这样的环境里，人们再也不需要，更不愿承受责任伦理的重量，相反地，一切显得相当轻盈而软松。于是，轻盈才是负担，也才是问题，假如这足以构成为问题或负担的话。如此一来，这也不再是充满着刚性意志的时代，相反地，或许外塑与持具性依旧，但这却是一个弥漫着阴柔气息与飘逸风格的时代，人们可以不需要依靠着自我的意志（或借用尼采的术语，即是权能意志[will to power]）来成就自己，因为整个世界本身的安排就足以"满全"地来成就个人的自身了。

五、"体系化"驱使下的社会秩序观与其反动——结构与能动的相互搓揉摩荡

在第三节中，我曾经提到，霍布斯回到人们的基本生理性的本能现象来考察人的社会性存在。他以嗜欲（appetites）等等具本能性质的概念作为基架来勾勒人的社会特质。如何保有足以维持最低程度之生存状态（衣食保暖与生命安全等等）的条件，被视为是作为一个人得以存在的本能要件，名为自我保全本能。相对以生理性的特征来勾勒人的社会存在基础，霍布斯则以"利维坦"这样一种庞然巨大的怪物来形容国家，视之为一种人造的人（artificial man）、自动机（automation）或机器（machine）（Hobbes, 1998:7）。这显然受到了同时代的英国医生（也是生理学家）哈维（William Harvey）在 1628 年所提出之血液循环系统的人体生理学观点的启发，而这无疑是开启后来之社会有机论的先河 ①。

根据博比奥（Bobbio）的说法，在文艺复兴时期之西方人的思想里（如培根），人造物并非如古代人所认为的，只是模仿自然，而是等于自然本身。所以有着这样的想法，乃因自然本身即是一部大机器，发现自

---

① 根据哈维的说法，人的体温乃因心脏跳动促使血液经由动脉和静脉的循环而来。此一说法挑战了西方两千多年来一直持有的理论——体温乃是具有热度的血液充斥在身体中流动着所导致。同时，这也颠覆了古希腊雅典人相信"不同身体有不同程度的内在温度"（如男热女冷）的说法。更重要的是，哈维此一说法确立了流通（circulation）这一概念在其后西方思想中的地位，而这与现代资本主义的诞生相互呼应着，并促发了个人主义的形成，视个人是活动的存有体。譬如，亚当·斯密主张自由劳动力与财货市场，实即强调流通的重要性，以为只有货币才能够流通，也才有利润，经济方得以蓬勃发展（参看 Sennett, 1994:256-257）。

然就是企图理解制约其机制的法则。社会作为自然的一种衍生物，情形当然也就是一样了。因此，不管自然还是社会，一旦此一隐藏着的法则能够被披露，人们即可制造出另一具机器，以更完美的姿态让自然（或社会）呈现出来，并且增加威力（Bobbio, 1993:36）。之后，到了十八世纪，法国的拉美特利（Julien Offroy de La Mettrie）匿名出版了《人是机器》（*L'Homme Machine*）这么一本小书（1748 年），更是正式地把人看成是一座钟表一般，乃是由诸多零件所组成的一个整体。之后，随着生理学知识的发展，特别是到了十九世纪，西方人把社会比拟为有机体来看待，可以说蔚成风潮，这表现在二十世纪初的英国人类学更是明显。总的来说，这呈现且反映的，是启蒙理性主义所持有之一种具终极性且是乌托邦的整体观，可以说是一种形而上的理性主义（如黑格尔，乃至马克思）。于是，社会乃以一个具有完形整体性的"幽灵"姿态笼罩着人世间，它有着超乎个体成员自身的自我运作理路，像上帝一样。

此一潮流影响所及，到了二十世纪四五十年代，在帕森斯与默顿（Robert Merton）的主导下，以有机体观为座架的结构功能论在美国社会学里成为显学，风靡一时，且蔚成主流。准此历史潮流，若说有机体观曾是主导西方社会理论思维的另一个重要历史质性，应当是不为过的。尽管，到了二十世纪六十年代的末期，此一观点有着式微的迹象，甚至成为众矢之的，反对挞伐之声顿起。譬如，艾尔文·古德纳（Alvin Gouldner）在 1971 年出版的《西方社会学正来临的危机》（*The Coming Crisis of Western Sociology*）即是一部批判结构功能论的经典作品。然而，结构与功能的概念却早已深植进社会学家（特别是美国社会学家）的脑海里头，甚至也影响了持相对反立场的冲突论者（如科塞），古德纳即以左派功能论来称呼（Gouldner, 1960）。到了二十世纪八十年代，年轻一代的社会学家（如 Paul Colomy、Jeffrey C. Alexander）更是树起了捍卫的旗帜，以具左倾姿态的"新功能论"自称（Alexander, 1985, 1998; Alexander & Colomy, 1985; Colomy, 1990a, b）。总而言之，不管立场为何，也不论对功能的概念做了怎样的修订，至少，"结构"此一概念是所有西方社会学家共同承认而接受的基本概念。更重要的是，它被视为是具有科学分析性之意义的概念。

　　长期以来，西方人企图对世界进行"分析"以澄清复杂性的作为，基本上乃是企图跨越日常生活世界里的一般常识，另以某种特定的认知与操作模式来予以取代（甚至，即使仅只是补充而已），其中最为典型的当然就是所谓的逻辑与科学方法了①。简单地说，"分"意味着对事物从事类型化的分辨，"析"则是在分辨过程中进行更细致的思辨剖解，而所谓的科学分析即是，于人们在日常生活世界中已有的分类系统之外，增加（或另辟）分类上的负担，不断挑战着原有的分类系统，当然，也会回过来挑战自身的分类。这样的相互倾轧总是不断地创造了"例外"，而这例外就像奇异吸引子一般，是带来混沌的"祸首"，也是重建一种可能之新秩序的分离点。因此，秩序是一个在有限之时空范围内具相对有效之自我证成与自我指涉的感知性实在，超出人的感知经验范围，整个世界则是无法了解的。

　　准此立论，所谓具体系性的"结构"自然是典型的分析性概念，难怪帕森斯会自称其社会体系说是分析实在论（analytical realism）（Parsons, 1937）。这也就是说，针对行动者来说，假若我们接受"社会体系"这么一个概念的话，充其量，它只是一种具有动能潜势的准备状态（state of readiness），仅具巴斯卡（Roy Bhaskar）所说的认识可能性（epistemic possibility），难以称得上是一种具有真实可能性（real possibility）的实在表象（Bhaskar, 1979, 1986）。讲得更简单而具体一点，不管是社会秩序还是社会体系，可以说都是一种具转喻（metonymy）性质的概念表呈，其中，"有机体"的概念堪称是其呈现之最为典型的历史-文化质性，而"结构"则可谓是其中的核心概念座架。这也就是说，"结构"刻画的自始就是对某种理念予以理性化的形式，是一种建构性的感知"迷思"，纵然被涂上了厚厚一层"科学"的神圣彩绘。

　　就西方社会思想发展史的角度来看，社会结构（因而，秩序与体系）可以说是社会学家创造出来替代过去具必然命运之上帝概念的一种更加

---

　　①　英国哲学家怀特海（Alfred N. Whitehead）在《科学与现代世界》（*Science and the Modern World*）一书中即曾经指出，十九世纪欧洲文明最大的成就之一即是创造了"科学方法"来认识与安顿种种的事物，让知识与技术可以产生紧密的结合（Whitehead, 1925）。

抽象的概念产物。过去有一大段时间里，它相当程度地被视为是与人之内在自由意志相抗衡的一种外在东西，具有事实性。易言之，诚如许多社会学家认为涂尔干所宣称的[①]，社会结构具有自在（*sui genius*）的基本质性，乃以某种特定且具体的集体形式（如透过法律制裁）外在于个体人而自存着，并且不断地对人们施放着制约的作用[②]（Durkheim, 1964）。纵然，更进一步地，我们接受了吉登斯（Giddens）的修正，即：不只肯认过去所强调之"结构对人们具有制约性"，更提醒我们，结构对人们的行动尚具有赋能（enabling）的能动作用（Giddens, 1979, 1984）。但是，不管怎么予以修正，结构依旧被认为具有外在自存的特性。这也就是说，事实上，中古世纪以来西方人心目中那无所不在，且无所不能之"上帝"的阴影还是存在着，只是换了另外一件外衣出现在人的世界里罢了。说得更平白一点，这个外衣即是以"有机体"概念予以世俗化的"社会"一概念，而体系化的"结构"恰恰是构作此一托体的基本概念座架。其实，这在十九世纪孔德之知识发展的三个阶段论中隐约已经剔透出来了。

回顾过去西方社会学（特别是强调经验实证的美国结构社会学，如布劳与邓肯的论述）的传统，首先要指出的是，涂尔干从十九世纪的凯特莱特（Quetlet）那里承接了均值人（average man）概念是一个重要的历史转折点。特别就经验实证的立场来看，在大数法则（law of large number）的加持下，此一具统计学之平均类型（average type）意涵的"均值人"概念，可以说即是后来的学者用来描绘"结构"这一概念的基本典范。或者，更具技术性地来说，那就是：我们透过"平均值±1.96×标准差"（即此处所说的平均类型）来表示最大众数来代表（或表现）整个分配曲线作为整体的性质，而这正是分配曲线所意涵之结构（如年所

[①]　我的意思是，涂尔干心目中是否真正有着这样的认知，尚待进一步的探究。至少从其有关人性的二元说以及后期有关人类之原始宗教的讨论等作品来看，结构与意志之间的关系如何，实有着进一步讨论的空间。

[②]　相对地，韦伯的理念型（ideal type）概念所意图掌握的是赋予以特殊历史－文化意义的"例外性"概念，非跨意图越时空范畴的普遍理念（如正义）。准此，在概念上，把特殊的历史－文化意义予以极端化（运用韦伯自己的语言，即是"乌托邦化"）乃是用来分析，也是对照现实状况的一种研究策略（参看叶启政，2016）。

得、现代性指数）的典范特质。无疑，这乃是以具概率意涵的机会条件
来捕捉与形塑结构的概念 ①。这么一来，结构是承受着特定（知识）权力
支配下所创造出来之一种被对象化的状态性概念。更重要的是，它绝非
仅只是一种权宜的概念载具，相反地，乃以具特定内在"理路"的形式
担负起决定"命运"（一种决然的命运）的使命。

有关社会体系内涵的结构理路最为经典的说法，莫过于德国社会学
家卢曼（Luhmann）的功能－结构说（functional structuralism）。对卢曼
来说，（社会）体系具有自我生成（autopoiesis）的特质，以不断的自我
再制（self-reproduction）与自我指涉（self-reference）的方式运作着。简
单地说，体系具有观察其自身的能力，透过自我的反身作用，它可以从事
"决定"，以有效地维持体系的功能作用。卢曼因此认定，体系的最主要任
务即是化约复杂性（complexity），以为其自身带来更多的选择与可能性
（Luhmann, 1976, 1982, 1990, 1995）。准此，对卢曼来说，帕森斯的理论最
大的缺失即在于忽略了体系所内涵之这种具自我指涉性质的自我生成能
力，同时也轻易地略过了复杂性可能内涵的社会学意义 ②。

在我个人的认知里，复杂性必然涉及人的认知状态，单纯地认定它
自存于物自身之中，是毫无意义的。其情形正如"空""虚"与"无"的
状态概念，需得有着人们的自我诠释作为后盾支撑着，才可能妥帖地掌
握，否则是没有意义的。没错，在常人的世界里，"复杂"往往意味着人
自认无法充分掌握（乃至预测）整个的状况，也理不出头绪来。相反当
人自认可以掌握（与预测）时，情形就变得简单，头绪自然也就可以清
理出来。因此，复杂与简单是相对的状态，必须与秩序的概念相关联起
来加以审视，才会有意义。当我们说有"秩序"，对象状态所呈现的"理
路"可能是简单易明的，也可能是复杂难懂的。所谓简单的，或许即是，
在认知上，秩序感明显，已知理路清晰，可以充分涵盖着对象所展现的
一切。相反地，复杂的则常常是秩序感不是那么容易把握，已知理路并
非透彻清晰，涵盖度也不是那么充分，以至于不可理解的"失序"（或混

---

① 有关作者对此一概念更为细致的讨论，参看叶启政（2003, 2004:140-147, 2005）。
② 有关作者对卢曼之理论的讨论，参看叶启政（2004:118-129, 370-378）。

沌）倾向相当浓厚。

准此认知模式作为基础，当卢曼认定体系具有化约复杂性的作用时，其实有两层意思：其一，承认体系乃以某种客体化的实质形式存在着（如政府组织、家庭），而其功能即在于形塑一些规范性的行为模式，以降低人与人互动时可能产生的诸多不可预期状态（因而，也就是复杂度）。但是，从现实来说，至少，对一般人，任何的规范性行为模式都内涵着意义模糊或情况暧昧难以掌握等等的风险，以至于此一体系本身却未必是简单易明的。其二，体系的存在本身其实即意涵着系统化的存在，而系统化则意味着化约复杂度以成就某种秩序状态。如此说来，若是把这样的系统化视为人之社会行动的一种特点，情形是可以接受的。但是，倘若我们认定体系自身是一种作为始终有着不在场证明的气体化"幽灵"实体，而且同时也意涵着它有着孕生某种自我理路以产生决定动能的潜意识作用的话，那么，整个情形就有进一步再商榷的必要了。

没有了个体人作为"成员"以及具备着行动的动能，社会体系是一具空洞的概念幽灵，是毫无意义，也毫无作用的。准此立场，依我个人的意见，当卢曼说体系是自我生成，且具有化约复杂性的"决定"力道时，其实乃意涵着这一切是人作为体系化之社会的成员所具有之判断的动能潜力，其真正指涉的对象是"人"，而不是抽象的体系自身。此时，体系所意图蕴涵与表明的，其实是一组相互扣联，且纠结之被系统化（定型化）的人际互动关系的组合，真正的关键还是在"人"自身上面。这也就是说，"社会"体现的是一种人为互动的存在状态。因此，社会秩序所呈现的，不论是器物、制度，还是概念，原就有着"复杂化"的倾向。或许，系统化是有化约复杂性的作用，但是，它本身却总是以论述（或实作）的方式介入"自然"，以至于任何原有化约复杂性之意思的体系化作为，却吊诡地总又是不断地增加了复杂度，这是系统化所内涵的背律，形成一种双重束缚（double bind）的现象①。

准此，即使科学讲究精准、效率、化繁为简，但是，事实上，它却可能成为干扰原初自然状态的力量，为原已相当复杂的自然（也因而是

---

① 语出贝特森（Bateson，1972）。

"社会")平添了更多纠结、更为深厚的复杂性。这也就是说，倘若人的世界原本就是混沌的话，这是一种素朴自然的混沌，与人的认知基本上无关，也因此无以理解，也无须理解。相反地，今天，我们的世界之所以显得复杂难懂，一大半是因为人为的介入而带来的"混沌"，是搅和后的"混沌"。因此，问题在于，体系系统化后，对人们来说，真的就把复杂性降低了，还是带来更加复杂难解的情形？或许，化约复杂性只是我们把"体系"这个巨大概念幽灵当真地看待时所必然要求的一种戏剧性的期待，情形有如古希腊剧作家欧西庇得斯在戏剧演出时常利用机械降神（des ex machina）充当天外救星来为整个胶着的剧情解围一样，虽然简单，但却是突兀的。当然，或许它看起来确实是圆满无缺，但却总不免令人感觉到这只是一种具有自渎性质的"完美"解嘲而已。

总的来说，不管是帕森斯的结构功能论还是卢曼的功能结构论，纵然，姑且不论过去喜爱以有机体来转喻，视社会是一个具自足性，且被实体化的自在体系，可以说是长久以来西方社会学的主流观点。到了二十世纪七十年代，特别是透过英国社会学家吉登斯之结构化论（theory of structuration）的陈述，这样之结构自在自主化的观点产生了动摇（Giddens, 1979, 1984）。人（可以是以个体，也可以是以集体的形式来呈现）作为具行动能力的能动施为者（agent），被认为是具有相对自主性的能动潜能，他（她）并不是完全屈服于结构理路之制约的傀儡；易言之，纵然有着所谓的结构理路，它也是没有能力成为专制的暴君，可以完全主导整个局面的。这是前面所以引用巴斯卡之认识可能性的概念来指陈"社会体系这一概念所表达的只是一种具有趋动能量的准备状态"这样之说法的缘故。

人作为能动施为者乃具有自主之能动权能（agential power）的说法，与"社会"内涵着一定的结构理路对彰，开启了当代社会学理论里之所谓结构/能动（structure/agency）的争议问题。就社会思想史的角度来看，诚如第三节中提及的，十七世纪以来自由主义的信念者以应然的立场肯定了外在的持具"有"乃界定人之存有的终极必要特性，并进而以此来架设个体作为独立自主之存有体的伦理基础。无疑地，几个世纪以来，这样一个具有强烈伦理（甚至是美学）"应然"意涵之有关"人"

的观点，形成一股磅礴沛然的实然社会力，不断挑战着强调"社会结构具外在制约作用"之实然性的社会学主义（sociologicalism）自身，更重要的是它一再地逼迫着后者向其靠拢。这可以说正是现实使得整个社会的结构本身产生了趋向"个体化"之理念性的历史动力（参看 Beck & Beck-Gernsheim, 2002）。这于是乎呼应了德国社会思想家科泽勒克（Koselleck）所指出的一种历史现象，即：十八世纪之启蒙运动的一大成就，乃在于使得历史哲学有着创造历史自身的契机（Koselleck, 1988）。在此，我的意思是说，十七世纪以来，自由主义即以一种特殊之历史哲学的姿态创造了近代欧洲历史。倘若就社会思想发展史的自身来看，这则是西方社会学传统中所谓"集体/个体"或"强制制约/自由意志"等等具二元互斥对彰之认知模式的衍生课题，而至今这尚是一项重要的理论议题，学者还一直争论不休着。

六、后现代社会的魔影变幻场景——生产与消费的分合

就经济学的角度来看，"生产－销送－消费"一向被视为是一个具时间序列贯联性的经济活动过程。不过，阿尔文·托夫勒（Alvin Toffler）在其《第三波》（*The Third Wave*）一书中指出，第一波的文明存在于工业化前的社会里，当是时，生产与消费并没有完全分离，堪称产消合体（prosumption）[1]，家庭经常即是一个执行产消合体的场所（Toffler, 1980）。但是，在资本主义体制之市场机制的运作下，生产与消费面向分离，是为第二波。如今，特别是在互联网的推动下，产消再度合体，是为第三波。最明显的莫过于体现在符号经济活动上面，譬如，脸书（Facebook）与维基百科（Wikipedia）让使用者可以参与撰写文本，或 YouTube 上可以下载影片、音乐等等。

其实，不管有几波的变异发展，单单站在象征意义之缔生的立场来加以审视，生产与消费原一直就是一体的两面，互相搓揉着。但是，若

---

① 有关当前此一现象的讨论，参看 Ritzer & Jurgenson（2010）与 Ritzer（2007）。

单就物体系的经济机制来看，现代的工业生产与消费基本上还是分属于不同的空间，指涉着不同的对象。毕竟，表现在大众传播媒体，特别是具互动性的互联网上面的产消合体，还是局限在人们日常生活活动中的一部分而已，容或它有着逐渐扩大，也显得益加重要的趋势。尤其，倘若我们关心的焦点在于整个工业经济所彰显之社会学意涵的历史意义时，在概念上，对生产与消费加以区隔，还是有必要的。

诚如在第四节所陈述的，在十九世纪的西欧世界里，西方思想家（如马克思）持有着"阙如与不平等"的社会观，并视为是掌握社会脉动的基本认知模式，基本上可以说是来自资本主义之生产关系体现在消费面向的效果所致使的。简单地讲，就社会的现实面向来看，在确立私有财产制具至高正当性的前提下，伴随着资产阶级的兴起和市场社会的来临，无产阶级（特别是工人）面对的是一再地被剥削，于是，贫穷成为十九世纪之西欧社会的核心问题。这正是何以马克思会从生产面向来剖析（也批判）资本主义的关键所在。

假若我们从有关人之存在的哲学人类学存有论面向来看，正如在前文中一再阐述的，自从十七世纪自由主义兴起以来，西方人认定，一个人在现实世界里对种种事物（包含体现在人与人互动中的权利关系）具有"持具"的权能，乃是界定人之所以存在的根本意义。十九世纪英国密尔（John Stuart Mill）的功利主义（utilitarianism），可以说是这样强调实用"持具"作为至高权（sovereignty）的表现所衍生的一种转型思想。推衍地来说，这意味着，消费乃是具体地衍续（也是证成）"持具"的一种社会表现形式，而其基础则在于人类作为存有体所具有之基本生理机能呈现出来的"动物性"（animality）上面。只不过，不同于其他动物，对人类（尤其是所谓文明人），消费同时更是证成"人文性"（humanity）的基本表现形式。这也就是说，消费（不是生产）是展现人由动物性过渡到人文性（也是由自然 [nature] 过渡到文化 [culture]）之最典型的社会表征。只是，在不同的发展历史阶段里，它有着不同的表现形式，也有着不同层次的要求而已。在十九世纪的西欧世界里，正是因为表现在无产阶级之消费上面的普遍"阙如与不平等"被归咎于资本主义特有的生产理路，所以，才让社会学家们把焦点摆在生产面向，并且连带地让

"生产"这一概念所开展出来的诸多概念（如劳动、使用价值等等）具有高度的神圣性，也成为化解人类由动物性过渡到人文性所产生之生存焦虑（如饥饿、贫穷）的关键社会机制，当然，更是体现在消费面向，并用来证成具积极人文性之存在意义的下层结构基石。

回顾欧洲的思想发展史，玛南（Pierre Manent）指出，从十八世纪起，特别透过孟德斯鸠（Montesquieu）的论述，以往之所谓自然（nature）和依法则创造（creation under the law）等概念逐渐退位，取而代之的是强调活在实际历史进程中的"现状"。于是，日常生活、芸芸众生（everybody）与"社会"（society）（特别是统计学中的"均值人"）等概念被看重。玛南认为，让"历史"与"社会"的概念并重地浮现（即由自然与法则转至社会自身），分界的时间点大致在法国大革命，这连带地强调了个人的自由与平等（Manent, 1998:50-51）。简单地说，如此一般之概念上的转变乃意味着，相对于封建社会，资本主义带来的是一种经济的解放，代表芸芸众生的资产阶级跟着成为历史主体，进而，经济化了政治与社会体（Manent, 1998:107）。就此历史背景，玛南认定，十七世纪之霍布斯之强调"权力欲望"（desire for power）可以说是开了先河，并因此建立了以"意志"为基础的民主理论。他以为，洛克更是从"生产"面向来论人性，强调的是人具生产力，因此，人即是劳动，劳动成为证成人之主体性的基本特质，这才终至于在十九世纪里转而带引出马克思以无产阶级为本的论述（Manent, 1998:113, 116-117, 160）。

基本上，以生产为主调的社会思想是一种以政治经济学为主调的思想，强调的是社会资源的生产和分配，功利实用可以说是其内涵的判准理路，诸如资源之稀少或丰裕与否，乃考量的重点。因而，这是以理性为经纬来突显人生存的终极意义，它所编织出来的故事显示的，是一个屈从于预期结果之操作的世界（如生产成果如何适当分配）。尤有进之的是，它乃以线性的时间序列架出了"未来"，尽管这是一个始终未可完全预期的未来。总之，纵然在此一未克完美的状况之下，终究，理性乃意味着有着特定的理路作为依据，设计、企划与期待等等的作为是必要的。这也就是说，理性必然指向某种乌托邦的构作，它不是随机的片刻世界，而是一个不断裂，甚至是无意外的连续世界。无疑地，在如此一般之乌托邦世界的庇荫下，社会图像显现的，即是上文中所指出之那种由具刚性之强者英雄形象（以阿波罗太阳神为典范）所打造的光景，而这恰恰是诞生于十九世纪的西方社会学打从一开始即有意或无意地编织出来的社会景象。

倘若就人之自我（self）的经营而言，生产与消费确实一直是相互搓揉摩荡着，但是，就西方社会思想的主调来看，这样之刚性强者的政治经济学却是以俗世的使用价值为终极基础，也肯定是以人之生理机能作为至上的前提所架设出来的"需求－满足说"作为初始前提的。这导使"物质享有情况（的多少与品质）"（因而，连带地，财富的所得）成为界定与审视诸如公平、平等与正义等等的最基本设准。概如在第四节中所强调的，我们可以从当是时之社会学家们逐渐发展出来的诸多核心概念——诸如权力、规范、财富、地位、权威、宰制、垄断、剥削、异化等等的使用中看出端倪。

显而易见，这样的社会观挹注了霍布斯在十七世纪时所提之"最低程度的自我保全"概念更多的力道，使它成为动物性（自然状态）以跳跃（leap）方式过渡到人文性（文化状态）的基本门槛，并且进一步地作为整个议题的关键提问对象。就思想史的立场来看，这更可以说是导使整个探索的课题由消费倒转至生产面向的缘由，体现在马克思的思想中特别明显。于是乎，让我再次重申一次：在如此一般的历史场景里，诸如使用价值、基本生存条件、劳动、匮乏、不平等、剥削、压迫、宰制等等看来较为接近人之动物性的概念，广泛地被社会学者们倚重用来建构社会图像。进一步地，这也才成为后来社会学家视为是形构人之存在的基本存有论图像的基础。

然而，很明显，意图把这样刻画初期工业资本主义的社会图像原版不动地运用在二十一世纪以西方世界的发展模式为主调之后现代的后资本主义社会里，情形似乎是不那么贴切适宜的。在后现代社会里，特别是透过大众传播媒体科技（尤其是互联网科技）的快速而高度发展，消费（特别是所谓象征消费）现象显得特别耀眼，它早已把其原本即"溢出"生产理路的逻辑发挥得淋漓尽致了。在这样的历史场景里，说实在的，我们已不可能继续以十九世纪以来以生产面向为核心、"阙如与不平等"为显像所经营出来的社会图像来捕捉当代社会了。回顾西欧社会的发展历史，其实，后者这样的消费社会景象早已在十九世纪的法国出现了。譬如，法国诗人波德莱尔（Baudelaire）的诗作《恶之花》（*Les fleurs du mal*）与散文诗《巴黎的忧郁》（*Le Spleen de Paris*）刻画的即是这样的景象。本雅明（Walter Benjamin）1927 年至 1940 年间对十九世纪巴黎的拱街市场（Arcades）所进行的系列研究，更是进一步地提供了有力的佐证。他即使用了万变幻影（phantasmagoria）这样一个比喻来形容这样一个当时兴起于巴黎的消费场景（参看 Benjamin, 2006）。

这么一来，到底，消费的社会本质为何，顺理成章地成为社会思想家们探索的重点，而从这特别是表现在二十世纪三十年代以后的法国社会思想里，譬如，列斐伏尔（Lefebvre）、巴塔耶（Bataille）与鲍德里亚（Baudrillard）就是最具代表性的人物。同时，由消费现象溯源至人类社会之哲学人类学的存有源起状态，遂跟着成为整个社会理论的核心议题。在这样的情况下，导引法国社会学（也是人类学）发展的初始重要人物涂尔干与莫斯（Mauss）的思想，跟着成为开展整个议论的原始课题（Durkheim, 1995; Mauss, 1989）。

尤有进之的是，诚如沃格林（Eric Voegelin）在《没有约束的现代性》（*Modernity Without Restraint*）一书中指出的，在（实证）科学主义的催动下，有关社会的论述一直有着禁止提问的情形发生着，学者之间始终是禁问有关人的本质、召唤与命运等等有关源起的存有论问题（Voegelin, 2007）。然而，就在上述这样的历史场景里 [①]，这样的禁问魔咒被解除了，探问（或更贴切地说，想象）着有关人与社会之哲学人类学的存有源起状态，可以说为整个社会思想开启了另外的一扇门窗，一直到今天。

---

① 就社会思想史的角度来看，布勒东（Breton）的超现实主义（Surrealism）扮演着相当重要的推动角色，而尼采与弗洛伊德（Freud）的思想更是促使整个认知模式有所转变之关键性的思想要素。有关更为详细的阐述，参看叶启政（2008:213-266）。

七、涂尔干之集体欢腾的神圣意义——感性与理性的对彰搓揉摩荡

　　根据巴塔耶的意见，消费的极致作为乃是对过剩的绝对耗尽，而这可以看成为是活生对死亡向往的一种表现。准此，死亡是相当豪华的事实，是生命所可能展现的最高级形式，更是最为奢侈的一种花费。在这样的情况下，假若死亡意涵着未知，并让人们带有着恐惧心理的话，那么，极尽奢华耗尽的消费可以说即是用来克服具狂暴性之恐惧的一种表现形式，并借此构作着，也证成了神圣性（如古代埃及法老建筑金字塔来安顿木乃伊，以圆成其对灵魂不灭的渴盼）。进而，假若我们从其内涵的社会属性来分析，推到极致地看，消费代表的则是一种可能性，这个可能性，一则，充满着未知；二则，表现出绝对的自由；三则，更是孕育着无限希望。这也就是说，消费乃意涵着深具力矩（torque）性质之时机（moments）的意思，表现的是人们在每个当下片刻"此在"的心灵状态与行动形式，可谓是至高权（sovereignty）的一种优位展呈。相对地来看，生产则只不过是至高权的一种具排他性的外溢现象而已（Bataille, 1988）。这么一来，就人类学的原始意涵而言，无怪乎，巴塔耶会视消费为一种至高权的表现形式，乃超越功利实用的考量的。这也就是说，消费本身就是目的，体现着一种不具实用与否（uselessness）之意涵的生命本质，其重点在于人与人之间或人对自然所引起的心灵通犀感应，心理特质是激荡、亢奋的，倘若借用尼采的说法，即是展现着酒神狄奥尼索斯的精神。连带地，这样的消费行为本身涉及了神圣性的经营，甚至可以说是归属于神祇世界的，而这样的感知体现在初民社会里头的，更是特别明显。

　　在第三节中，我曾经提到社会契约论者以社会之所以源起的说法来开题。在这儿，我需要再多加几笔来做进一步的阐明。力主契约论者之主张"社会乃基于个体相互订定契约而来"，除了凸显"个体先于社会"这样的社会存有论立场之外，实乃意涵着，具有一定，且是特定的理性是人们形塑社会时的基本认知状态。所谓来自自然的权利如何予以安顿和有着一定的让渡，可以说即是理性予以运作之关键的课题，而这也正

是构作整个自由主义之社会与政治哲学的核心议题。在同一章节里，我更以涂尔干认为"个人主义"的信念实则只不过是欧洲社会自十七世纪以来慢慢经营出来之一种居优位主导作用的集体意识与表征而已。因而，他抨击契约论者倒果为因，误置了命题（Durkheim, 1964）。涂尔干的说法相当具有说服力，成为导引往后之社会思想发展背后的铁律。在此，我不拟进一步地去争论这个"铁律"的真伪、妥帖性或普遍有效性等等问题，而仅就此一命题作为出发点，审视其在哲学人类学存有论上到底可能衍生出哪些更为深邃的社会学涵蕴。对此，涂尔干在其后期作品《宗教生活的基本形式》（*The Elementary Forms of the Religious Life*, 1912）中提出了相当精彩的论述，值得引述。

　　根据涂尔干的见解，他认为，特别是节庆的时候，人们聚在一起，经常会产生集体亢奋（collective effervescence）的情形。此刻，平时许多的禁忌与规范往往都暂时被悬搁起来，甚至，进而，使得人们陷入狂热的集体起乩状态之中，觉得冥冥之中有着超乎人类的神祇存在着，所谓神圣性（sacredness）（因而，神圣／世俗 [sacred/secular] 之区分）的感受随之而生。涂尔干认为，这即是宗教产生的源起状态，而且，往深处来看，此一状态反映的事实上即是"社会"本身。准此观点，就存有论的源起状态而言，"社会"总是以宗教的姿态出现，其所依据的心智状态，本质上是激情的感性直觉，绝非冷静的理性分析（或演绎）。因而，社会本身即是一种神圣体，而这种感知体现在初民社会的，又特别显著（Durkheim, 1995）。诚如莫斯在《礼物》（*The Gift*）一书中所陈述的，在这样的场景里，人们彼此之间的互动基本上是一种犹如礼物互惠交换的纯粹形式（Mauss, 1989）。套用德国社会学家齐美尔的用语，这展现的即是无任何工具价值设准的纯粹社交性（sociality），亦即：互动自身就是目的，除此之外，别无他意（Simmel, 1971:130）。就在这样的基础之上，带着极端感性的集体亢奋（而非理性的契约），才是文明所以孕生的源起心理状态，也是人类企图透过制度化过程来形塑集体意识之前的一种社会心理的前置状态，更是人类由动物性跳跃至人文性时在心理上的一个临界点（也是一种机制要件），对理解人的社会行为，具备着前提性质的至高地位。

莫斯在另外一部作品——《巫术的一般理论》(*A General Theory of Magic*)中更提示着我们，神圣性是曼纳（mana）力量的凝聚结果，它总是无时无刻地渗透进人们日常生活世界里头的细微部分，无所不在（Mauss, 2001）。至于，何谓曼纳，简单地说，乃指在某种宗教信仰里，人们相信世间存有一种非凡而例外的超自然力量。它被认为是集中在某种神祇、神圣物或人物身上，但是，威力却是蔓延散及整个世界，而且可以在世代间承继或传递下去。易言之，曼纳是一种非个体性的力量，基本上乃表现在禁忌物当中，与普通人分离，并且总是令人敬畏。于是乎，曼纳构成为一种环境与氛围，可以说是集体意识之原始且核心的表现形式（Mauss, 2001）。难怪涂尔干会认为，曼纳所具有的"力道"特质具备着文明的源起意义，正是社会得以形成的最初能量形式（Durkheim, 1995）。

尤有进之的是，倘若允许我们以此一哲学人类学的存有论预设立场作为认知基础的话，那么，我们可以把逻辑与科学方法的"理性"操作，看成只不过是曼纳所施展的一种另类"法术"了。只不过，这种"理性"曼纳更是假"世俗"之名大剌剌地介入传统之圣/俗区分的禁止藩篱，并且予以破坏。首先，它让传统之"圣/俗"二分的明显界线模糊掉。更重要的是，它借着具客观性之科学精神的名义绑架"理性"，并进一步地举起世俗化的旗号来媚俗和表示亲民，更以此为自己侵犯了传统视为"神圣性"的行止脱罪。然而，这一切事实上却是为自己树立起一个不容侵犯，且无以替代的另类"神圣"牌位，让自身有着机会倒反过来地成为一群实际拥有诠释与实践特权的现代贵族（所谓具科学知识的专家即是最为典型的代表）。实际上，这还是与过去一样，仍然让某些人与一般俗民（与常识）隔离开，且依旧"贬抑"着后者。依我个人的意见，基本上，这一切依然是换汤不换药，只不过，具感性原质的曼纳力量，以自我悬搁、自我排除、自我抽空，乃至是自我否定的对彰姿态搓揉摩荡着其"感性"内容的本质自身，而改以"理性"的名号自存着，成为一种仅具形式（form）特质的空洞躯体。归根究底地来看，整个关键乃在于形式所蕴涵的概念特质上面了。

诚如齐美尔在论说货币（money）作为一种交换形式时所意涵的，

推到极致来看，形式可以说是一种完形（Gestalt）的呈现，代表着纯粹的完美（Simmel, 1978）。因此，任何的形式都是一种排斥，也是一种界限，以至于一旦界限被确立了，形式总是会不经心地以暴力的方式来要求其所面对的对象是清澈通体，以至于生命或生活世界中原有的暧昧性立刻受到限制或纠正。然而，现实地来看，我们却不能忽视，形式原只不过是一具骨架子而已，任何完形都需要血肉来充实，才可能形塑出"完美"的形体。易言之，对人们来说，有意义的不是骨架子本身的形式，而是搭配上怎样的血肉，才得以形塑出如是的形体。譬如，前面提到的"结构"，倘若看成是一种形式的话，那么，不管以机械器或有机体来比拟，其所涉及的，终究是深具文化－历史质性的实质内容。因而，就其社会本质来看，形式是难以独立自存着的，若其然，则必然失却了社会意义，无法为人们激发出引导生命律动的能量。这么一说乃意味着，形式所牵带出来的，总是（甚至必然是）具有人为创造性的概念产物，于是乎，一种深具随制（contingency）性质的特定文化表现样态，始终是如影相随着。这也就是说，形式需要不断的创造过程来加以洗礼或提炼，为的是替人们铺陈着可以了解、感受、依赖的介体。其结果是，形式的界限并非出自于把社会现实完全抽空的完美推演论理（如形式逻辑一般）；套用伽达默尔的用语来说，它所展现的毋宁地是承受且包容着具特定文化－历史质性的定见（prejudice）（Gadamer, 1975）。

有了这样的理解之后，当理性被当成是一种形式来予以加持时，它怎样地被文化所形塑和期待，于是成为重要的课题，而这恰恰是十八世纪发皇的欧洲启蒙理性为人类整体文明所开展出来之一种深具吊诡性的历史提问。说得更平白些，前面提到理性作为一种曼纳的形式，基本上，除了表白理性之所以能够具有社会运作效果的能量来源之外，顶多，只是蕴涵着，在概念的历史发展过程中，它更是呈现出悬搁、排除、抽空乃至否定了曼纳内涵之感性的吊诡特质。

然而，从历史的角度来看，事实上，作为一种文化展现形式，启蒙运动以来的理性为其自身赋予着自我解构的力道。基本上，这个力道不是来自其概念界限之外的权威（如上帝），而是指向界限自身之内的东西。简单地说，这种理性有着相对谦冲的立场，它并没咬紧必然性不放，而只是强调着可能性，有着自我变易与解套的能耐。因此，连带地，它事实上赋有一种努力迈向超越界限自身的趋力。最为典型的莫过于，具有自我反身的批判性，正是理性所内涵之如此一般的历史质性。更具体地来说，理性作为一种文化的展现形式，在过去的历史进程中，尤其是其发展的初期（即十八世纪的启蒙运动），它确实是呈现出悬搁、排除、抽空乃至否定了曼纳内涵之感性的积极作用，显出了吊诡的特质。但是，在现实的社会里，人们并没有充分体认到这样的吊诡性。情形显得正相反，把感性完全予以悬搁、排除、抽空乃至否定的工夫，使得感性存在于理性的界限之外，成为一种"他者"。只不过，特别是到了二十世纪中后叶之符号消费社会浮现之后，情形明显改观，理性本身自赋的自我解构能力发挥了可能性的作用，这让理性作为曼纳的一种表现形式内涵的感性回了魂，理性不再是取代感性，而是让两者一直，也必然相互搓揉摩荡着。这体现在十九世纪尼采强调酒神精神、二十世纪弗洛伊德的精神分析学、布勒东之超现实主义的文学与艺术，尤其是列斐伏尔以降之法国日常生活社会学的思想里，可以说是相当地明显，更罔论当代之所谓后现代主义者了（参看 Descombes, 1979; Ferry & Renaut, 1990）。

不管如何，随着所谓现代性的进展，理性作为曼纳之表现形式的这股力量一直延续着，今天依旧成为导引着后现代社会之发展最主要的历史动力，只不过，其展现的样态有了转变，如此而已。法国社会学家马费索利（Maffesoli）即告诉我们，在后现代社会里，生机意趣（*puissance*）取代了自我持续（self-persistence），成为整个社会运作的基本心理机制[①]（Maffesoli, 1996:1）。前者乃以完整之位格人（person）为轴心来完成，强调的是倚赖着他人，不是功能性，是象征的分享，是重视差异的嘲讽与讽刺的符号学。但是，后者则是以个体（individual）为本之具至高权（sovereignty）性质的认同（identity），乃是具理性意涵的功能考虑，有着宰制、剥削与反抗的意念。

[①] 德波（Debord）也一样地认为，生机力是他所说之展示社会（society of spectacle）的基本心理机制（Debord, 1983）。

英国社会学家基思·特斯特（Keith Tester）在《后现代性下的生命与多重时间》（*The Life and Times of Post-modernity*）一书中，企图以"怀旧／恋乡"的概念来界范人们对未来的想象。特斯特认为，我们可以借此把具理想化之反思性想象的过去和未来联系起来，而有了连续性（Tester, 2010）。倘若我们把这样的概念施用于对照具时间序列的现代性与后现代性的话，那么，现代性的特点乃在于刻意破坏过去的历史，以创造另类的不同未来，其所强调或努力导致的是以某种信念（如科技至上、经济成长）为基调来进行线性的发展，更是对无限衍展出去的可能性从事有意图的企划与经营，是一条单向的不归路。尤有进之的是，在这样的社会场域里，理性被工具化，也中空化，甚至被视为具有普遍的校准性。总之，不管怎么说，在这样的历史场景里，理性是被用来为某些显性或隐性的终极信念服务，它不问过去，或总是以负面的姿态看待历史，尽管这些信念是在特定历史环境下驱动出来的文化产物。因此，意图拉回到过去历史的"怀旧／恋乡"，基本上是不存在于现代性里头的，因为任何的"怀旧／恋乡"都足以扦揢（或否定）现代性的根本意涵。但是，后现代场景所展现的则有所不同了："怀旧／恋乡"成为人们经营日常生活的主要心性氛围。只不过，此时，"怀旧／恋乡"只作为一种想象，失去了如前文中涂尔干所特别提示之严肃而神圣的历史感受性。"怀旧／恋乡"因而只是一个孤零独立的符码，永远以他者的姿态不断地出现在人们的面前，或许是临近着，但却丧失了热度，始终以冷凉（顶多是略温）的状态在人们的面前晃动着、诱惑着。

八、正负情愫交融的时代意义——代结语

马费索利以生机力来架设当代社会的场景，彰显着一个重要的历史意涵：我们已进入消费主导整个时代发展的历史局面了。往前再推一步来说，这则意涵着，象征符号的消费乃是最重要的主导社会动力。鲍德里亚即曾说过一句话，已成为经典的隽语，常常为人引用。他是这么说的：为了变成为消费的对象，客体首先必须变成为符码（In order to

become object of consumption, the object must become sign）（Baudrillard,
2001:25）。简单地说，这句话的意思是：对人们来说，消费的重点在于客
体对象背后隐含的象征符号，而不是客体自身，客体只是以人身体之生
理动能为基础的一种媒介，真正的动力是象征符号。譬如，人们买件衣
服，经常不是单纯地为了满足保暖的生理功能，更重要的是品牌背后的
象征意义——有品位、有身份等等。这么一来，象征（连带地，由象征
衍生的风格 [style]）才是消费真正内涵的社会本质。准此，对人作为具
感知的行动者来说，消费成为是一种义务（obligation），更是一种具社交
性原味的象征交换活动，生产（而非劳动）于焉被倒过来，成为只是随
着消费而被制约的一种另类的社会活动罢了！

　　既然人们从事消费时，重点在于象征符号，那么，象征符号以怎
样的姿态来展现跟着成为重要的课题。这涉及的基本上是有关意符
（signifier）与意指（signified）之间的关系的问题。瑞士语言学者索绪
尔（Ferdinand de Saussure）在其著《一般语言学的课程》（*Course in
General Linguistics*）中即明晰地告诉我们，语言乃表达概念的符号系统，
其重点即符号（semiotics）的问题（Saussure, 1966）。对此，当符号指称
着某物的时候，我们察觉到的，基本上并不是事物和名称而已，而是概
念与音响形象。对索绪尔来说，音响形象（或一个字句，或一个物质客
体）即意符，而意符所指陈的概念对象即意指。至于所谓符码（sign），
指的则是两者的联结；把符码组织起来，即构成为编码（code），譬如，
时尚（fashion）与流行（fad）即是。是故，两者并非自动相等。

　　索绪尔更进一步地指出，意符与意指的联结基本上是任意武断的，
两者之间并无固定、必然且具本质性的关系，一般乃透过社会习俗惯例
予以约定俗成的（Saussure, 1966:67）。譬如，情人卡是意符，而爱慕则
为意指，但是，要表示爱慕，却不一定要用情人卡，也可以送一束玫瑰
花之类的。换句话说，基本上，情人卡与爱慕可以与其他意指和意符独
立分开存在着，但是，一旦它们联结在一起，则构成一个特定的符号关
系，并为特定文化与历史条件以约定俗成的方式予以制约着。因此之故，
理论上，一个意符所可能阐连的意指可以无限延伸，同样地，一个意指
所赖以构作的意符也可以不断变易着。于是乎，在如此一般之意符与意

指相互搓揉摩荡的过程中,（符号）消费成为一种倒转的自我生产, 产消合体的现象所显得特别明显之处即在于此。此时, 符码不断蔓生, 也不断分裂繁殖, 差异跟着一再浮现。就人类文明发展的历史进程来看, 大众传播媒体与互联网科技高度发展, 正是催化符码展现如此一般之不断自我分裂繁殖与激发产消合体现象的有利条件, 而这恰恰是后现代社会的场景。

鲍德里亚即相当睿智, 也极有洞见地指出, 处在这样之产消高度合体的社会场景里, 符码不断地自我分裂繁殖与变易, 刺激着消费与需求之间只存有着歇斯底里（hysterial）的关系。歇斯底里发作时, 症状（消费）与器官（需求）之间并没有必然的对应关系, 器官只是表呈症状的一种随制介体而已。这也就是说, 以人类基本生理机制为本的自我保全本能要求, 并不是展现当代消费人的基本社会要件, 跟着的, 企图以需求（need）和使用价值（use vale）作为架设人之存在意义的终极要件（如马克思与弗洛伊德所主张的）, 也于焉崩溃掉了（参看 Baudrillard, 1981:64-69）。此时, 类似初民社会所呈现的象征交换现象, 才是重要的社会显像。随之而来的, 整个社会的焦点问题不再是在于诸如压迫、宰制、剥削或异化（alienation）等等现象的紧迫盯人, 而是种种符码带来无止境的诱惑（seduction）（经常是透过物品或事件）。不像压迫、宰制与剥削总是让人们留下刻骨铭心的痛苦记忆、不断地累积的苦难的感受, 诱惑给人们的是愉悦的感受。基本上, 这种愉悦的感受却始终只存在于经验的当下此刻, 过了就消散, 也忘了, 一切总是需要重新来过, 因此, 诱惑是一种无累积性的消费形式。然而, 值得特别予以进一步提示的是, 诱惑更是一种符号的密语, 像毒品一般, 能够让人们涌现着永远是例外而非凡的情欲搅动状态。说来, 这正是人们经常沉溺于其中, 且不断地追逐的缘由。尤有进之的是, 本质上, 诱惑更是一种恐怖主义的表现, 它使得人们始终有着从原先的状态抽离出来（或断裂）的意图, 让自己不自主地步入一个充满着兴奋期待, 但又是饱受未知折磨且泡满失望之泥浆的迷宫, 以至于焦虑总是不时相随伴着（参看 Baudrillard, 1990a, b）。

在现代的西方社会思想里,"距离"与"障碍"经常被强调着, 所谓的主／客体对彰格局也借此而展开, 而克服障碍与把握距离即被看

成彰显主体，且证成实在的基本要件。即使具前卫意味的超现实主义
（surrealism）（如布勒东）强调着人们心理的内在感受与意识流，并以
偶然（Der Zufall）的手法来表现这个世界，但是基本上，他们还是承认
"实在"的必然性。譬如，布勒东在《娜嘉》（Nadja）一书中叙述着许多
奇怪的巧合，但是，这些巧合毕竟还是真实的。它顶多只不过是意味着，
"客观"的偶然在不相干的事件中拣选了一致的语意元素（如共同喜爱诗
歌，而指向一个无法掌握的意义），如此而已。诚如伯格（Bürger）指陈
的，纵然超现实主义者不制造偶然，却始终对在日常生活世界里一般认
为不可能发生的琐碎"真实"事件保持着高度的注意（Bürger, 1984:62-
66）。如此说来，这可以说是对工具理性原则所建立之社会律的一种反制。
它意图告诉我们，在充斥着例行而平凡的日常生活中，无法预测的"偶
然"本质上是例外的，而此一例外是缔造非凡之神圣性的关键分离点。
因此，他们所质疑的，只是被"工具理性"予以规则驯化的现实世界，
转而期盼着一个充满意外惊奇的世界出现。基本上，他们并不是期待
（或意图经营）着一个充满着无限可能性与变易性之准虚拟实境（pseudo-
virtual reality）的浮现。

　　然而，鲍德里亚不一样，他要告诉我们的，却是一个相当不同于过
去的当代实际场景：当前，人类乃处于充斥着飘荡符码的后现代状况里
头，所谓的拟像（simulacrum）在人们的日常生活中扮演着极为重要的
角色。在这样的世界里，首先，特定的指涉对象消失了，人们再也不必
然地需要寻找什么具实在性的表象，也不必用想象来摹塑实在，而是创
造"实在"，鲍德里亚称之为"超高实在"（hyper-real），因为它比实际
客观存在的实在还显得实在（Baudrillard, 1994）。一部描绘爱情的电影
即是最为近身的例子。电影故事的制作群利用配乐、剪接、故事情节的
编辑、特写镜头等等的手法来编织影像，以至足以让其所呈现的"爱情"
故事，远比真实世界中人们实际经历的，更加感动观众，（就爱情而言）
有着更为踏实的"实在"感。因此，"超高实在"指涉的，可以说是一种
具感受性的"心理实在"，而非具现实客观性的实在。易言之，对人们来
说，实在之所以是"实在"是因为心理的感受度，而非是否真正地有着
客观的现实性。

值得更进一步提示的莫过于，"超高实在"的现象使得人与实在之间没有了距离，也解除了障碍的问题，更是把终极性也一并撤销掉，让"活生"在"死亡"中不断地以跳跃的方式浮现着。在此情况下，所谓同一／差异、非凡／平凡、虚拟／真实等等过去被视为截然两分的互斥对绝现象，如今却是不断地相互让渡，彼此之间更是互相搓揉摩荡着。进而，过去人们对历史源起状态一直殷切渴望着的"真实性"想象，在此更是不再具有任何的意义了。结果是，历史不再是权威，顶多只是一个例证罢了！顺理成章地，前面提到之特斯特所说的"怀旧／恋乡"，自然而然地也就跟着成为只不过是一种仅具"便宜行事"意思的感性语言游戏，且是一种极具"陈腔滥调"（cliché）性质的语言游戏。

在符码不断跳跃、变易且自我滋生的当代"超高实在"情境里，我们发现，前文中所描绘初民社会那种因集体亢奋现象带来的欢腾心理状态，似乎有着重现的迹象。之所以这么认为，那是因为，毕竟这是一个心理学主导着社会运作的时代，人们的心理感受与想象（而非理性认知）是构作人们之日常生活中最具意义，也是最被关心与在意的核心部分。曾经流行于年轻人中的一句话——"只要我喜欢，有什么不可以"，不就是一个最贴切的佐证吗？摆回现实的社会环境来说，即使是当下如此一般之有着相当自由度的后现代"个体化"世界里，肆意随性的感性要求依旧是致命的，它总是会与具有（规范）界限之要求的理性有所碰撞。在碰撞的中间，正负情愫交融（ambivalence）的现象可以说是其中最为重要的课题，更可谓是符号消费社会里人们必然经验到的核心心理状态①。

---

① 鲍曼在《后现代伦理》一书中曾经指出，在当今这样一个以象征游戏为主调的社会里，日常生活世界本身构作了美学空间，成为人们经营生命的基本条件。这是一个轻盈的社会，人们以孤独的姿态各自地追求着愉悦，鲍曼称之为孤独的愉悦（solitary pleasure），以至于在初民社会里所看到之集体亢奋的欢腾现象已经不存在了（Bauman, 1993）。对我来说，这样的孤独愉悦之所以是轻盈，基本上可以说是因为人们屈服于符号消费为导向之社会结构理路的"重量"。因此，这样的轻盈是受结构制约的结果，本质上是缺乏具有自得自在、随性而起之孤独状态的底蕴，不是绝对的"轻"，实质上是他人导向带来的"重"，毋宁说是一种社会性的负担。

回顾人类文明的发展过程，其实自古以来，人类活在社会里，即经常经验着类似爱恨（或善恶）交织的场景。譬如，爱情之所以被人们歌颂着，即因为它可以让人们经验到一种生与死、喜与怨、聚与离，以及爱与恨等等情愫交错并存的缠绵状态。横跨十六与十七世纪之英国莎士比亚（William Shakespeare）的戏剧，仔细分析起来，其实，所刻画莫不都涉及这样的心理状态。单以《哈姆雷特》（Hamlet）一剧为例，其中一句台词："to be, or not to be, that is the question"①，可以说即道尽了这样之心理状态的意涵。没错，当人处于这样的心理状态之中时，暧昧、未定与滑溜总是交织地浮现着，连带地产生了极尽折磨人的焦虑、浮躁、不安等等的痛苦心理。但是，这却也同时可能激荡出渴望、期待和思念的强烈欲念活力，让人们有着经验到生与死交错浮现之永恒再生的奇妙感觉，甚至保有着欣喜、愉悦、活鲜和挑战的心理感受。因此，如此一般类似爱与恨交织的正负情愫交融的情景，始终是与人类的文明一起迸生着。

正负情愫交融的心理状态，并不只是局限地出现在人们的爱情关系之中，抑或发生在令人感到沮丧的某种公众领域里头，而是遍及日常生活中的各个面向，弗洛伊德之精神分析论述所意图彰显的，可以说即是一个最具代表性的例证。姑且不论其理论性的观点是否妥当贴切，弗洛伊德即认为，正负情愫交融的现象是普遍存在于人类的历史进程里头的，整个文明甚至可以说正是源起于这样之正负情愫矛盾交织的心理状态之中②。前文中所提到（特别是在初民社会里）激发人们之集体意识的曼纳力道，说来，即是因为人们处于正负情愫交融的心理状况下，才使得两股矛盾并存的力量得以激荡而汇合，让超级力量酝酿出来。在此，让我引用罗马尼亚裔之法国社会心理学家莫斯科维奇（Serge Moscovici）在《社会的发明》（The Invention of Society）中的说法来强化这样的论说。

---

① 这句话的字面意思为何，无论就英文原意还是中文译文为何，众说纷纭，莫衷一是。仅就中文译语来说，譬如，梁实秋的翻译是"死后还是存在，还是不存在——这是问题"，而朱生豪则译为"生存还是毁灭，这是问题"。在此，我的学养不足以在译文上表示意见，所以只好写出原文来。因为，不管原意或中文译文为何，这句话意涵的乃指向正负情愫交融的心理现象，应当是可以接受的。

② 有关此一论点细致的论述，参看叶启政（2013b：第二章）。

根据莫斯科维奇的说法来引申，充满着曼纳权能力道的初民社会基本上是一个对"躁征"予以制度化（institutionalizing mania）的社会形态，着眼点在于形塑具一般所认知的"宗教"神圣性。于是乎，营造仪式（ritual）成为整个社会的重要作为，而上面所叙说之欢腾和亢奋等等情绪所彰显之炙热的狂喜（ecstasy）状态，则是最具代表性的集体心理特征。浸润在这样的集体氛围之中，所谓的驱妖除魔（exorcism）可以说是社会里最重要的活动（Moscovici, 1993）。相对地来看，现代社会则是一种被高度理性化的社会。诚如在前文中指出的，作为具感性原质的一种曼纳能量，理性以自我悬搁、自我排除、自我抽空乃至是自我否定的对彰姿态搓揉摩荡着其"感性"内容的本质自身，其结果是把感性原先具有的"躁征"蒸发掉。反过来，社会所彰显的最典型特征则是"郁征"的制度化（institutionalized melancholy），特别是表现在科学理性当中，其心理状态最明显的是凉冷的，更是压抑的（depressed）。如此一来，整个问题的核心于是乎乃在于，如何使得在塞满着"郁征"的社会条件下让我们在期待之"躁征"所蕴涵充分显现出来？显然，我们必须在"郁征"与"躁征"之间找到一个平衡点。

总的来说，在传统社会里，人们以具神圣性的象征形式（譬如神魔永恒交战或生死轮回纠结）来处理正负情愫交融的心理感受状态。但是，在强调理性自我掌控之个人主义信念的支撑下，追求逻辑一致性把一切问题予以智性认知化，并且，以为化解之道必须往人自身上面推。在这样的情形下，视正负情愫交融为严重的偏差心理问题，而非推动文明进展的"正常"心理动力，自然是可以理解的。确实，在现代社会里，因为价值多元化、社会角色带来的地位要求本身往往同时兼具正负两面的价值等等的因素，致使正负情愫交融的形态有了更加复杂的变化。尤其，整个社会组织（特别指涉经济性的组织）的体系性运作对其结构理路有着予以理性化的普遍要求，以至产生了戈夫曼所称之戏剧性的正负情愫交融（dramaturgical ambivalence）现象 ①（Goffman, 1959:252-255; 同时

①　借用戈夫曼之戏剧学的理论来说，依其内涵，一个个体可以被区分为两部分。其一是他可以被视为一个表演者（performer）——一个备受蹂躏的印象制（转下页）

参看 Weigert, 1991:148）。然而，这样正负情愫交融的情绪感受情境，终究是无法单纯地以理性认知予以完全化解。可能的化解途径或许是正相反的，即：人们必须学习透过类似宗教信仰一般的方式，以超验的态度包融看似矛盾对立的情愫来孕生具体的行动。倘若我们把这样的提议拿来和心理学家魏格特（Weigert）的说法结合在一起看，似乎可以刺激我们更多更深刻的启示吧！魏格特是这么说的：整个的情形不是正负情愫交融必须被解释，而是因为缺乏正负情愫交融，才需要被解释。同时，也不是有了正负情愫交融的人才需要被解释，而是只经验着单一特定感觉的人才需要被解释（Weigert, 1991:153）。很有智慧的一段玄机话语，不是吗？这个说法其实意味着，正负情愫交融可以是，也常常是人们经营生命意义的有利（甚至是必要）的条件，只不过，文明的发展似乎把人们带上另外一条相反的道路上去。情形若是如此，那么，我们怎么面对这样之正负情愫不断交融，但意义却逐渐流失的后现代场景呢？

在二十世纪中叶，法国神父德日进（Teilhard de Chardin）在其著《人的现象》（*The Phenomenon of Man*）一书中的结尾处提到，人类的文明已迈入宇宙发展的最后阶段，也就是他使用希腊字母的最后一个（即 Omega, Ω）来称呼的"奥米加点"。此时，心灵的因素逐渐被

（接上页）造者，从事着"塑人过度"（all-too-human）（案：此乃尼采的用语，意指一个人太过于被既有规范与价值所捆绑塑造）的舞台表演任务。其二是具有性格（character）的（角色）形象，亦即：就其在表演中所被设定引唤出来的而言，他的精神、韧力与其他纯正可信赖的品质通常都是美好的。戈夫曼认为，就其根本而言，一个表演者的属性和一个具性格之角色的属性，乃分属不同的层次；再者，从必须让表演持续下去的立场来看，两者则均有着其自身的意义。通常，人的自我被认为是具性格的角色，两者多少是同一的。只是，人们对性格的认定并非源自被认定者本身的内在有机特质，而是来自人们对表演者在引发行动之整个场景中被区域化的事件所赋予的解释。于是，一个人的自我乃是"观众"在观看表演时对临场表演的角色性格所赋加上去的。这也就是说，自我乃是所体现之场景的产物，而非有着特定位置，且有着诞生、成熟与死亡的有机物（如以落实在脑部）。因此，既然自我的确认是场景的产物，此一具戏剧效果性质的自我，涉及的即在于是否有着可信度。在这样的情形下，人的身躯只是有如一组挂钉架（peg），乃用来挂吊各种道具，以供人们表演时可以有着适当的选择机会。只不过，面对着诸多的选择与戏剧效果的要求，尤其台前与台后的转换要求，人们经常会有着正负情愫交融的困局发生（Goffman, 1959:252-253）。

看重，精神的汇聚带来了心意的创造（psychogenesis），继而精神创生（noogenesis），文明乃沿着高层次的反省（即高层次之人格化）的方向发展，形成了自我内卷的现象（Teilhard de Chardin, 1983:125, 133, 209-218）。当然，从目前的情形来看，文明迈进强调心灵修为的"奥米加点"，只是一种期待、预测、推估，我们实在无法完全肯定。

审视上述之当代文明的实际发展情形（即符号消费的荣景），事实上，人类所面对的似乎却是另一种的场景，与德日进这样的期待有着一大段距离，尽管我们可能寻找到许多的理由支持德日进的预测。简单地说，就当前现实体现的优势结构性趋势来看，显然地，理性的个体化俨然成为主导社会演进的优势结构原则，而这是促使象征交换与正负情愫交融心理状态的历史质性同时产生质变的关键。在大众传播与互联网科技快速而高度发展结合着资本主义体制下之市场逻辑的双重作用下，如此之理性的个体化作为结构原则的力道，被意义中空化之符号消费导向的社会运作形式进一步地予以强化。在此情况下，个别个体的"我性"受整个既定的符号"生产—行销"机制所框定，形塑出来的基本上是一种具他人导向的过度饱和①我性——一种向均值人特质倾斜的我性。基本上，这是一种以肉身躯体为本、此在处所为基础、俗世世界为存有依托界范，且把本能欲望当成载具来为自我的个性予以明确化的集体塑型过程。于是，个体化是一种集体性的表征，既是目的，也是手段。在这样的情形之下，不断承受着象征符码诱惑所带来的愉悦（而非压迫），乃

---

① 美国社会心理学家格根（Gergen）指出，假如十八世纪的浪漫主义寻找的是道德法则，而现代主义者仰赖的是正确理性的话，到了后现代时期，情况就不同了，人们看重的是参与者的互动（如妥协、协同），亦即：个体有了关系化的倾向。他认为，这并不表示在后现代场景中个体性被稀释淡化。比较合理的说法应当是，个体性呈现为关系化的个体性，人们让个体性在关系中被证成，而非如十八世纪以来认为人具有个体本质（如浪漫主义之重激情）或强调人是理性（如现代主义）的说法。格根称呼这样以关系化来成就个体性的现代人具有的自我是一种饱和的自我（the saturated self）（Gergen, 2000）。基本上，这样的自我不要求具备着本质性的认识论，关系本身即成为人存在的本质，意义来自关系，而非人自身。这么一来，一旦人与人的关系一直处在不断变动之中，人的自我或许是饱和了，但是，稳定的个体性却是不可能得到的。

至个性的塑造，吊诡地成为整个体制[①]进行剥削与宰制的手段——一种人们不但不会拒绝和痛恨，反而极力拥抱与赞颂的无形宰制与剥削。尤有进之的是，异化即等于对"真实"的一种实践与证成形式，以至于虚拟即是真实，真实亦即虚拟，两者分不清，也不必分清楚，因而，也就无所谓什么"异化"了。连带地，如此活在符码不断滋生的虚幻世界里，人们并不需要严酷的试炼努力，也缺乏致命伤害的机遇，生活在其中，轻盈得像一朵云，东飘西荡着。如此一来，当下此刻的行乐即是永恒，既不必费心地追问严肃而沉重的生命意义，甚至未必有着昆德拉（Kundera）所刻画之"不可承受之轻"的焦虑威胁着，一切总是可以显得十分自在，甚至写意（Kundera, 1988）。对这样的生命际遇，即使连尼采透过查拉图斯特拉这位"先知"的警言来提醒，似乎都未必有能耐让人们开窍，让灵魂有着脱胎换骨以造就超人的机会。绝大多数的人们依旧"享受"着丰硕之符号消费文化带来的"成果"，欢迎着沉溺于欲望的无限衍生，让飘荡、变异不拘、不断自我繁殖的虚拟符号一再更易地填满着生命的空隙，灵魂停顿提升，拒绝思考更加深刻的存在意义，也不屑追求更加崇高的生命价值。

　　使得人们沉溺于意义中空化的符号消费之中的后现代性，意涵着三重界线的去除：人／自然、自己／他者和意识／无意识。而且，它总是让自然的消匿在人为的之中，自己为他者所吸纳，意识则沦为无意识的俘虏。在这样的情形之下，其所张扬之酒神的陶醉精神缺乏具自我创意的幻想感和期待，成为把灵魂抛弃，也把肢体肢解的行尸走肉，对具个体性之自我的经营构成了致命的威胁。然而，就现实状况来说，并非所有的人都无自觉地沉溺在无限多变的欢愉诱惑之中，不自主地被那自我证成，且自我定义的无形结构力量所绑架。事实上，人一直是存在于奥秘的机缘之中的，所谓客观必然的结构性因果关系，顶多只不过是一种外在的条件，它可以说是"命运"的另一种说法而已。对每个存在个体，世界并没有定则，诚如尼采一再提醒我们的，有的是在混沌世界中努力

[①]　当然，资本主义的体制是最主要的"罪魁祸首"，但是，依附在大众传播媒体下面的政治体制也难以置身其外，至少，它是"帮凶"。

地增加更多的权能力道以导引自我的意向，这才是促使人们行事的关键内在依据，也正是我们需要特别予以重视的。

人毕竟还可以是一个喜欢自由漫游的存有体，漫游于广袤的论述空间之中，在热爱命运（*amor fati*）的前提下，以各自的观点实验着自己的生命，有的甚至不断地呐喊着"我将……"，展现出一种追求自我精进的努力，尽管有的任由结构化的"命运"力量推动着，以永恒轮回的方式随波逐浪地陶醉在飘荡的符码之中。在这样的情形下，身体既可以是宣泄堕落的本能或任由它们相互角逐的容器，更可以是自我灵性的试炼载具，或存在意义的确认与提升的试验（与实践）界面，让自己一再不断地注入具生命抖动的神话文化，使人得以成为"人"，更恰确地说，即尼采所说的超人（overman, *Übermensch*）。

显而易见，后者这样的努力状态基本上是一种处于把自己从混乱杂沓之中拉拔出来的孤独状态，且怀着悲剧的情怀来面对正负情愫交融的生命情境，情形即如传统日本武士面对生死交关时所呈现的搓揉摩荡交融情境一般。身处这样的情境，人只能要求自己来完全承担一切的感受，才得以有所成就。企图以单一绝对信念来指导或仅是协助，都只会破坏正负情愫交融所可能内涵之对自我的感性爆发力。人需要持着悲剧态度来看待自己的生命，那是因为悲剧意味着并非生命的终结必然是悲惨的，而是一种面对着"命运"无限衍生之生命态度的养成与塑造。相对于喜剧的结局所呈现的有限而封密（纵然是欢欣的），悲剧的结局显现的是一种具酒神精神的混沌状态，让人们有着无限开敞的想象与感受空间（纵然是悲凄的）。换句话说，悲剧所以让人喜爱与感动，并非因为没有"圆满"的结局，以至于有致命的伤感，而是在于不需要像喜剧总是有着"圆满"得不留任何缝隙的终极答案，以至于毫无可能引发令人感到颤抖的心灵震撼。一句话：只有怀着悲剧感面对生命，人才可能摆脱掉结构化之"命运"的完全支配，让自己谱写结局的终曲，有着自我解放和创造自主空间的机会。

尼采说过一句令人省思的话，他是这么说的："孤独者，你踏上爱者之路吧；你爱你自己，所以又蔑视自己，正如只有爱者才有的蔑视。爱者要创造，因为他蔑视！人如果不恰好蔑视其所爱，又怎么懂得爱呢！

怀着你的爱和你的创造，走进你的孤寂吧……"（Nietzsche, 2009:119）是的，只有在孤独的状态下，人才能把自己从因缘环绕的种种纠结之中拉拔出来，让自己具备独立自主的自我反思契机。换个角度说，孤独使得人们有了更好的机会卸除充满着虚伪做作的自我心理武装，孕育出身心的整体感，情形正如尼采笔下的查拉图斯特拉对人类所彰显的意义一般。对人类而言，查拉图斯特拉的意义，并不在于他作为"先知"下山后喋喋不休的宣扬理念——即苦口婆心的"劝世"本身所带来的影响成就，而是他一个人孤独隐居于山中所剔透的生活情趣。更具体地说，我们应该重视的是，当查拉图斯特拉回归自然，并转向内心后，他所引发的那种透过修身养性以成就超人所付出的权能意志努力。于是，人不是希求在上帝（或任何的绝对理念——如理性）的庇荫下寻找安逸，而是个体以孤独的姿态追求危险的救助——自我救助。因此，人不应完全屈服在社会既有之结构性机制作为"命运"条件的蹂躏之下。企图顺着一些人的意愿来予以改变，并无法完全化解人类一再面对之正负情愫交融的冲撞，冲突矛盾的焦虑始终是永恒轮回地来临，倘若人类不懂得在热爱命运的前提下学习自我克服的话。推至终极端点来看，这涉及的，不是单纯之人的身心状态对外在（包含物理性与社会性）环境的调适问题，而是人之心灵深处所具有的灵性能否开显的课题。

　　没错，着眼于现世的社会，人们多半不承认在社会集体所创造出来的理性疆界之外，其视界所不及之处，尚有着任何属灵的范畴存在着。科学理性总是让人类有信心破除一切神圣事物背后所隐藏之正负情愫交融纠结的暧昧与混沌，坚定地以二元互斥且对反并存的认知格局与挟持着"断而再断"的逻辑来论断一切，并且具体地怀着实用主义的态度，迎接着科技成果，为整体生命的意义提供保单。在这样的基本认知架构作为后盾的情况之下，为了操纵一个个的外物，我们势必维持第一道分别心，保有着我与非我的界限。进而，为了维持理性的作为，我们抑制了源自存有本源的强烈情绪——惊奇、欢腾、亢奋、恐惧、玄妙或敬畏等等，防止它们流泄（参看 Singh, 2010:126）。无疑，这样的情绪抑制促逼着人们不断地以"他者"（或更具体地说，意义他者 [significant other]）的姿态来加高分别心的分量，让自我涂满自信的色彩，并且褙上了傲慢的框架。结果，事实上，人们却只不过总是不停地在"平凡例行"之"均值人"当中追寻着自己，战战兢兢地为自己找一个或许让自己以为是"非凡例外"（但却经常是昙花一现）的位置。

　　孤独并非使得早已靠边站之个体化的自我更加凸显，而是促使分别心失去产生单独，但却嚣张的作用力道，让人自身（尤指灵魂）与自然（世界）之间有着相互融会的可能机会。或者，诚如辛格（Singh）所提示的，乃把人的灵魂迈入"悬在中间"的中阴（bardo）状态，有着一个饱和状态的转折点（Singh, 2010:208-209）。借用威尔伯（Wilber）的说法，那即是以圆融无碍的个体观所塑造的"一体意识"来进行此一边界的再消除，以方便让人们有机会迈入超越人格个性（transpersonal）的状态（Wilber, 1991:19-20, 89-90）。当人们处于这样的境地，特别是面对着任何正负情愫交融困局（假若是的话）的时候，人们将会特别敏感地意识到身体的细微，促发灵性来鼓舞人们分享体验存在的深层向度所蕴藏的深度平静。此刻，人们会有不执着于整个困局的超越感，以至没有了过去记忆与未来期待的感性纠葛，有的是源源而出、汩汩而流之"当下此刻"的临在喜悦感动。

　　行文至此，让我把一个基本的观点再次予以强调，这个观点是：假若我们接受混沌的虚空状态是人存在的原型，也是一切生成的着胎点的话，人的社会自我意识若要能够形成，有着正负情愫交融的心理感受无疑是人必须承受的基本心理样态。一切有关人自身与社会的想象与认知，基本上都是在此一心理状态的驱使下，才得以衍生出来。再者，人们更必须学习以带着游戏的原味曲调来应对，存在的本身才可能充满着生机和趣味。这也就是说，让正负情愫交融产生足以使得人们迸放能量来激荡身心，乃创造新局面的基本动力。

　　最后，假若我们接受前面所引述之德日进的说法：文明已逐渐迈入宇宙发展之"奥米加点"的最后阶段，精神的汇聚带来了心意的创造以及继之而来的精神创生，让文明沿着高层次之反省（即高层次之人格化）方向发展的基本动力。那么，尽管灵性的启迪原则上是属于个人的问题，但是，它却顺理成章地将成为人们共同关心的课题。它表现在于社会面向的最初基焦点，无疑即是爱与关怀的现象了。情形若是如此的话，问题的核心也就转到一个关键的课题上面，这个课题是：如何让爱与关怀恰适地运作？又，正负情愫交融的心理感受可以扮演着怎样的角色？下面，就让我以最简短的话语来回应，并作为最后的结语。至于可能衍生的论述与议题，就让读者们自己来接续了。

恰如尼采所提示的，倘若无法把人们推到具有正负情愫交融之心理感受的境地，而希望仅仅凭着预先设定的单一信念（如基督教的原罪教义或柏拉图主义所开展的绝对理念）来架设价值，人类就无法有机会亲身经历复杂而矛盾之情感纠结的试炼，也因此难以孕育强而有力的自我觉醒与决然断念的果断作为（如过去之日本道所表现的），以实践前面提过之杜蒙的阶序对反整体论所意图蕴涵的那种足以扬升人性的精神①。基于这样的设想，尼采告诉我们："爱与恨、感恩与报复、温柔与暴怒、肯确行止与否定行止乃相互归属着。某人是善良的，乃以同时知道如何才是邪恶为条件；某人是邪恶，乃因否则的话人们不知道如何才是善良的。"②（Nietzsche, 1968:191, §351）因此，善与恶需要相互呼应，也需要以正负情愫交融的姿态在人们心中不断交错折腾发酵，才足以让人们有着足够的感知基础以及意志能量来进行自我判断与试炼。

这样的理路施及于爱与关怀，情形也就显得相当明晰了。倘若没有蔑视与忽视，爱与关怀本身将软化（也腐化）人的意志，以至于让权能意志的能量归零。一样地，若无爱与关怀，蔑视与忽视本身则会"恶质化"人的意志，使得权能意志变得软弱无力。于是，人们总是必须学习让"蔑视与忽视"以及"爱与关怀"成为可以交错搓揉摩荡而激发总体动能的两造，而非让它们以互斥对彰并存的姿态从事着"非你死即我死"

---

① 尼采即说过："真理尚不能算是价值的至高标准，更远不足以充当至高的权能。"（Nietzsche, 1968: 452-453, §853, III）在这样的理解架构下，假若我们接受生成（becoming）是人存在的基本样态的话，这个生成只不过是一座桥梁，而非目的本身，因为它总是不断流动着（参看 Nietzsche, 2009:330）。因此，人生并没有一项被设定的终极目标（如基督教的救赎），人世间也没有什么绝对不变的真理。"真理是一种幻觉或错误，"但是，吊诡的是，它却又不能不存在着，因为若不是如此，"某种活生的存有体是不可能活着的"（Nietzsche, 1968:272, §493）。

② 此即尼采所以力主超越善恶之彼岸的根本所在（参看 Nietzsche, 2002）。

般的殊死斗争。易言之，倘若爱与关怀是至高价值的话，蔑视与忽视则有着让人们的心灵自身产生内在挣扎的作用，可以用来激发、催促爱与关怀有着更佳美的发酵作用，让"爱顾"在"蔑视"的激荡下有着超越性的跃升。

依着这样的理路，我们似乎可以下一个这样的结论：唯有回到人作为行动主体自身，对着种种正负情愫交融的心理感受，进行着一种以泰然自若的随缘方式来予以搓揉摩荡的柔性"修养贞定"应变功夫，人才能超越（结构化的）"命运"，成就超人的理想状态。在此，很实际地来说，修养贞定有两个层次：（1）合情合理地应对着既有的结构化"命运"——这是一种攸关人存在之现实底线的权宜选择问题；（2）生命意境的提升——这是一种原属可有可无性质的生命意义抉择，涉及的是生命境界之感受的深度、广度与厚度（或谓精致细腻程度）问题。再来的故事，就留给读者们自己去编织了。

参考文献

唐力权

1989 《周易与怀海德之间：场有哲学序论》。台北：黎明文化出版公司。

叶启政

2003 《均值人与离散人的观念巴别塔：统计社会学的两个概念基石》，《思想与社会》，第 3 辑，294-364。

2004 《进出"结构－行动"的困境——与当代西方社会学理论论述对话》。（修订二版）台北：三民书局。

2005 《观念的巴贝塔：当代社会学的迷思》。台北：群学出版社。

2008 《迈向修养社会学》。台北：三民书局。

2013a 《象征交换与正负情愫交融——一项后现代现象的透析》。台北：远流出版社。

2013b 《深邃思想系链的历史跳跃——霍布斯、尼采到弗洛伊德以及大众的反叛》。台北：远流出版社。

2016 《社会学家作为说故事者》,《社会》, 第 36 卷, 77-98。

Alexander, Jeff C.

1985 *Neo-functionalism.* (ed.) New York: Sage.

1998 *Neo-functionalism and After.* Oxford: Blackwell.

Alexander, Jeff C. & P. Colomy

1985 "Toward neo-functionalism," *Sociological Theory* 3:11-23.

Anderson, Walter T.

1990 *Reality Isn't What It Used to be.* New York: Harper Collins.

Bataille, Georges

1988 *The Accursed Share, Volume I.* New York: Zone Books.

Bateson, Gregory

1972 *Steps to An Ecology of Mind.* New York: Ballantine Books.

Baudrillard, Jean

1981 *For a Critique of the Political Economy of the Sign.* Translated by Charles Levin. St. Louis, Mo.: Telos Press.

1990a *Seduction.* Translated by Brian Singer New York: St. Martin's Press.

1990b *Fatal Strategies.* Translated by Phillip Beitchman & W. G. J. Niesluchowski, edited by Jim Fleming. New York: Semiotext (e) .

1994 *Simulacra and Simulation.* Ann Arbor, Michigan: The University of Michigan Press.

2001 *Jean Baudrillard: Selected Writings.* (2nd ed.) edited and introduced by Mark Poster. Stanford, Ca.: Stanford University Press.

Bauman, Zygmunt

1992 *Intimations of Postmodernity.* London: Routledge.

1993 *Postmodern Ethics.* Oxford: Blackwell.

Beck, Ulrich &Elisabeth Beck-Gernsheim

2002 *Individualization: Institutionalized individualism and Its Social and Political Consequence.* London: Sage.

Benjamin, Walter

2006　《巴黎，十九世纪的首都》(*The Arcades Project*) (刘北成译)。
上海：上海人民出版社。

Bhaskar, Roy

1979　*The Possibility of Naturalism*. Brighton: Harvest.

1986　*Scientific Realism and Human Emancipation*. London: Verso.

Bobbio, Norberto

1993　*Thomas Hobbes and the Natural Law Tradition*. Translated by
Daniela Gobetti. Chicago, Ill.: University of Chicago Press.

Bürger, Peter

1984　*Theory of the Avant-garde*. Translated by Michael Shaw.
Minneapolis, Minn. ; University of Minnesota Press.

Colomy, P.

1990a　*Neofunctionalist Sociology*. New York: Elgar.

1990b　*Neofunctionalism*. New York: Elgar.

Dantzig, Tobias

1954　*Number, The Language of Science: A Critical Survey Written for the
Cultured Non-mathematician*. Garden City, New York: Doubleday.

Debord, Guy

1983　*The Society of the Spectacle*. Detroit, Michigan: Black & Red.

Descartes, René

1984　《方法论，沉思录，哲学原理》，台北：志文出版社。

Descombes, Vincent

1979　*Modern French Philosophy*. Translated by L. Scott-Fox & J. M.
Harding Cambridge, England: Cambridge University Press.

Dumont, Louis

1986　*Essays on Individualism: Modern Ideology in Anthropological
Perspective*. Chicago, Ill.: The University of Chicago Press.

1992　《阶序人——卡斯特体系及其衍生现象》(*Homo Hierarchicus: The
Caste System and Its Implications*) (共两卷) (王志明译)。台北：远

流出版社。

Durkheim, Emile

1964　*The Division of Labour in Society*. New York: Free Press.

1995　*The Elementary Forms of the Religious Life*. New York: Free Press.

Ferry, Luc & Alain Renaut

1990　*French Philosophy of the Sixties: An Eassy on Antihumanism.* Translated by Mary S. Cattani. Amherst, Mass.: The University of Massachusetts Press.

Fukuyama, Frank

1993　《历史的终结与最后一人》(*The End of History and the Last Man*)（李永炽译）。台北：时报文化出版公司。

Gadamer, Hans-Georg

1975　*Truth and Method*. London: Sheed & Ward.

Gergen, Kenneth J.

2000　*The Saturated Self: Dilemmas of Identity in Contemporary Life.* New York: Basic Books.

Giddens, Anthony

1979　*Central Problems in Social Theory*. Berkeley, Ca.: University of California Press.

1984　*The Constitution of Society*. Cambridge, England: Polity Press.

Goffman, Erving

1959　*The Presentation of Self in Everyday Life*. Garden City, N. J.: Doubleday.

Gouldner, Alvin

1960　"The norm of reciprocity," *American Sociological Review* 25:161-178.

1971　*The Coming Crisis of Western Sociology*. New York: Avon Books.

Hobbes, Thomas

1998　*Leviathan*. edited with an introduction and notes by J. C. A. Gaskin. Oxford, England: Oxford University Press.

Husserl, Edmund

1970   *The Crisis of European Sciences and Transcendental Phenomenology.*
        Translated by David Carr. Evanston, Ill.: Northwestern University
        Press.

Jung, Carl G. & W. Pauli

2012   *The Interpretation of Nature and the Psyche.* Bronx, New York: Ishi
        Press.

Koselleck, Reinhart

1988   *Critique and Crisis: Enlightenment and the Pathogenesis of Modern
        Society.* Cambridge, Mass. ; MIT Press.

Kuhn, Thomas

1973   *The Structure of Scientific Revolutions.* (4th impression) Princeton,
        N. J.: Princeton University Press.

Kundera, Milan

1988   《生命中不能承受之轻》(*Nesnesitelns Iehkost Byti*)（韩少功、韩
        刚译）。台北：时报文化出版公司。

Luhmann, N.

1976   "Generalized media and the problem of contingency," in J. J.
        Loubser and Others (eds.) *Explorations in General Theory in
        Social Sciences.Volume 2.* New York: Free Press, 507-532.

1982   *The Differentiation of Society.* New York: Columbia University
        Press.

1990   *Essays on Self-Reference.* New York: Columbia University Press.

1995   *Social Systems.* Stanford, Ca.: Stanford University Press.

Macpherson, Crawford B.

1962   *The Political Theory of Possessive Individualism.* Oxford, England:
        Oxford University Press.

1968   "Introduction," in Thomas Hobbes *Leviathan.* edited with an
        introduction by Crawford B. Macpherson. London: Penguin, 9-63.

Maffesoli, Michel

1996　*The Time of the Tribes: The Decline of Individualism in Mass Society*. London: Sage.

Manent, Pierre.

1998　*The City of Man*. Translated by Marc A. LePain. Princeton, New Jersey: Princeton University Press.

Marx, Karl & Friedrich Engels

1960　《德意志意识形态》(《马克思、恩格斯全集：第三卷》)。北京：人民出版社。

Mauss, Marcel

1989　《礼物：旧社会中交换的形式与功能》(*The Gift: the Form and Reason for Exchange in Archaic Societies*)(汪珍宜、何翠萍译)。台北：远流出版社。

2001　*A General Theory of Magic*. Translated by Robert Brain. London: Routledge.

McLuhan, Marshall

1964　*Understanding Media: The Extensions of Man*. London: ARK Paperbacks.

2007　《古腾堡星系：活版印刷人的造成》(*The Gutenberg Galaxy: The Making of Typographic Man*)(赖盈满译)。台北：猫头鹰出版社。

McLuhan, Marshall & Quentin Fiore

1967　*The Medium Is the Message: An Inventory of Effects*. (coordinated by Jerome Agel) New York: Bantam Books.

Moscovici, Serge

1993　*The Invention of Society*. Cambridge: Polity Press.

Nietzsche, Friedrich

1968　*The will to Power*. translated by Walter Kaufmann & R. J. Hollingdale. New York: Vintage Books.

2002　*Beyond Good and Evil*. Eds. by Rolf-Peter Horstmann & Judith Norman, translated by Judith Norman. Cambridge: Cambridge

University Press.

2009   《查拉图斯特拉如是说》(*Also Sprach Zarathustra*)(黄明嘉、楼林译)。上海：华东师范大学出版社。

Oakeshott, Michael

1975   *Hobbes on Civil Association*. Indianapolis, Indiana: Liberty Fund.

Pareto, Vilfredo

1935   *The Mind and Society*. 4 Volumes. Translated by A. Bongiorno & A. Livingston. New York: Harcourt, Brace and Co..

Parsons, Talcott

1937   *The Structure of Social Actions*. New York: Free Press.

1951   *Social System*. New York: Free Press.

1966   *Societies: Evolutionary and Comparative Perspectives*.Englewood Cliffs, N. J.: Prentice-Hall.

1977   *Social Systems and the Evolution of Action Theory*.New York: Free Press.

Polanyi, Karl

1944   *The Great Transformation*. Boston: Beacon Press.

Ritzer, George

2007   *The Globalization of Nothing 2*. Thousand Oaks, Calif.: Pine Forge Press.

Ritzer, George & Nathan Jurgenson

2010   "Production, consumption, prosumption: the nature of capitalism in the age of the digital 'prosumer', " *Journal of Consumer Culture* 10（1）:13-36.

Rorty, Richard

1998   《偶然、反讽与团结：一个实用主义者的政治思想》(*Contingency, Irony and Solidarity*)(徐文瑞译)。台北：麦田出版社。

Saussuare, de Ferdinand

1966   *Course in General Linguistics*. New York: McGraw-Hill.

Schmitt, Carl

2008　《霍布斯国家学说中的利维坦》(*Der Leviathan in der Staatslehre des Thomas Hobbes*)(应星、朱雁冰译)。上海：华东师范大学出版社。

Sennett, Richard

1994　*Flesh and Stone: The Body and the City in Western Civilization.* New York: W.W. Norton.

Simmel, Georg

1950　*The Sociology of Georg Simmel.* Translated & edited by Kurt H. Wolff. New York: Free Press.

1971　*Georg Simmel On Individuality and Social Forms.* Translated by Donald N. Levine. Chicago: University Of Chicago Press.

1978　*The Philosophy of Money.* London: Routledge and Kegan Paul.

Singh, Kathleen D.

2010　《好走：临终时刻的心灵转化》(*The Greace in Dying: How We Are Transormed Spiritually As We Die*)(彭荣邦、廖婉如译)。台北：心灵工坊。

Teilhard de Chardin, Pierre

1983　《人的现象》(*The Phenomenon of Man*)(李弘祺译)。台北：联经出版社。

Tester, Keith

2010　《后现代性下的生命与多重时间》(*The Life and Times of Post-modernity*)(李康译)。北京：北京大学出版社。

Toffler, Alvin

1980　*The Third Wave: The Classic Study of Tomorrow.* New York, N. Y.: Bantam.

Vico, Giambattista

1989　《新科学》(两卷)(朱光潜译)。北京：商务印书馆。

Voegelin, Eric

2007　《没有约束的现代性》(*Modernity Without Restraint*)(张新樟、刘景联译)。上海：华东师范大学出版社。

Weber, Max

1978　*Economy and Society.* (*two volumes*) (ed, by Guenther Roth & Claus Wittich) Berkeley: University of California Press.

Weigert, Andrew J.

1991　*Mixed Emotions: Certain Steps Toward Understanding Ambivalence.* Albany, N. Y.: State University of New York Press.

Wilber, Ken

1991　《事事本无碍》(*No Boundary: Eastern and Western Approaches to personal Growth*) (若水译)。台北：光启文化出版公司。

Whitehead, Alfred N.

1925　*Science and the Modern World.* New York: Macmillan.

西方社会学思维中"惊奇"概念之理论意涵的曲折起伏

一、由尼采的科学与禁欲主义理想相互亲近的说法谈起

思想史家盖伊曾经明确地指陈，假如理性的运用是十八世纪欧洲人推动启蒙运动的共同期待的话，这个期待的核心价值理应说是良质感与对别人的关怀，只不过，在当时，这个期待只是一种理念，并非既成的启蒙事实（Gay, 1966:53）。相对地，倒是企图把科学（包含哲学）与神学（继而在十九世纪时，则切分了科学与哲学）切开，成为启蒙理性最为具体的表现，情形正像十六至十七世纪意大利之马基雅维利（与其后之十七世纪英国的霍布斯）把政治与宗教伦理予以分化所做的努力一般。

不管如何，以这样的方式来呈现理性，依旧可以说是极具历史意义的作为。比尔奇（Birtsch）的看法颇有见地，他即指出，启蒙传递给人们或人们从中所得到的理解，是"在崇高中发现了寻常，把神圣还原到了平凡，或者证明高贵者并不值得尊敬"（Birtsch, 2005:360）。他接着即下了这样的结论：这样的理解带来的是一种开放的自由，然而，从过去以来，不管人们对启蒙的内涵有多大的争议，这种自由的肯定与确认至少可以说是启蒙特别承诺的世界[1]（Birtsch, 2005:366）。只不过，历史所实际呈现的，却是相当吊诡，似乎一直是对人们开着玩笑一般。当科学理性击败了宗教性的思维成为判定真理的准则之后，人类对真理所持之"不可低估性和不可批驳性"[2]的基本信念却依旧坚实地存在着。所不同

---

① 不过，福柯（Foucault 1993:220）却指出启蒙运动所带来的另一个面向，即：它除了发现自由权利之外，也同时发明了纪律，而这正是理性表现出来的另一个面向。

② 乃尼采的用语，下面将再提到。

的，只是科学成为另一种新的宗教，甚至是一种恐怖主义（特别是方法决定论者），以至于不免把盖伊所说的良质感与对别人的关怀往旁边一摆而置之不理了。

十九世纪德国的伟大思想家尼采曾经这么说：

> 严格地说，世上根本就不存在一种"不设前提"的科学，那样一种科学是不能想象、不合逻辑的。总是先需要有一种哲学、一种"信仰"，从而使科学能从中获得一个方向、一种意义、一个界限、一种方法、一种存在的权利。如果有谁的理解与此相反，比如说有人打算把哲学置于一个"严格的科学基础"之上，那么他首先必须让哲学倒立，而且不仅是哲学，甚至连真理也得倒立，这可是对这两位值得尊敬的女性①的莫大失礼。……

> 无论如何，科学首先需要一种价值理想，一种创造价值的强力，借助于它们，科学才能信仰自己——科学本身永远也不会是具有创造性的。科学和禁欲主义理想之间的关系终究还不是对立性的，其实科学主要还是表现了前进动力的更内在的方式②。……科学和禁欲主义理想，这两者原本同生于一片土壤，意即它们同样地过分推崇真理（更确切地说，它们同样地信仰真理的不可低估性和不可批驳性），正是这种共同的信仰使它们必然地成为盟友（Nietzsche, 1996:293-294, 295-296）。

毫无疑问，尼采这段针对科学之社会质性的评论性说词，明白地告诉我们：自有文明以来，人类所体现出来的任何文化成品，莫不都有一套特定的哲学人类学的存有预设前提（也因此，"信仰"体系）作为后盾，神话如此，宗教如此，政治理念如此，启蒙时期引发出来的科学理性精神亦复如此。只是，因为其范畴所内涵的属性不尽相同，不同社会活动的哲学人类学存有预设前提（或乃至谓之为"信仰"体系）所可能

---

① 乃意指哲学与科学。
② 按：乃针对禁欲主义理想而言。

开展出来的文化性格,往往不尽相同,甚至大相径庭。单就科学而言,尼采把它和禁欲主义理想拉在一起来看待,则更是具有深刻的历史意义的。这意味着,科学理性作为一种逼近世界的态度和认知方式,它与禁欲主义一般,其所承受之特定制约"规矩"框框,"本质"上是"压抑"的。情形之所以如此,乃是因为两者原本就是同生在"真理之不可低估性和不可批驳性"的土壤上面。

这句话怎么说?在此,让我借助威廉·詹姆士对宗教的论点作为引子,简单地来加以阐述。詹姆士对"宗教"此一现象① 曾下过这样的定义:个体在其孤独的状态中,当他认为自身与其所认定的神圣对象有某种关系时的感觉、行动与经验(James, 2001:35)。他继而说道:"既然这个关系可以是道德的、生理的或是仪式的,很明显的,在此意义下的宗教,可以产生神学、哲学以及教会组织。"(James, 2001:35)倘若撇开"孤独的状态"这样要件不论,在此意义下的宗教,既然可以产生哲学②,也没有理由不在科学家的身上看得到。其次,假若"任何的宗教经验都内涵着某种'神'的观念形式"这样的命题可以被接受的话,诚如詹姆士所提示的,神于是乎乃是一切"存有(being)与力量之首,他们高高在上并包围着人世,使得万事万物无所遁形。与其联系的真理之道是最初与最终的话语。从此观点来看,任何最原初、最广邈与最深刻的真理都可以被视为与神相似"(James, 2001:39)。

自从十八世纪启蒙运动以来,挟持着"理性",特别是在高度制度化体制③ 的支撑与奥援下,获致(普遍)"真理"成为科学家(特别是自然科学家)的专利,他们有着几近绝对权威的发言权,并且具备着证成尼采所说之"不可低估,也不可批驳之(普遍)真理"的能力。推到极端来看,科学理性于是乎成就为绝对神圣的精神,而科学知识也取代了神

---

① 以詹姆士的论述立场来说,与其称之为"现象",不若称之为"心灵的经验"更为恰当。但是,由于此处所碰触的议题不只是局限于心灵状态,所以还是选择"现象"一词,或许会比较贴切一点。

② 因为,对西方人来说,至少产生神学以及教会组织是"宗教"经验内涵的历史性结果,所以,在此可以不用再提及了。

③ 最为典型的即是以大学为核心建构起来的学院体制。

祇的地位，这恰恰呼应着前面所引述的詹姆士的话：乃存有与力量之首，高高在上地包围着人世间，使得万事万物无所遁形，而与其联系的真理之道，更是最初，也是最终之最广邈而深刻的真理话语。因此，说来奇怪的是，科学和宗教原来竟是比邻而居，有着相同的心理源头，可以摆在一起看待[1]。无疑，这样的见解乃与一般以为科学认知与宗教经验是神貌分离，甚至对立的认知相左。

二、社会学科超越科学迷思的关键

科学作为一个神圣体的历史产物，自然需要透过一些深具仪式性的介体与程序来经营才可以展现，并充分保证具有逼近严肃"真理"的可能。就西方科学发展的历史进程来看，所谓的逻辑思维[2]与科学方法一直被视为是人类经营着逼近（普遍）"真理"的"理性"程序，而且是不可或缺的根本规矩依据。这样的准则不只适用于自然科学，而且也一样地可以，或者必须适用于研究人之行为与社会现象的学问上面，而这就是所谓的"社会科学"。

―――――――――

[1] 在此必须声明，我并没有天真（也非无知）到无视于科学与宗教之间是存有着一些无以跨越的鸿沟，而这些鸿沟正是彰显科学之历史价值的所在，更是促使人们相信科学作为展现真理之形式的依据。但是，无论如何，两者之间是分享有一些共同的特点，而这正是在此特别需要强调的。R. Seeley 在 1886 年出版的《自然宗教》（*Natural Religion*）（第三版）一书中即曾经这么说过："任何一种已成为习惯与规律的崇拜都值得被称为宗教。"（第 91, 122 页）（间接引自 James, 2001:92）对此，詹姆士做了这样的评论："因此，他（指 Seeley）认为我们的音乐、科学以及所谓的'文明'都可以称之为宗教，因为这些事物现在都已被组织化，并且被尊崇地信仰，成为现代更为真实的宗教。"（James, 2001:92）

[2] 特指源自西方学院里哲学系所开授之"逻辑"（或谓理则学）此一课程内容所界定与衍生的"标准"思维模式。同时，必须声明，在此，我并没有完全否定逻辑思维与科学方法的价值而主张可以完全扬弃的意思。我所要强调的只是，对任何的主张（甚至思维方式与研究方法）都应当明白自身的局限，而不应当任其意义与价值越位而无限延伸。否则，这样的做法是一种恐怖主义的霸道表现。

　　在过去的著作中，我曾经借用提利尔（Tyrell）的说法来阐述社会科学研究与自然科学研究的分野特点，这个见解与今天这个场合里所要讨论的主题有着密切的关系，所以，我再度引述一番（叶启政，2005a:208-209）。提利尔以"散发性的"（divergent）和"聚合性的"（convergent）两个词语来区分"不可以使用逻辑理由来解决"和"可以使用逻辑理由来解决"的两种问题形式。他指出，生命基本上即是由散发性的问题维系着，不管人们做了怎样的研究，这些问题始终是"悬而未解"，甚至可以说，只有死亡才能提供解决。但是，聚合性的问题却不同；基本上，它是人类的发明，而且往往被视为是最有用的发明。在此需要特别提醒的是，作为一种发明，聚合性的问题基本上并不是真正以"本有自在"的姿态存在着，而是经由一种抽象的程序被人们创造出来①。对此等人为创造的现象，一旦问题得以化解，解决方案就可以被写下来，并传授给其他人。因此，任何新的解决方案往往可以使得接受的人无须重蹈当初开始寻找解决方案时的心路历程，而马上予以运用（间接引自 Schumacher, 2000:104）。

　　诸如物理和数学等等的知识，就是只涉及聚合性的问题，而正是这类知识可以不断"进步"的缘故，所以，每个新世代都能够承继先人的遗绪，在百尺竿头上追求更进一步的成就。只不过，若把此一提问方式无条件地移植到有关人与社会现象的问题上面，人们所付出的代价往往是相当沉重的，因为，只跟聚合性的问题打交道，是不会有明显的机会让它融入人们的真正生活，只会是一再地远离。然而，令人颇引以为憾的是，以自然科学认知模式为基架的实证主义所经营起来的科学"理性"态度，基本

---

　　①　在此这样的说法似乎预设着，社会科学家研究的对象有"本有自在"的属性，而从哲学的角度来说，这当然有进一步再仔细讨论的空间。在此，我不拟，也无能力做进一步的探究，所能指陈，也只是个人揣测的是，提利尔这样的说法似乎对人类的社会世界意涵着一个基本的假设（或认知态度）：在人的实际日常生活中就累积有一些历史性的问题，而这些问题普遍地被人们视为是极为重要的，如死亡的必然来临、存在的价值、亲情的表现、宗教的信仰等等就是明例。这些问题的基本性质，基本上与物理学中的诸多概念或现象（诸如中子、夸克，甚至自由落体）不一样。

上就是希望靠着一套"削减"的程序①，把所有的散发性问题转化成为聚合性问题。显而易见，以如此的方式来理解人与社会的问题，将窒碍足以提升人类生活层次之潜在精神力量的发展，同时也使得人类天性中的情感部分一再沦落，以至于最后被冰冻起来（Schumacher, 2000:105, 106）。

　　按理，任何一个把自己定位为科学家（尤其是实证主义的科学家）的社会学者，原是有理由只对聚合性的问题产生兴趣，并选择自然科学的认知态度作为处理此类问题的基架。然而，一旦一个社会学者认为只有以这样的方式来探索问题才是社会学研究的正当途径（甚至是唯一的正当途径）的话，排斥散发性的问题无疑将成为一项极为顺理成章的"政治"②主张。同时，他们也一样地会要求，承认逻辑思维与运用科学方法乃证成"真理"之独一无二的理性"规矩"，并且强调具备严肃、认真、有分寸、自我收敛等等的态度来约制自己的感性（非理性）基素，以避免让它到处流窜，是绝对必要的。这么一来，一旦一个社会学者把这样一种来自自然科学界的实证主义主张推到极点的话，事实上，他已不自主地让自己成为方法决定论主义③的信徒了。

　　以方法决定论的立场来确立科学的"真理"性，可以说是一种具"压抑"性质之信仰体系的转型表现样态。厉行此一主义者对种种"理性"规矩的要求，就有如强调禁欲的苦行圣徒（saint）④的作为一般，是严峻、计较的。无怪乎，尼采会把科学和禁欲主义理想看成难兄难弟，认为它们原本就同生于一片土壤上面。

　　在这样自认具"价值中立且客观化"的认知（其实，也是信仰）架构下，科学家（包含社会学者）笃信"理性"得以有效证成而彰显，他

---

①　最为典型的莫过于避免探询意义与价值的问题，因为他们认为这是"科学"无法予以"客观"处理的，所以必须回避，而留给哲学家或神学（宗教）家去处里。

②　之所以称之为"政治"主张，那是因为它必然牵涉下面将提之权力与压制现象的缘故。

③　参看 Cassirer（1923）与叶启政（2004:21-68）。

④　最为典型的莫过于极端强调所谓经验实证资料的实证主义崇信者。在此，"禁欲"指涉的是压抑自己的感性想象力，而严守实证科学方法论的基本"理性"守则与信念。

们甚至自认担负的是宣扬"真理"的重担。然而，吊诡的是，他们却又不时担心着，自己所发现与保证的"真理"随时可能被颠覆掉。因此，科学本身具有不确定性的特质，涂染的是带着焦虑感的"忧郁"色彩。原本由科学"理性"文化所营造起来之此一雄伟的"压制"巨殿应当是一片漆黑幽暗，然而，这个漆黑幽暗的"压制"色调却被假"真理"之神圣名义以障眼法予以穿透。尤其，在诸如"进步""成长""发展"等等美丽而眩目之辞藻的衬托照耀下，却又令它显得特别光鲜亮丽[①]，仿佛涂上了一层厚厚的蜡，好好地保护着一般。

"忧郁"的色调无法缓和科学所具的"压制"文化底蕴，也无法冲淡其所撑出自大而傲慢的姿态。我们不免会怀疑，这又如何可能要求他们以谦虚的态度为自己注入尼采所说之那种创造"科学本身永远不会是具有创造性"的价值强力呢？这是一个极为严肃的课题。而事实上，上面引述提利尔论及具聚合性之科学观的基本性质，即已经说明了一大半了，至于其他另一半，我们可以转换成为另外的语言来阐述。简单地说，这涉及的是，任何的思维与认知模式（科学思维与认知模式也不例外）背后都存有着一些特定的哲学人类学的存有预设命题。基本上，这些命题都内涵着宗教性（至少是准宗教性）的神圣信念色彩，而这正是提利尔认为，具散发性特质之问题的基本内涵，不是可以经由逻辑思维或科学方法来解决的关键所在。但是，吊诡的是，很多社会学科的从业者却忽略了此一根本的问题，以为可以做个纯粹"理性"的科学家，以客观而价值中立的态度来处理经验性的问题。

唠唠叨叨地对深具严肃而压抑之忧郁性格的"科学"说了这么多不够尊敬的评语，为的不是完全否定"科学"论述的价值，而是意图从中剔透出一种另类的"科学"态度——如尼采所主张的轻盈科学（gay

---

① 卡尔·波普尔（1959）所提出的否证（falsification）作为证成科学论述的依据，就心理学来说，即有缓和此一"忧郁"特征的用意，尽管未必能够完全化解。尤其当十九世纪以来科学与技术产生了紧密的结合之后，在人们的眼中，科学却是显现出"乐观"的信念，它代表的是一再的发展与进步。在此，不拟对此看来矛盾的感受（或观点）做更进一步的讨论。我意图标示的只不过是，至少，从方法论的立场来看，科学本身带来的是充满着焦虑的"忧郁"心理。

science）（Nietzsche, 1974）是可行且必要的。说得更具体一点，坚持源自自然科学之实证主义立场的科学观并不是唯一且至高无上的权威论述形式。相反地，其实，只要摆回一个社会的历史脉络来审视，能够展现一定的文化－历史意涵，我们即允许接受具有丰富想象力（甚至近乎神话）的"源起"命题来作为刻画与理解社会世界的基本前提，并进而以此来开展与衍生有关的论述。套用伽达默尔（1975）之诠释学方法论的说法，这也就是说，决定一个命题之可行与有效性的关键因素，并非首在单纯具有经验事实的依据上面，而在于是否能够充分掌握所谓的历史质性（historicity），以从事具启发性的论述。说来，这正是下面所将从事之探索工程的基本理据。

三、西方世界中之"惊奇"经验与酒神精神——激情与陶醉的文化意涵

尼采对文明源起的说法极富想象力，对我们所身处的这个时代尤其具有深刻的象征意义，在此可以拿来为下面所将讨论的议题充当破题的用途①。尼采认为，在最初始时期，人类与其他的野兽原都是一样，依着本能以宣泄的野蛮战争方式行事。当人处于此一情形之下的时候，心理状态比较接近希腊酒神狄奥尼索斯（Dionysus）所内涵的精神——激情与陶醉，其基本的经验即是不断地创造着惊奇（surprise）②。显然，这种

---

① 在此，必须呼吁读者们特别注意，此处借由尼采所提出的文明源起来讨论西方社会学思想的哲学人类学存有预设，其重点不应在于经验上可以得到多少的实证证据，这基本上与整个讨论的宏旨无关。倘若尼采所提出的文明源起是重要的话，那么在于他所企图剔透之西方人特有的生命与文化观以及其所内涵的社会学意义。所以，任何企图以经验实证的实证主义立场来检视尼采这样极具个人想象力，且迹近神话的文明源起说，将是幼稚、浅薄，甚至是无知的亵渎。

② 我在过去的论文中曾经以维柯的论述来讨论西方社会学思想以惊奇作为文明（也是社会）源起的想象图像。在此，再举出尼采的论述，无疑有着强化，并衍生整个论述（特别是有关基督宗教与国家形成的历史意涵）的意思。有关对维柯之说更为详细的讨论，参看叶启政（2005a）。

充满着激情与陶醉之酒神狄奥尼索斯的精神，正是宗教经验之心理基础的雏形。只是，到了某个阶段，人类文明发展出一种必须为人自己寻找崭新，但却几乎是隐秘的满足。于是，"所有不允许发泄的本能转而向内，我称其为人内向化，由于有着这种内向化，在人的身上生长出了后来称之为人的'灵魂'的那种东西"（Nietzsche, 1996:216）。对尼采来说，这样的向内化朝向所有方向发展，从而有了深度、广度与高度，所谓的国家组织就是此一发展趋势的具体表现形式。他说："那个被国家组织用来保护自己免受古老的自由本能侵害的可怕屏障（惩罚是这个屏障中最主要的部分），使得野蛮的、自由的、漫游着的人的所有那些本能都转而反对人自己。仇恨、残暴、迫害欲、突袭欲、猎奇欲、破坏欲，所有这一切都反过来对准这些本能拥有者自己，这就是'良心谴责'的起源。"（Nietzsche, 1996: 216）

在尼采的眼里，这种良心谴责的浮现变化不是渐进的，也不是自愿的，更不是反映着因应新环境条件而生的一种机制性的发展。毋宁说，"它是一种断裂，一种跳跃，一种强制，一种不可抵抗的灾难。它不容抗争，甚至也无法怨恨"（Nietzsche, 1996:217）。因此，国家作为一种组织机制，其所具有的人类学本质并非源于"契约"的幻想，而是镇压，良心谴责只不过是这些掌握国家机器之最没有意识的艺术家①所发明的一种统治术而已（Nietzsche, 1996:218）。于是，过去人类文明所经营出来之种种具酒神特质的惊奇经验，都必须透过类似国家这样的制度性机制②予以例行化，而这也正是让太阳神阿波罗的理性特质得以发挥作用的关键所在。

针对以"惊奇"经验作为描绘社会迸生之源起状态的基本哲学人类学存有预设，尼采回到古希腊神话中有关普罗米修斯（Prometheus）的传说上面来铺陈（Nietzsche, 1996:48）。他认为，这个故事有一个核心思

---

① 依尼采的见解，人类文明似乎是始于酒神特质的作用，而艺术家最具这样的特质。
② 当然，就历史发展的轨迹来看，家庭一向即是另一个重要的制度性机制。不过，推及当代社会，这个制度性机制可以是任何其他的形式，而不局限于国家或家庭。毋宁说，大众传播媒体作为一种制度性的机制，变得更加重要，而这正是下文中所要特别强调的。

想: 一个奋发有为的人物势必犯罪。[①] 而对普罗米修斯来说, 其 "犯罪" 是令人惊奇的, 非凡而例外, 更是使得整个人类文明被认为本质上具悲剧性的关键。换句话说, 普罗米修斯作为人类的恩人, 为先天就有残缺的人类带来了一些只有神祇才可以拥有或作为的东西。因此, 人类所作所为的, 本质上是 "犯罪" 的。其行止既是超出原先神祇所赐予的, 更是一再引来 "非分" 的非凡和例外, 而惊奇正是这样之存在状态的本质。换句话说, 依据这样的神话所铺陈出来的理路, 人类所得与所行的一切可以说都是来自于, 也特别显现于非预期的意外之中[②]。

中古世纪基督教会力量庞大茁壮之后, 当论及社会秩序的源起(也是一切惊奇经验的来源)的时候, 最为典型之强而有力的回归, 莫过于寻找可以归依的上帝。因为, 对当时的西方人来说, 没有上帝, 绝无以思考问题, 也无以确立人(或社会)的内涵属性[③]。于是, 人类所得与所行的一切, 均转成为上帝所赐予的, 而且人天生即是有罪, 纵然任何天赐的惊奇经验, 也都内涵着潜在的罪恶成分。

倘若诚如尼采所主张的, 即促发西方文明发展的基本动力是酒神狄奥尼索斯具激情陶醉的创造精神的话, 那么, 就文化 – 历史意涵来说, 当惊奇的心理经验特别被强调, 且指向一种例外而非凡的情境时, 惊奇的经验所牵引出来最显著, 且具重要社会意义之心理状态的原型, 或许理应是涂尔干(1994)所强调那种一再亢奋的狂喜状态, 而不是源自对

---

① 尼采之所以这么说, 是因为普罗米修斯盗火给人类, 触犯了天条, 受到众神之神宙斯(Zeus)以铁链锁在高加索山而予以惩罚。

② 近代科技的发展就是一个例子, 有关的讨论参看叶启政(2005b: 第一、二章)、Heidegger(1996)、Stiegler(1999)、Seubold(1993)等人的著作。

③ 最为典型的莫过于滕尼斯(1988)对共同体所持有的怀旧情结与涂尔干(1994)对人类宗教生活(实即 "社会")源起的讨论。当涂尔干论及宗教生活(即社会)源起时, 他说的其实即是尼采所形容的 "宗教乃源起于人经验到极端的强力感觉"。根据尼采的说法, 由于此一感觉是陌生的, 致使人们感到惊奇而以为冥冥之中有个 "上帝" 的存在, 而且人不敢赋予自己全然的强烈且惊奇的冲动力, 只能把自己想成是被动、受难的, 有如某些东西和压力在身上一般。于是, 尼采认为, 宗教乃是对人的整一性产生怀疑的产物, 而且, 人总认为自己是没有价值、脆弱的, 只有上帝才是强壮且具震撼力的(Nietzsche, 1967: 86-87, §135, 136)。难怪尼采以毕生之力抨击基督教与由其所形塑的道德秩序, 并视之为人性腐化、堕落与心性变得脆弱的根源。

上帝的宗教崇拜所衍生的畏惧心理。然而，一旦人们一再地认为人类具有源自普罗米修斯的罪行而被众神之神宙斯（Zeus）判定的"非分"，尤其，继之而来之基督教的"原罪感"信念的历史因子强行介入，惊奇的经验可能营造出来的心理状态，最为具体而微的，恐怕不是一再亢奋的狂喜状态，反倒是带着原罪感（或谓罪行性）所引发的崇拜心理、赎罪意识，尤其是由此衍生的一种畏惧心理了。

以上的叙说给了我们一些启示：从十四世纪的文艺复兴以来，欧洲人所关心的议题焦点被转移到人／神（上帝）的对彰问题上面。到了十七世纪彰扬个体为本之人文精神日益兴旺，其所带动的所谓古典自由主义，历经十八世纪启蒙运动的冲击，到了十九世纪，特别是前半叶，整个问题的焦点明显地被转移至个人与社会对彰的问题上面。以这样的历史情景作为背景，尤其透过资本主义之经济形式的滋养，西方人为惊奇作为创造文明的源起心理动力注入了新的文化成分，而这个文化成分基本上即持具个人主义（possessive individualism）所形塑的"人形"图像与信念①。简单来说，以理性个体为本位之持具个人主义的信念，慢慢地使十六世纪以来绝对王权（君王）以死亡为核心的主权权力施展日益萎缩。假如借用福柯（1980, 1991, 2000）的说法，自十八（特别是十九）世纪以后，以"使人活"为标杆，且强调治理术与治安的生命政治权力，成为权力施展的主要形式。倘若允许再转个方向从人对自身的期待的角度来看，那就是尼采强调以权能意志（will to power）塑造的强者哲学作为刻画现代人的理想原型。总的来说，正是这样认定个体是强者（尤其是具理性）的哲学，主导着现代西方社会学的理论思维，也因而使得"惊奇作为文明创造的源起心理动力"这样的主张有了新的历史意涵②。

此时，惊奇经验带来的基本心理反应，基本上，既不再单纯地是一再

---

　　①　有关持具个人主义对当代社会的意义，参考叶启政（2004）。

　　②　依我个人的意见，这可以看成是尼采在其著《查拉图斯特拉如是说》一书中企图形塑书中主角查拉图斯特拉具备权能意志的强者形象的时代背景（Nietzsche, 1989），也是他否定道德与基督教，并视之为弱者哲学的代表的根本立论基础（参看 Nietzsche, 1967, 1996）。

亢奋的狂喜状态，更非源自对上帝的宗教崇拜所衍生的畏惧心理。从正面来看，情形毋宁说是，在不断发生之非凡例外的历史创造中，惊奇经验成就了人的英雄感[1]，并用以证成自我的存在。但是，从负面的角度来看，自我却因常常寻找不到稳固可信赖的"固定"意义，使得人们持续不断地焦虑，甚至产生了绝望的感觉。无怪乎，诚如在上面一再提示的，活跃于十九世纪后半叶的尼采，才大力挞伐既有（尤其是依附在基督教底下的）的道德意识，并特别强调人的权能意志，肯定个体除了具备太阳神阿波罗的理性之外，尚应具有彰显激情陶醉特质的酒神狄奥尼索斯精神（Nietzsche, 1967, 1996）。倘若把尼采所关心的议题转换成为当代西方社会学的语言来说，那即是关乎个人意志与社会结构对彰的问题，而且，也与后现代性中强调人的感性想象，在思想渊源上有着一定的亲近性。

在欧洲人对此一问题谋求化解之道的过程中，整个社会思想的主线，简单地说，乃表现于十八世纪的启蒙理性精神与十九世纪在欧洲狂飙的革命风潮接上了榫这样一个历史场景上面，其中最明显的，莫过于科泽勒克（1988）所指出之"以特定历史哲学（理论）来带动（实践）历史"的发展脉络。在此脉络下，"批判"被视为是完成此一历史运作之命题关键的要素。然而，在这样企图以特定的"理性"形式来带动社会变迁的实际运作过程里，人们其实经常是处于未确定而动荡的风险状态之中，心里充满着焦虑、不安、恐惧乃至是怨怼仇恨的心理。这样的场景里相对容易引来人们缅怀过去的情愫，而渴求回归"秩序"所以可能的源起状态[2]。因此，即使在诸多西方社会理论家的心目中构作社会秩序的源起要求，基本上是透过例外（且往往是意外）的惊奇经验作为心理基础来完成的，然而，他们多有的是把此一惊奇经验的源起问题予以悬搁，而

---

[1]　最具典型的莫过于新大陆与新航路的发现、法国大革命、俄国革命以及诸多科技发明的出现等等，更不论在文学、艺术、音乐等等方面的蓬勃发展。这些可以作为表现英雄行止的社会介体。

[2]　这样的回归源起，就某个角度来看，乃犹如人们渴望回归母亲的子宫一般。在西方长期的历史发展过程当中，诸如圣经里所说的伊甸园、古希腊城邦、封建时期的共同体（Gemienschsft）形式，乃至上帝本身，都不时地被视为是一种彰显源起的哲学人类学形式。

只特别看重此一惊奇经验例行化后的实际运作过程[①]。

在十九世纪以来的西方社会里，"上帝"此一概念的崇高地位日益褪色。当论及社会秩序的基础（或谓例行化过程）时，无疑地，人们必须以另类的形象来呈现。在自然科学（特别是有机论）论述取得了绝对优势主导权的情况下，模拟生物有机体（特别是人自身）的概念成为西方社会学家运用来形容社会的依据。今天所惯用于人类自身以及彼此之间之互动过程中的一些概念，诸如共识、规范与价值的内化、权威、权力等等于焉产生，并成为上帝形象的另类抽象替代品，其中，"结构"这一概念可以说是最具体而微的化身，也因此成为社会学论述传统里关键的核心概念，迄今，情形依旧如是。

四、"结构"概念作为摧毁惊奇经验之神圣性的终结者

波兰尼（1944）称十九世纪西欧世界动荡不安这样一个时代为巨变的时代，而霍布斯鲍姆（1997）则以狂飙的"革命年代"来称呼。易言之，十九世纪的西欧世界，相对于过去的几个世纪，可以说是（至少隐形地）以资产阶级为历史主体而推动的古典自由主义思想发挥威力来创造历史大惊奇的时刻，社会学的思想恰恰就是顺应着这样的历史格局产生出来[②]。当是时，旧有的社会秩序被破坏，但自由主义思想的大惊奇所

---

① 有关更为详细的讨论，参看叶启政（2005a）。

② 个人主义与资本主义原是独立而分开发展的，但是，到了十七世纪，它们产生了相互关联。根据 Abercrombie、Hill 与 Turner 的意见，它们之所以产生了关联，并不是一开始即立基于选择性的亲近，也非因为它们在源起上有着功能性的关系，尽管后来的发展使得它们呈现着这样的情形。它们之所以关联在一起，那是因为它们都是具优势的社会形式。这导使个人主义以提供特殊类型之经济主体（即强调个体与个人财产所有权）的模式来形塑资本主义，而资本主义则透过肯定个人主义作为具优位的论述依据以及强调个人主义理论的持具面向（possessive aspects）来影响个人主义。如此一来，两者才产生了一种具随制性质（contingent）的关系，而绝非其中之一是另外之一的因或果。不过，发展至今，此一具历史意涵之资本主义与个人主义的功能关系，却有着逐渐削弱的趋势（Abercrombie, Hill & Turner, 1986:190-191）。

意图缔造的"理想"新秩序形式却又偏偏未能够充分落实。最值得提示的是，在这同时，又有一股新兴的力量——马克思主义在思想上以辩证形式，而在实践行动上以革命方式来颠覆资产阶级所缔造的资本主义形式，进行另一种"惊奇"经验的创造。于是，诸多大惊奇带来的庞大冲击，使得整个欧洲社会进入一种迹近崭新的"源起"初始状态之中。就在这样的历史场景里，社会学家一开始即把问题的焦点摆在如何表现整个社会现象之例行化秩序的基础上面，自是可以理解的。"结构"被视为核心，且不可化约的概念基石，在论述上，自然也就有了正当性。

在这样的情况之下，涂尔干（1964）的主张顺理成章地成为社会学者认识社会的典范。他强调集体意识（collective consciousness）与社会连带（solidarity），并视之为既存现实社会所必然"迸生"（emerged）的一种实然结构状态。基本上，此一结构状态是一股外存于个体人的自主力量，施加于人身上的，乃是以本质上具制约作用的"平凡"例行化，但以具正当权威性的形式呈现着①。相对来看，自由主义（甚至马克思主义）思想传统所强调的是个人自由意志以及由此而衍生的主体行动能动性，或推到更极端来看，尼采所强调具权能意志的强者，则是另类引发"非凡"且具惊奇经验之神才力量的来源，是创造新理想文明样态的原动力。但是，就实际现实社会所展现的角度来看，毕竟他们总是例外的少数，其所创造出来之惊奇事迹的"例外"激情感受（假若有的话）是否能够持续激荡而发挥举足轻重的作用，则有待其他条件的搭配，才有可能②。尤其，摆在大数法则下，无论就数量或施措的概率等等条件来看，他们"例外"的激情惊奇创新，总是立刻被平庸之多数"均值人"（average man）主导的"例行化"效果予以磨平。如此，或许，现实的情

_____

①　以吉登斯（1979, 1984）的说法，此处所说的"制约"可以是以"限制"（constraining），也可以是以"促动"（enabling）的方式来进行。

②　在此，我必须特别提醒的是，我们不能以此实际体现在现实社会里的常见情形来否定尼采之"超人"（overman）哲学的认识论意涵。基本上，尼采的哲学是一种未来哲学，他谈的是一种潜能状态，或为一种人类透过"修养"与"精进"功夫而可能达致的生命境界。所以，我们绝不能以是否具有实证主义者所坚信之经验可证性来判定其知识价值。

形确实是令人感到沮丧的，因为整个世界似乎永远是属于平凡的多数人，而这在民主鼎盛的时代里，情形尤其明显。

以此历史格局作为背景，特别是在笛卡尔（Descartes）的二元互斥对彰的认识论仍被西方人当成思维模式的基调的情况下，西方社会学者总是认为，面对外在社会结构条件的制约，人基本上承担着"共业"的命运，始终无法逃脱。然而，或许，正是这样的"共业"命运的存在，才使得人们有着追求"自由"的强烈欲望，也才有着感觉到"自由"的可能与可贵。于是，个体主体行动能动性作为一种创造"非凡"，且具惊奇经验的神才性来源，乃与社会结构作为一种外在、"平凡"、例行化、强调同质性之具正当权威性的制约形式之间，一直是处于矛盾对立的交汇搓揉推拉的状态之中。

回顾西方的历史演进过程，从另一个角度来看，矛盾对立而至紧张冲突的状态之所以持续呈现，乃是因为两股力量交汇搓揉推拉。这两股力量之一是极具西方特殊历史质性的启蒙理性所内涵的人文理念，代表的是社会的理想面向；另一股力量则是现实世界里具体体现的社会结构制约力道（如既存的种种社会规范与制度）。在西方社会学家的眼中，这更是任何社会势必内涵之"永恒矛盾对立局面"的普遍典范。他们甚至认为，如此对社会"本质"所析透的二元互斥对彰的思维模式，已深嵌进一般人之日常生活中的种种实际社会实践行动里头。于是，在绝大部分的情况下，原本可以只是潜在的矛盾对立，总是成为必然显现的明势格局，也因此成为导引整个历史质性运转的基本轴线。就当代西方社会学理论论述的立场来说，如此之"结构限制／意志自由"的两难吊诡困境，转而构成所谓"结构／行动（或谓能动 [agency]）"二元论（性）的议题，而如何化解此一二元格局所内涵的紧张矛盾，遂成为其中最为核心的课题[1]。

一向，社会学家（特别是坚持实证主义信念者）把"结构"当作一种牢牢实实的"实在"看待，甚至当成是具有必然强制性质的权力形式（譬如 Layder, 1985）。就十九世纪欧洲社会思想发展史的角度来看，其之

---

[1]　有关的讨论，参看叶启政（2004, 2005a）。

所以如此，其中有一基本关键是至明的，即所谓道德统计之概念的影响。简单地说，社会学家从所谓"均值人"身上观察到（或谓透过诸多具体、可测量的变项建构出来）一些具概率特质的现实体现或实在行动的效果可能性（如绝大部分的人均遵守着规范）。于是乎他们把体现在这些假设必然具备同质、平等、规律与可计算等等质性的均值人身上所产生之特定效果的可能形式，当成是一个社会所具有之必然且恒定的集体特质。就在这样的认知偷渡过程中，"结构"理路原本仅具论述性的认识可能性偷偷地被撤销了，反转成为认知上的必然性。

于此，人们似乎忘记了，作为一种仅具认知可能性的样态，"结构"要以客观存在的姿态对个体发挥作用，基本上至少需要两个要件搭配着：第一，人们必须是互动着的；第二，它还得足以让人们在心灵中产生一定的主观感知作用，才可以有效地被证成，也才得以形成具相当程度之集体作用的所谓"结构理路"[①]。是故，从行动者的立场来看，"结构理路"本质上是透过集体共认的社会化过程而形塑的一种认知模式，也因为有了这样的基础，它才得以进一步地形塑成为规范模式，而且，正是因为如此，它需要不时加以营造、解释与阐明。然而，情形也极可能（且往往是如此）是行动者根本无从认识"结构理路"，而它只是旁观第三者所认知、营造而提供的诠释模式，并且把它当成是社会所具有的"客观"具体图像。在强调科学知识的现代社会里，社会学者无疑正是这样之营造、诠释与阐明的角色者当中最重要，且最具权威性的人物。

五、个体化作为结构原则所衍生的社会意涵

在个体化已成为社会结构原则的时代里，个人意志的贯彻实践是人们普遍关心的重要课题，然而，这并不意味着社会集体性（特别是制度

---

① 由此来看，可以显现出俗民方法论者（特指 Garfinkel, 1967）企图从"社会成员"的角度来重建社会学的视野所可能彰显的特殊意义。尤其，西科雷尔（1974）提出"结构感"（sense of structure）的概念，更是呼应着此处所论及的基本立场。

化）的结构力量消失了。正相反，真正的情形是，个人主义的信念，尤其，其被理论化的形式，促使了结构力量（"个体化"的结构力）发挥到历史性的极致。这也就是说，个人意志的体现透过具结构性之制度的保障与安顿而得以实现，也予以强化，尽管此一极致发展的特殊结构力的形式内涵着孕生吊诡的自我否定（乃至自我摧毁）的危机。如何化解此一危机是一项现实的课题，但是，就理论思考的层次而言，它更是具有深刻的意义。我个人主张回归到人自身来审视，尤其，强调修养作为核心概念来重建以人之主体能动性为主轴的社会理论思维，其关键即在于此。

巴尔赞认为，自十四、十五世纪以来，西方世界经过了五百年逐步稳定的大解放之后，现代西方人乃以常民的姿态呈现，"它的头一桩爱好，就是'无条件地活着'。……这项偏好显为意料中事，已成为西方性格之一部分"（Barzun, 2004:1297）。就社会的道德秩序而言，泰勒（Taylor）即指出，当代社会的道德秩序，既非中古世纪以阶序为基础而经营起来的定型社会关系，也非十七世纪如洛克与格劳秀斯等人假自然法则（Natural Law）之名所推衍出来之强调契约的政治理论所能涵摄。纵然契约的概念可能依旧是营造现代道德秩序的隐形底层，但是，人们关心的焦点已转移到强调自由与平等之自然权利的个人主义主张，尤其是特别重视个体的相互获益（mutual benefit of individuals），甚至相互的慈悲关怀（mutual benevolence）上面。

在此，值得提示的是，这样的主张并非只是停留在纯理论论述的层面，而是早已成为一般人们心目中的社会图像（social imaginary）[①]了。尤有进之的是，无论就广度（extension, 即接受的人数）还是强度（intensity, 即要求的程度）来说，这样的道德秩序的社会图像都一再扩

[①]　根据泰勒的说法，社会图像指的是，人们想象其社会存在的方式，诸如何与他人配适、与同伴间的事务如何进行、正常遭遇到的期望与潜藏于这些期望下更深沉的规范意涵和印象等等（Taylor, 2001:23, 24）。因此，社会图像并不等于理论本身，尽管少数人所掌握的理论（如自由民主理论）可能渗透进人们的心目中而成为社会图像。就欧美世界而言，形塑此一社会图像的社会存在的历史形式有五种：(1) 市场导向的资本主义经济，(2) 公共领域的兴起，(3) 主权在民的政体，(4) 人权的强调与(5) 世俗化的世界观（特别参看 Taylor, 2001:172-173, 195）。

展，逐渐整合成为一种强制的先赋惯例（imperative prescription），具有塑造正当性的诠释作用（hermeneutic of legitimation）。而其所指向的，正是人们所存在的日常生活，并非作为至高无上，且无可触及的德行本身。准此，泰勒认为，以人（而非上帝）为中心的所谓政治社会，即是以实作方式来贯彻此一强调个体间之相互尊重与服务，并提供获致安全与繁荣之平等机会的基本社会机制（Taylor, 2001:3-22, 70）[①]。在《血肉与石头》（*Flesh and Stone*）一书中，桑内特亦指出，十八世纪的法国大革命为法国人带来的是自由的经验，而此立刻转化成为人可以自由运动的机制。人际关系中的自在、舒适与"使用者友善"乃是个人行动自由的保证。于是乎，社交性（sociability）变成为人们赋予正确，但却具抽象敬意的一种理想样态（Sennett, 1994:310）。只不过，这样的社交性基本上只是强调集体意识（因此是理智的认知），缺乏激情（compassion）。一直到了十九世纪，西方人追求舒适时，其所追求的才渐渐变成为个人的舒适，亦即一种要求从人群中撤退的休息（Sennett, 1994: 339）。

与前面的论述相互贯通，钱尼也特别强调，对当代人而言，个体化作为一种趋势，乃与日常生活被人们看重以及大众文化（popular culture）的兴起有一定的因果亲近关系（Chaney, 2002:6）。这也就是说，在现代性的推动下，"日常生活"这个现象被人们意识到，而这是一般人接受了民主的必然性，可以说是人们假"人民"的名义来追求自由的社会力所导致的结果（Chaney, 2002:10）。尤有进之的，具世俗性质之和睦（neighborliness）一概念的凸显，以及人所具感性和特殊性（particularity）的一再被强调，促使人们重视相互认同以及有着承诺与责任的社会网络，而这形成一种道德秩序，隐约地引导着人们日常生活的运行（Chaney, 2002:27）。在这样的历史场景里，钱尼特别强调，"文化"（culture）一概念指涉的，已经不再是具有启蒙意涵的古典意义[②]，而是消费性的意义体系，其特点是激烈民主化与文化脆片化（cultural

---

　① 泰勒（2001:71）认为，十七世纪以来古典自由主义的经济思想（如亚当·斯密），可以说是营造这样之"社会图像"的历史种子。

　② 有关具启蒙意涵之"文化"概念的讨论，参见叶启政（2004:202-210）。

fragmentation)(Chaney, 2002:5-6, 10)。再者,呼应着我在上面提到的论点,钱尼也认为,个体化并不意味着人们与"社会"完全脱节,而是个人的态度更加以个人自主为出发点,即"社会意识中的自我反身性提高"(Chaney, 2002:23)。

在这样的历史格局之下,尤其是通过科技的高度发展,有两种现象产生,值得特别予以注意。其一,文化,特别是透过大众传播媒体所传递的文化,作为一个体系化的制度形式,明显地被经济机制所吸纳,而"经济化"成为其体制的一个要素,并逐渐取代过去政治社会的地位,成为主导人们日常生活世界运转的基本社会机制。连带地,不再像过去社会学家所认为的,消费只是生产的自然衍生现象,而是溢出了生产的逻辑,有着趋近独立的"自性",并且成为理解人们日常生活世界,也是人们实际重视之一种极具特殊历史意义的面向(参看叶启政,2005b:第二、三章)。其二,诚如杰维斯所指陈的,现代性有一个至为重要的内涵:其对文化与个人认同所涉及的,不只是价值、观念和形象(imagery),而且是人的身体(body),或更精确地说,乃有关赋形(embodiment)的问题。于是,身体本身成为文化象征化与操作的潜在来源,乃文化的意符(signifier)、社会规约的对象。准此,现代性乃靠着身体管理的操权机制(regime)来完成(Jervis, 1998:6)。

总的来说,诚如我过去一再重复强调的,启蒙心灵所内涵的人文思想,为"主体"这个概念确立了一套具社会实质性的历史内容。基本上,在持具个人主义信念的推动下,具外控性的进取、积极、主导、自主或自立等等有关态度与价值的特质,被西方人供奉为人之所以为"人"的根本"应然"要件,并且供奉着"有"(having)(或谓"持具"[possessing])作为基本的哲学人类学存有预设。尤其,一向西方社会学理论思考,基本上即以攸关物质性资源的使用、取得与分配作为讨论社会的根本问题,尤其是涉及正义的问题时,其关怀的重点更是在于此。总之,在这样极具外控性的俗世世界里,对一个世俗人而言,其主观的生命意义只有仰赖可控制,且具体化(特别是数量化)的客体化(且是对象化)方式才可能彰显。转到人际关系的角度来看,于是乎,人的主体形象也必须仰赖公众所具有的权威予以诠释性的认可,才能获得施舍。这正是"社会"以集体的形式对个体发挥作用的地方[①]。

在此，我必须指出，以外在客体化之"实有"的方式成就人的主体性，基本上即是以素朴而实际的姿态环绕着人的身躯来经营。之所以说是素朴而实际，乃是因为环绕着身躯意即以生理感官的直觉感受效果为基础。对芸芸众生而言，没有任何其他的东西比感官之本能性的直接感受来得更素朴、实在而直接的了。因此，它既是社会的，更是以物质化为其原始的社会性，它必然是强调关系中的相互"位置"的。这样以相当"世俗"、具体、现实且经常又是相互对抗着的角度来界定"人"的概念，使得主体既是解放的对象，也变成是经常被禁锢的客体。很明显，以这样的方式来对人与其社会处境进行思维，人乃被置于双重束缚（double bind）的吊诡困境中，以至于使得主体性的追求与肯证，一直无法有着令人满意的化解之道。

其实，以人作为行动者的立场，并移位到人的主体能动性来进行社会学的论述，在现代西方社会学论述里头早已看得到，我在过去的作品中已多有提到，并且也予以分析，在此，不拟多加赘言了[②]。但是，在进行下面的讨论之前，为了行文的方便，我还是得有个简单的总结性说明。总之，过去，许多的西方社会学者，诸如吉登斯、莫塞利茨、阿切尔、巴尔内斯、约阿斯、鲁宾斯坦、布尔迪厄，乃至加芬克尔与西科雷尔等人，都强调人行动时的主体能动性的作用（与社会学的意义），但是，由于西方社会学的主流思维传统一向重视可观察到之人的行为表象本身[③]，所以，他们所证成之人的主体能动性终究还是还原归诸"社会"（应当说是"社会结构"更为恰当）的。显然，这样对人之主体能动性的掌握

[①] 这无形中导致整个西方的政治与社会思想自十七世纪以来即强调以集体行动（如革命、请愿、投票等等），并透过建立制度（最典型的是立法）的方式来处理资源分配的正义问题。

[②] 参看叶启政（2004，2005a）。其实，早于二十世纪六十年代，美国社会学者加芬克尔（1967）为代表的俗民方法论（ethnomethodology），即已体现这样的研究取向了。

[③] 我认为，这乃与整个西方社会科学一开始即深受自然科学强调现象之表呈体现的认知态度有关，因此，着重的是可观察的行为表现，而非人所深涵种种素质（如修养工夫、慈悲态度等等）。

是不够彻底，也不够激进的，未能把此一概念深具的当代意涵充分呈显出来。

严格来说，上面这样的立论并不是绝对公允的，在西方社会学的思维传统中，也不是没有深具想象力之另类从人本身出发来考察的"激进"研究策略。譬如，德塞都（de Certeau, 1984）即倒转整个过去西方社会思想的习惯看法，由对结构与其运作原则的肯确探讨转到以人如何应对结构理路的角度来考察整个社会现象。关于此一考察观点的移位，就现象学的角度来看，是可以得到支持的。简单地说，从人的存在状态出发，客观的社会结构其实只有经过主观的理解与透过互动沟通的主观相通的检验，才显现得出意义来。因此，人的实际身体体现的是表现存在的一种方式，而且，本身即是极具世俗性的经验呈现方式。在此，需要特别提示的是，透过人的身体来体现的，最为具体的经验形式即是实作（practice）。针对此一实作，并以之为探讨的焦点，社会结构则只不过是一种条件[1]，并不是一向被主流社会学家所看成之与人相互斥对彰而客观存在的自主体。

诚如我在上文中提示过的，过去西方社会学理论论述展现的，基本上是一种以强者（特别指社会学家本身）为主调的思维模式，透过诸如权力（权威）、规范、角色、地位、正当性或沟通等等外放性的概念，并且采取第三者由上而下的立场（如帕森斯或卢曼的体系说、马克思的阶级说）来考察人们的社会世界。于是，具人文精神的人道主义者强调的，即是诸如剥削、宰制、异化、合法性、正当性、社会正义（特别是社会资源的分配正义）等等的问题。很明显地，与一般人的常识经验相对照，这是以强者为中心所开发出来的一种强调"生产"面向的问题迷思，其所彰显的基本上是一种具阵地战意涵的概念斗争。相反地，假若我们由一般芸芸众生在日常生活世界中的实作角度来从事思想考察的话，由于实作涉及的是使用（using）的问题，因而也就是消费的问题[2]。这样的社

---

[1]　其实，加芬克尔（1967）即分享着这样的观点，并持有着这样的立场来分析人们作为社会成员的行动特征。

[2]　无疑，巴塔耶（1988, 1991）所提出有关消费的所谓一般经济（general economy）理论，即碰触到这样一个哲学人类学的根本问题。

会特质引来三个基本的立论:(1)所谓的日常生活世界成为必须予以重视的概念;(2)强调迂回应对的游击战术的弱者哲学成为思考问题的主调(参看 Genosko, 1992);(3)这两项的基本立论进而成为肯定消费现象乃必须被特别予以重视的理论依据。下面,我就准此立论做简单的说明。

六、私人实作化的消费社会生活

首先,我要特别指出的是,在芸芸众生的日常生活中,实作并不是生产理性所剩余的操作而已(de Certeau, 1984:69-70)。依德塞都的说法,它并未与完整理论交接,而是与小说或短故事等叙事性的论说作为连接。以城市作为比喻,一个理论(系统)乃具统整观察的能力,是一种具窥淫癖者(Voyeur)的行止,而居住其中的人们却只能以不断地行走(walking)来对窥淫癖者进行反抗与踰越,尽管这是相当不连续的。以语言学的方式来类比,人们的行走即有如转折句或修辞比喻(tropes)一般,具弹性,且一再被挪用,是一种类比城市书写形式的口语修辞,更是有如对具永生不朽、把死亡排除在外之特质的体系结构的边界极限不断地进行"意外"骚扰的一种游击战。尽管这样的游击战显得零星、破碎而间断,但是,在德塞都的眼中,正是这样的行事策略让一般人的主体能动性得以彰显出来,而且也才是人们在日常生活世界中的"正轨"活动。

对人作为行动者而言,在体系结构的边界极限不断进行"意外"骚扰的游击战,固然是相当迂回,甚至是显得无力、无奈,但是,却总是带来充满着"惊奇"成分的例外和非凡经验,让人们有着喜悦、兴奋的感觉。这样不时孕生着的意外"惊奇"经验有一个重要且不可忽视的社会学意涵,那就是:所谓的社会结构,对人们来说,其实,充其量只是一种"处境"条件而已,其所内涵的理路(假若有此的话)往往仅具备条件制约的可能性,对人们未必有着绝对的决定性作用。不错,摆在具集体意义的(特别是物质)层面(如电脑化)来看,或许,个人的所作所为确实是显得没有太多真正的自主选择,甚至是处处受限于外在的条件(包含自然条件),而且,仅只在个人伸出手与脚走动所及的地方,才可能

（尤其透过修为）有机会安顿自己的生命。但是，正是这样体现日常生活中点点滴滴的个人行事理法（尤其是修为行事）作为依据，让人们在应对结构性的压力时，特别赋予了无比的潜力，而这正是我们意图理解身处个体化作为核心结构原则的当代人时所应当特别予以正视的现象。

列斐伏尔（1971）曾对乔伊斯的小说《尤里西斯》提出过一个相当具有洞视的分析，值得我们在此引述。他认为，当乔伊斯把整个文明与历史浓缩成为"一天"的时光时，不但时间被压缩，而且来源也被遮蔽住了，于是，日常性与非日常性相互交错地作用着。在当代以消费面向为主导的历史场景里，列斐伏尔所指出这样的日常性与非日常性相互交错作用的现象，可以说是特别明显，其中，最为典型的莫过于，透过大众传播媒体的广告机制，所谓时尚（fashion）以非日常性的姿态绵密地侵入人们的日常生活之中。就具整体表象的预设立场来说，这乃意味着，整个世界事实上并不是如过去诸多主流社会学理论家所想象的那样，是一个极具自主性的体系。我们所看到的，顶多只有被区域化的次体系形式存在着，特别是以创造幸福满足感来进行"宰制"的阴柔而迂回的形式（如广告作为一种次体系的形式）。这样不断让非日常性以阴柔、迂回而短小的次体系方式侵入，日常生活于焉成为一个更大循环的循环，而且，每个开始就是一种回顾的再生。在这样的情况下，基本上，不会有任何人为的大惊奇发生，有的只是区域化的小惊奇，而且是精干、短小、暂时、破碎、易变、流动、迂回且经常是任意拼贴的。因此，在过去人类文明发展过程中常可见到之惊奇经验所展现的严肃而深厚的神圣性被削弱，激情之爱也经常在欺骗与失望之中被冷冻了。剩下的，借用列斐伏尔（1971）的说法，只有以恐怖主义（terrorism）的形式（如表现在代表现代性的城市情境之中诸如表现艺术或电视节目虚夸的表现），并透过消费来表现惊奇，而且，总是"小"的惊奇，很少有惊世骇俗的"大"惊奇。套用时下台湾年轻人喜欢使用的语言，即是不时有着"小确幸"的感觉。

鲍曼曾经对法兰克福学派所标示的批判理论做了如此的评论。他认为，阿多诺以降的批判论是因为面对着集权主义（totalitarism）（如纳粹法西斯或科层制）的发展而来的，为的是捍卫诸如个人自主性、自由选择、自我肯定和成长，以及享有种种权利等等理念（Bauman,

2000:26）。但是，这些已经不是今天西方社会的核心问题了。对鲍曼来说，今天的核心问题是法律个人（*individuals de jure*）的条件为何，以及其成为事实个人（*individuals de facto*）时所产生的裂罅愈来愈大的问题 ①（Bauman, 2000:39）。因此，假若批判论的旧有目的是人的解放而且对今天的世界尚有意义的话，关键即在于此二深渊的两端的再度联结，而此一联结的基础则在于个人需要再度学习已经遗忘之作为公民应有的技巧（citizen skills），并对已丧失之作为公民的道具（citizen tools）进行再拨用（reappropriation）的工夫（Bauman, 2000:41）。尤有进之的是，阿多诺所处之时代的批判理论者作为知识分子，其角色基本上是具有立法者（legislator）的特质，但是，今天已不是如此了，从事理论批判的知识分子只不过是诠释者（interpreter）而已（Bauman, 2000:47-48）。

鲍曼继而指出，一旦人类文明争取以塞亚·伯林（Isaiah Berlin）所说的消极自由而获胜之后，杠杆必须转移到积极自由——即安顿选择范围与形塑决定之议程的自由，但这却极可能是断裂且崩溃的。何以故？那是因为公共力量丧失了其原先所具有的那种令人畏惧，且充满怨恨的压制潜能（potency），同时也冷却了促动能耐（enabling capacity）。于是，纵然解放的战争还没有过去，但却必然是朝着另一个方向走。今天真正的解放召唤着更多的公共领域（public sphere）与公共力（public power），以防止一再入侵的私人力量。但是，它却又吊诡地同时保护、强化着个人自由，亦即对生活政治的私人乌托邦予以再集体化（recollectivizing），以使他们可能再次获得有达致良质社会（good society）与公正社会（just society）的契机（Bauman, 2000:51）。准此，鲍曼宣告，寻找共同的另类生活，必须是始于检验另类的生活政治（Bauman, 2000:52）。

在鲍曼的眼中，今天如此一般的"轻盈"资本主义社会已经不存在韦伯所说的价值理性（value rationality），甚至连工具理性秩序的理念型

---

① 难怪威尔逊（1993）会认为，启蒙运动对自由与权利的激情释放出个人主义的主张，而且是具毁灭性的，它冲散了传统具有之共同体的感觉。

也远离了。在此一社会状况之中，绝对掌握价值的中心机制已经消散，以至于使得整个社会因缺乏至高的机制而呈现出散状的样子（Bauman, 2000:60）。于是，整个社会所体现的是，由“社会的”作为中心转变成为个体自身是关怀的重点。此时，人们的核心关键行止不是 Bellah 等人（1985）所强调的投献（commitment），而是诸如广告等等创造武断符号的社会机制所带来的强迫性的价值（value-obsessed），情形如鲍曼在书中所写的段落标题“有了汽车，就可以旅行”（have car, can travel）一般（Bauman, 2000:61）。这也就是意味着，人们只关心私人议题，但却付诸公共讨论（如健康、名人的八卦消息），同时不像过去一般地寻找着领袖，他们只寻找例证（example）（Bauman, 2000:71, 72）。于是，这是一个没有永恒英雄，也不需要英雄的时代。假若人们还在意着什么的话，那么，他在意的或许只是明星的作秀，而且纵是在刹那之间即丧失灿烂光芒的情景，一下子就消失，也忘了——这是一个健忘的时代。

就西方社会来说，人们乃处于史无前例之发展、财富累积迅速且经济安全度相对高的时代里，人们甚少希望被解放，甚至甚少愿意为此一期冀而行动，以至于没有人清楚以何种方式可以使得“自社会中解放”与他们已经身处的状态会有着差异（Bauman, 2000:16）。诚如特莱尼说的，当代社会里的人已把人定义成社会有机体（即以其他在社会中的位置决定其行为或行动）这样的说法终结掉了（Touraine, 2000）。假若有所谓社群存在的话，这样的社群显著的也是一种无假设前提、无主体，而且沟通是一种无法不沟通之沟通（如电视上的谈话节目 [talk show] 一般）的群体（Agamben, 1993:65）。最为典型的莫过于所谓的大众（mass）形成，他们不必然有共识，顶多只是共感而已，而且是对特定事件、特定时空下的次团体性的情绪与情感共感，其所依循的结构原则是秘密法则、地下中心性、易变、流动、短暂而破碎。

显然，这个时代是放弃了对整体（包含过去与未来）的所有希望，人的社会行动策略所定义的组合原则不是取决于已经存在于社会制度中的规范，而是取决于社会行动者，且是个人身上可以看到的文化与心理特殊性。这是一个停止质问自身的社会，而这并不是因为一切都被压抑着的缘故，反倒是因为没有压抑，以至于丧失了质问的动力，也因而不

再质问了 ①（Bauman, 2000:22）。尤其，当自由以结构化的形式透过消费的管道给了人们之后，一切显得"轻盈"地飘荡起来，人们再也不必要有太严肃的思想（尤其是坚固的特定立场）作为后盾。一切在消费之中轻轻地被抹过去，人的处境更是很容易地使得人们的感受迟钝，变得无意识化，也使得获得自由所需的努力紧张性降低，甚至消失掉。人们既不必要承受沉重的道德（或伦理）担子，也不必很正经，更不必承担传统的神圣性。不正经的世界成为人的故乡，随时可以跨越边界。这样的世界是快速、多变的，也是张扬着传播，膨胀地引人注目，需要目击者，但却随时可以被遗忘，也随时可以被扬弃。说来，这是表现个人主义信念的一种特殊历史形式，正在今天人类的世界里流行着。

七、"关系化认同"意识主导下之现代人的迷惘

巴尔赞指出，现代人（特别是年轻人）形塑所谓不合不宜（the unfitting）的行事风格，如流行穿破牛仔裤、裤脚拖地、穿破毛衣等等，乃象征着反礼数、反布尔乔亚，甚至是暗示与穷人站在一起。至于速食的快来快去，则是给予自己自由，不受传统餐厅饮食礼仪的拘束。这一切代表的是一种常民式个人主义的解放与展现自由的特殊历史形式——放肆、轻率、任性、逾越、倦腻、追求新刺激等等（Barzun, 2004:1297-1298）。就此，巴尔赞认为，假如人的自我不是用找，而是用造得来的话，那么，如此一般之反英雄、反历史等等的定见，却反而会是创造自我的一大障碍，因为缺乏由过去出发的起步，一切只好从头开始造起，而且是永远都在开始（Barzun, 2004:1304）。因此，一种没有起源、没有累积可能性且不时易动的自我认同，自然是陌生、迷茫而不知所措的，难以说得上是"创造"，因为，现实上，人们总是不认为需要熟悉、确认而

①　在这样的历史场景里，社会学科的社会意义，也将因为作为一种科学的形式内涵了压抑的特质，将被挑战、质疑，甚至被完全否定。事实上，这正是在这篇论述中我企图剔透的基本意涵。

知所措，自然也就不需要具有"经过比较与累积而至变更"一系列过程所缔造的"创造"概念了。人们要的只是变、变、不断地变，有了不同，如此而已。

　　过去，一个人的个体性的社会塑造是依靠着非凡的英雄行止对抗着种种的阴影或邪恶人物而"打出来"的，其中，多的是具有意外惊奇（尤其是惊世骇闻的大惊奇）感应的例外且非凡的经验。然而，现代人对个体性的经营，则是仰赖结构化的制度以"被安顿"的方式保护出来的，最为典型的莫过于表现在符号消费上面。透过不断跟着"时尚"来消费，确实是牵引出一些惊奇经验，但是，时尚作为潜在结构化的社会机制，其本质乃是一种对"非理性"予以理性化的制度化建构过程（如透过系统化的广告操作），这让消费作为展现个体自由的社会形式（并进而创造惊奇经验），具有一些基本的特征：这样的惊奇经验，虽可以是灿烂旖旎，但却永远是细小、短暂、漂浮、武断地拼贴，随时可能消逝掉的，也就是仅只有前面提到过的"小确幸"的感觉而已。若说经由此来证成一个人的个体性，怎么说，都说不上是一种非凡而例外的成果表现，更遑论是具永恒性质的英雄式惊奇经验，如尼采所说的普罗米修斯。它仅是一种被刻意操作之例行化所衍生，甚至是退缩到母亲之子宫中的平凡行止安排。因此，假若这是显现自由的形式，那么，基本上，这仅是一种"伪"自由。

　　鲍德里亚（1997:227）在其早期作品《物体系》中即曾经宣称过，所谓消费基本上是一种唯心的作用模式。人们在消费活动中进行的，并不是对特定物质的获取（如 LV 的皮包）或花费，而是对人之永远欠缺的一种社会关系性的想象。这种想象必须透过象征交换方式来进行，并且是一种人虽真实地在场，但却又要有着不在场之证明的交换形式。推衍地来看，这基本上是一种拥有不受限制之权力特质的主权意义，且又具涵摄之排拒性（inclusive exclusion）的行动模式。透过这样的符号消费，自由被开展着，而且，也就在这样之现实世界中诸多符号幻想的引诱，让人们分不清，也不需要分清现实与梦想，更不需要像过去一般，一定要分辨清楚。于是，这使得人的生命产生了一种随时有背叛（包含自我与他人）的脆弱性。在这样的场景里，没有昨天，也没有"他处"，未来更只不过是一种透过"现在"予以过滤之稍纵即逝的轻微感觉。若说有幸福的话，它总是在孤独之中被经营，也被完成着，而且是不折不扣的个人成就。

在这样的历史场景里，人们所存有的唯一价值，或许只剩下以无姓名的方式暗地里交换"欢乐"，而不必知道彼此，也不必担负任何责任（网络中群组成员间的"纯"交流即是一例）。此时，让人们心动的，往往不是欢乐的欲望本身，而是让具偷窥性的征服胜利欲望主宰着整个过程。尤其，透过传播媒体，所谓的名人勾引的不是几个具体可看得见的互动对象本身，而是广大，但看不见的大众。对此，昆德拉说得好，他说："这才是这类名人可怕的现代性！他不在你面前，也不在我面前，但是在全世界面前裸露。什么世界？一个没有面目的无限！一种抽象。"（Kundera, 2003:30-31）

显而易见，当一个社会的核心规范由民德（mores）或道德（morality）的形式转变为流行（fad）与时尚（fashion）的形式的时候，除了它变得破碎化与易变之外，就是约束力低到没有了惩罚性。这是一种感应传染的低调认同（如偶像化），形成了鲍曼所谓的"挂钉共同体"（peg community），就像衣架上的挂钩一般，无实质内容，只供人们悬挂衣物，且是任何衣物，随时可以替换（Bauman, 2002:170, 176）。尤有进之的是，在这样的情景之中，生命被切成"情节"来予以串联，有着无数的开始与结束，但总是缺欠一个永恒的起点，当然，更看不到，也不愿意看到有着期待的永恒终点。

一向，社会学家认定，人的自我认同不是被发现，而是被创造出来的。泰勒即认为，一个人的自我（和认同）基本上乃以对其有意义之事物的方式来加以界定（Taylor, 1990:34）。于是乎，自我是无法独立于人们种种的实践知识与意识来析辨与联串的，因为"自我解释以长期缓慢的方式进入认同和自我的制造之中。假若不是如此的话，自我既无法在社会世界的变迁之中生存，也无以适应"（Elliott, 2001:5）。然而，对身处于变迁快速而不确定的后现代场景里的人们来说，问题就在于如何允许自我以长期缓慢的方式进行自我认同的制造。

美国社会心理学家格根发现，假如十八世纪的浪漫主义寻找的是道德法则,而现代主义者仰赖的是正确的理性的话,到了后现代时期,情况就不同了,人们所看重的是参与者的互动(如妥协、协同)本身,亦即:"个体"有了"关系化"的倾向。他进而指出,这并不表示在后现代场景中个体性被稀释淡化。比较合理的说法应当是,个体性呈现为"关系化"的"个体性",人们让"个体性"在关系中被证成,而非如十八世纪以来认为人具有个体本质(如浪漫主义之重激情 [passions])或强调人是理性(如现代主义)的说法。格根称呼这样以"关系化"来成就个体性的现代人所具有的自我是一种"渗饱的自我"(the saturated self)。基本上,这样的自我不要求具有本质性的认识论,"关系"本身成为人存在的"本质",意义来自"关系",而非人自身(Gergen, 2000:46)。无疑,这么一来,一旦人与人的"关系"一直是处在不定变动之中,随着关系不断地流动更易,人的自我或许是"渗饱"了,但是,"稳定"的"个体性"却是不可能得到。

鲍曼从另外的角度分享着类似格根的看法。首先,他强调,人的认同乃指向由特定其他人所构成的群体。然而,在一再不断进行着例行化的过程中,一旦群体归属有问题,认同就发生了危机。由于这样的"自己向……认同"基本上是为了修补"应然"与"实然"之裂罅而来,它于是乎是一项始终总是未可完成的任务(Bauman, 2004:15, 20)。这也就是说,"自己向……认同"乃意涵为一个无法影响,且更别说予以控制的未知命运(fate)所扣押的人质。如此一来,倘若我们接受了鲍曼这样对认同现象之社会本质的说法的话,那么,对身处变动不定之后现代处境的人们来说,由于其所面临的认同社群对象特别缺乏稳定性,人们很自然地也就更加有了危机感。

在不同的场合里,鲍曼进一步指出,当代社会里只存在着所谓的"衣帽间共同体"[1](cloakroom communities)。由于其存在的周期短,投献(commitment)的要求少,因此,人们用来作为认同对象的契机,自然也就小得多。是故,在今天这样一个愈来愈趋向个体化的时代里,认

---

[1] 即前文中提到的"挂钉共同体",乃指为特定事件(如看球赛)而形成的社群。情形犹如戏院的衣帽间,人们把衣帽寄放,看完戏立即领走。

同有着混合的惠赐，摆荡在美梦与噩梦之间，人们无法得知何时会变成怎样的另外一个样子，心理上总是呈现极具正负情愫交融（ambivalence）的状态，而这乃构成人们之问题的核心，并把一切问题予以"私人化"（Bauman, 2004:30, 31, 32）。情形尤其吊诡的是，即使当面对原本不应是个人私有问题的体系矛盾（systemic contradiction）的情形时①，人们也总是把问题"私人化"的态度用上，以为这是自己的悲惨或倒霉经历，不能埋怨别人，只能在自己的身上找答案②。

詹姆逊曾列举了一些特征，诸如表面重于深度、模拟重于"实际"、游戏重于严肃等等来描绘所谓后现代性的出现。面对如此一般的崭新历史场景，詹姆逊于是宣称我们需要一种新的思考模式，也是一种新的"认知地图的美学"（转引自 Turkle, 1998:60）。特克尔（Turkle）发现，这些特性恰恰是以麦金塔电脑呈现模式为典范之电脑世界的特点。其所呈现的不是单纯的逻辑分析（即现代性的典范），而是一种具自我组织能力的"怪物"，透过一再地连接，可以不断茁壮，也可以不停地消费（即后现代性的一种典范）（Turkle, 1998:60）。于是，特克尔引述詹姆逊的观点进一步地认为，在这样的后现代社会里，人作为主体，其所面对的基本问题已经不是异化，而是自我认同的断裂。异化的概念假设具有着一种中心化，但却可能丧失的统一自我。但是，一旦人经营的自我经常是处于去中心且多元的情况之下，异化的概念就不切题，剩下的只是身份认同的渴求了③（Trukle, 1998:60）。

情形显得相当尴尬的是，当人们处于这样一个无法有效改变外在社群的运作逻辑的历史场景里时，他们将以怎样的态度来自处呢？这是一个当代人需要面对的课题。此时，人需要的或许是喘息，尤其是"停顿"与慎思，也就是修养（生息），以重新来面对"认同"的意义问题吧！难道人必要继续向"外"追寻那不断改变，且又充满着引诱力的关系性的

---

①　譬如，电力短缺而兴建核能发电厂，但却又得面临辐射线可能外泄的风险。

②　鲍曼称此现象为自我批判（Bauman, 2000:26），而贝克（1992:137）则以"体系矛盾的传记式解答"（biographical solution to systemic contradiction）来称呼。

③　利夫顿（1993）以应变人（the protean self）来形容身处于这样多变之历史场景中深具弹性应变的人类。

认同吗？若是，可以如何调整呢？这是需要思考的重要课题。

八、人之主体意识唤醒的社会学意义——证成修养社会学的时代背景

　　总而言之，在今天这样一个相当强调个体之外在持具与否作为价值之归依的消费社会里，人类的文明所显现出来的特质，与其说是塔纳斯（1995）所认为理性处于"双重束缚"两难困境的精神分裂症，毋宁说是具有躁郁症的典型特质，更加具有社会学的启发意义。[①]我之所以如此说，那是因为，针对"惊奇作为文明创造的源起心理动力"而言，倘若具激情陶醉的酒神精神是整个心理动力之所在的话，它事实上并无法与太阳神阿波罗所代表的理性精神以并驾齐驱的地位相互竞争。从现实来看，它还是一直屈服在理性占优势的历史格局里头。因为，利用制度化的力量（如广告），人们（特指依附在资本主义体制下靠操弄符号来牟利的一群人）更是以更为狡黠的手腕操弄着"理性"来玩弄人类崇高的情感，也调戏着人们的智慧（特别是所谓的情绪智商）。此时，激情陶醉反而成为体制化之工具理性操弄的典型心理机制。就在这样激情陶醉被体制化的一般状况下，说它是躁，那是因为透过体制化的工具理性，激情陶醉被有系统地引诱、挑逗与操弄着，并且产生了集体起乩的亢奋现象。[②]说它是郁，那是因为这样被诱导出来的激情陶醉总是短暂、肤浅、易变、做作，并无助于人们谋求与人的自我深处产生具深沉而稳固意义连接的神圣要求。[③]

---

　①　同时参看贝特森（1972）、拉什（1979）与德勒兹和瓜塔利（1983）等人的著作。
　②　倘若借用涂尔干（1995）与马费索利（1996）的用语，即是亢奋（effervescence）。
　③　借用俄国思想家巴赫金（Bakhtin, 1998）研究十六世纪拉伯雷（Antoine Rabelais）的怪诞小说时所提出之"降格"的说法，我们可以说，在消费现象被体制化的后现代社会里，人们是重视身体的，但是，其所呼应着的却是拉伯雷之小说所提示的"降格"特质，亦即：强调的是人体下部的消费（即排泄与性），而不是现代性所强调的理性意识（即在上之脑的作用）。

当一个人以自恋①的姿态（但却又总是向"外"追求认同）存在于"自己"当中时，他不仅是以历史客体的姿态被包含在神祇（与社会）之中，而且，现实中，他本身就是神祇，也就是社会，将"自己"视为至高至善的存在体，是一切希求渴望的目标。如此一来，人们以为征服了神祇，也征服了社会，于是，天上的天国不见了，地上的天国更是走出了传统基督教的乌托邦。尤其，在强调不断消费的富裕社会里，只有"现代化"②口号下的"推新"，才得以成为一种烙印了的信念。结果是，让人们感到，这是一个理想国度，似乎完成了启蒙人文理念所内涵的诸多理念了。尽管霍克海默与阿多诺（1972）说这只不过是一种欺骗，也尽管信仰被形式化、抽象化，缺乏具体可稳定依赖的内容，而形塑出泽德瓦尔德（Zijderveld，1970）所谓的抽象社会，或如德波（1983）所说的，这是一个以展示（spectacle）作为准宗教性的展现形式的社会，它使得文明由深层而趋近表面化，也由永恒而日趋短暂化。结果是，过去宗教具有的神圣经验被掐着而致窒息，不时产生休克的情形。

行文到此，我应当可以暂下结论地说，西方人长期以来所努力经营，而且寄予厚望的"理性"，反噬了它所被赋予具历史使命性质的内涵精神——开放、自由、人本精神等等。其之所以会如此，或许，情形正如希尔（Heer）在讨论路德（Luther）的神学时所做出的评语：由于"灵性、良知与内心宗教经验得不到合法地位和任何权威，而没有这样的权威，就不可能有真正开放的理性主义"（Heer，2003:294）。即使所谓后现代主义者强调诸如去中心、去主体、飘荡、易动等等的特质，但是，他们还是特别看重符号"语言"，而这其实乃预设了人为结构的必然存在，也必然是作用着。如此一来，他们其实并未赋予人本身的主体能动性应有的重视，顶多，只是让语言的武断性提供了人们较多的运用空间而已。总之，在西方社会学家所建构的理论世界里，人类让自我无意识地飘荡在既有的结构理路当中，丧失了追求自我判断之准头的动力，更

---

①　譬如 Lasch（1979）以现代美国人为典范，提出现代人即具有自恋症倾向的人格。
②　吊诡的是，尽管许多人（当然，包含社会学家）都认为，人类文明已经迈入"后现代"了。

是拒绝接受这个准头的权威性。就社会学思维来说，问题的重要症结即出在于，前面一再提示之"结构"此一"幽灵"概念所撑出那具历史"宿命"特质的威力，甚至一直被认为是无所不及的"天命"，以至于总是让"结构"此一概念"幽灵"以各种变形的姿态悄悄地盘踞在社会学家的心灵里头。难道，"结构"此一概念"幽灵"的法力就是无边的吗？对强调自我意识的现代人来说，我们不需要，也没有其他更具解释力的概念吗？

二十世纪九十年代之后，整个世界已经明显地（至少在一段时间内将是如此）向着资本主义体制靠拢，十九世纪以来解放政治观所提出的大论述至少暂时地消失了（或至少变了形）。人们的关怀不但由解放政治"解放"出来，也更由福柯所称的生物政治（bio-politics）转至所谓的生活政治（life politics），重心由抽象的政策与计划领域转移到日常生活的具体细微层面，焦点因此不再是如经济成长率或疾病－死亡率等等的社会性问题而已，而是个体实实在在的生活风险，进而是身心的健康与存在的意义。此时，"政治"本身丧失了具主导作用的历史质性与魅力，成为附庸于经济之一种另类的活动形式，而且极具娱乐的性质。发展至此，人们所处的是一种以文化与心理感受为主调、强调共感共振且具耗散特质的社会体系情境，有关个人心灵状态的表现，才是人们关心的重点（参看 Walsh & Vaughan, 2003; Hubbard, 2001; Theohald, 2000）。

哈伯德（Hubbard）在她的《你正在改变世界：有意识的演化》一书中曾经这么说过："我们（按指人类，或至少西方人）正在从借由物竞天择而进行的无意识演化转变为借由选择而进行的有意识演化。"（Hubbard, 2001:17）她这句话呼应了索尔克（Salk）在其著《时向之剖析》中所说的一段话：

人所从事的活动，最有意义的就是跟人类演化直接有关的。这种说法之所以正确，是因为人类现在不仅在其自己的演进过程中扮演了积极而关键性的角色，而且也在所有生物的生死存亡与演进中扮演此种角色。觉醒到这一点，人类就负有责任去参与演进历程，并对之做出贡献。如果人类接受并承认这种责任，并有意识地和无意识地积极参与这超生物学（metabiological）的演化，则一个新的实相将会出现，一个新的时代将会诞生（间接引自 Hubbard, 2001:18）。

在这儿，我不拟对一个新的实相是否会出现或一个新的时代是否将会诞生的问题表示意见，所以引述这些说法，只有一个用意：阐明这样"有意识的演化"所可能衍生的社会学意涵。显然，哈伯德这样的说法指陈了一个在前面的讨论中已提及的那慢慢在当代（特别是欧美）社会浮现的现象：人们的自觉意识（包含对自己、自然与社会环境）愈来愈强，这导致人们以主体意识（意志）来经营理念，并作为后盾而介入世界，企图重新来改造（或谓创造）一个崭新的历史场景。这呼应着德日进在其名著《人的现象》中所提出之所谓心智层（noosphere）明显浮现的主张 ①（Teilhard de Chardin, 1983）。

对哈伯德来说，作为一个推动人类和谐生命观的实践者，"有意识的演化"是有特定的理念作为发展的方向，创造共生感，使得以人们的目的与爱欲结合在一起的整体潜能得以实现，以俾人们有着充分实现的感觉（Hubbard, 2001:115）。姑且不论她所说的人类和谐生命观的内涵为何，也不论人们的目的与爱欲如何结合在一起，哈伯德这样的主张，就历史发展的进程来看，可以说是西方个人主义信念发展到极致后的一种极具反思性的期待，而把整个反思的重点移到个人灵性的修养上面。或许，过去以历史理论论述来激发人心，进而透过制度机制的改变来带动极具惊奇感的革命性巨变的时代已经不再了。说来，这正是理解人类二十一世纪文明的一个重要分离点，我们需要加以正视，并予以强调。

在这充满多元、易变、脆弱、不恒定而缺乏深入投献精神的后现代时代里，人们常常是随着时尚的结构理路所释放出来的洪流而流动，诚如在前面提到的，此时，人们经验的惊奇，已经不再是恐惧、崇敬，或狂热的信念，而是在日常生活中不断发生之短暂、小巧、任性、恣意、

① 根据德日进的意思，心智层指的是透过人类的心智所创造而体现在种种文化、科技、社会制度等等之中的社会综合体，基本上，乃是构作地球的思维层。

随性拼贴的刹那惊奇感受来去匆匆。此一来去匆匆的经验 "平凡化" 了惊奇经验的非凡性,把它磨平了。在此之际,或许,诚如上面诸多讨论所意涵的,人类需要的是让自我有着较稳定而一致的指涉与参考架构。在既有的结构形态作为 "依据" 的必然前提下,人如何选择一种具感通与感应契合性之 "合时而恰中"[①] 的自我安顿,也许是人类所最需要的崭新准宗教经验。以孤独的身心状态进行修养,可以说是寻找此一具宗教意涵之稳定点的基本策略,也是创造绵延不断之永续惊奇感动经验的必要条件,而这是我把它当成理解,并建构当代人之社会图像的核心概念的缘由。

（原文以 "西方社会学思维中惊奇作为准宗教经验的曲折意涵" 之名称刊登于《教育与社会研究》,第 12 期,1-40,2007）

参考文献

唐力权

1989　《周易与怀海德之间:场有哲学序论》。台北:黎明文化出版公司。

叶启政

2004　《进出 "结构 - 行动" 的困境:与当代西方社会学理论论述对话》（修订二版）。台北:三民书局。

2005a　《观念的巴贝塔:当代社会学的迷思》。台北:群学出版社。

2005b　《现代人的天命:科技、消费与文化的搓揉摩荡》。台北:群学出版社。

Abercrombie, Nicholas, Stephen Hill & Bryan S. Turner

1986　*Sovereign Individuals of Capitalism*. London: Allen & Unwin.

Agamben, Giorgio

1993　*The Coming Community*.（translated by Michael Hardt）

---

① 借用自唐力权（1989:15）。

Minneapolis, Minn.: University of Minnesota Press.

Bakhtin, Mikhail

1998 《巴赫金全集，第六卷：拉伯雷的创作与中世纪和文艺复兴时期的民间文化》(李兆林等译)。石家庄：河北教育出版社。

Barzun, Jacques

2004 《从黎明到衰颓：五百年来的西方文化生活》(三册) (郑明萱译)。台北：猫头鹰出版社。

Bataille, George

1988 *The Accursed Share, Volume I.* New York: Zone Books.

1991 *The Accursed Share, Volume II & III.* New York: Zone Books.

Bateson, Gregory

1972 *Steps to An Ecology of Mind.* New York: Ballantine Books.

Baudrillard, Jean

1997 《物体系》(林志明译)。台北：时报文化出版社。

Bauman, Zygmunt

2000 *Liquid Modernity.* Oxford: Polity Press.

2001 *The Individualized Society.* Oxford: Polity Press.

2002 *Society Under Siege.* Oxford: Polity Press.

2004 *Conversation with Benedetto Vecchi.* Oxford: Polity Press.

2005 *Liquid Life.* Oxford: Polity Press.

Beck, Ulrich

1992 *Risk Society: Towards a New Modernity.* London: Sage.

Beck, Ulrich and Elisabeth Beck-Gernsheim

2002 *Individualization: Institutionalized individualism and Its Social and Political Consequence.* London: Sage.

Bellah, Robert N., Richard Madsen, William M. Sullivan, Ann Swidler and Steven M. Tipton

1985 *Habits of the Heart: Individualism and Commitment in American Life.* New York: Harper & Row.

Birtsch, Günter

2005　《什么是启蒙？》，见 James Schmidt（ed.）《启蒙运动与现代性》
（徐向东、卢华萍译）。上海：上海人民出版社，355-367。

Cassirer, Ernst

1923　*Substance and Function and Einstein's Theory of Relativity.*
Chicago: The Open Court Publishing Company.

Certeau, de M.

1984　*The Practice of Everyday Life.* Berkeley, Ca.: University of
California Press.

Cicourel, Aaron V.

1973　*Cognitive Sociology: Language and Meaning in Social Interaction.*
New York: Free Press.

Chaney, David

2002　*Cultural Change and Everyday Life.* New York: Palgrave.

Debord, Guy

1983　*Society of the Spectacle.* Detroit, Michigan: Black & Red.

Deleuze, Gilles & Felix Guattari

1983　*Anti-Oedipus: Capitalism and Schizophrenia.* Minneapolis, Minn.:
University of Minnesota Press.

Durkheim, Emile

1964　*The Division of Labor in Society.* New York: Free Press.

1995　*The Elementary Forms of the Religious Life.*（a new translation by
K. E. Fields）New York: Free Press.

Elliott, Anthony

2001　*Concepts of the Self.* Oxford, England: Polity Press.

Foucault, Michel

1993　*Discipline and Punish: The Birth of Prison.* New York: Vitage
Books.

Gadamer, Hans-Georg

1975　*Truth and Method.* London ; Sheed & Ward.

Garfinkel, Harold

1967   *Studies in Ethnomethodology.*Englewood Cliffs, New Jersey: Princeton-Hall.

Gay, Peter

1966   *Age of Enlightenment.* Amsterdam, Holland: Time-Life International.

Genosko, G.

1992   "The struggle for an affirmative weakness: deCerteau, Lyotard, and Baudrillard," *Current Perspectives in Social Theory* 12: 179-194.

Gergen, Kenneth J.

2000   *The Saturated Self: Dilemmas of Identity in Contemporary Life.* New York: Basic Books.

Giddens, Anthony

1979   *Central problems in Social Theory: Action, Structure and Contradiction in Social Analysis.* London: Macmillan.

1984   *The Constitution of Society.* Cambridge: Polity Press.

Heer, Friedrick

2003   《欧洲思想史》(赵复三译)。香港：中文大学出版社。

Heidegger, Martin

1996   《海德格尔选集（下集）》（孙周兴译）。上海：上海三联书店。

Hobsbawm, Eric J.

1997   《革命的年代: 1789—1848》(王章辉等译)。台北：麦田出版社。

Horkheimer, M. & T. W. Adorno

1972   "The cultural industry: Enlightenment as mass deception," in *Dialectic of Enlightenment.* Seaburg, 120-167.

Hubbard, Barbara M.

2001   《你正在改变世界: 有意识的演化》(*Conscious Evolution: Awakening the Power of Our Social Potential*)。台北：方智出版社。

James, William

2001   《宗教经验之种种》(*The Varieties of Religious Experience*)（蔡怡佳、刘宏信译）。台北：立绪出版社。

Jervis, John

1998　*Exploring the Modern: Patterns of Western Culture and Civilization*. Oxford, England: Blackwell.

Koselleck, Reinhart

1988　*Critique and Crisis: Enlightenment and the Pathogenesis of Modern Society*. Cambridge: MIT Press.

Kundera, Milan

2003　《慢》(*La Lenteur*)(马振骋译)。上海：上海译文出版社。

Lasch, Christopher

1979　*Culture of Narcissism: American Life in an Age of Diminishing Expectations*. New York: W. W. Norton & Co..

Layder, Derek

1985　"Power, structure, and agency," *Journal for the Theory of Social Behavior* 15（2）: 131-149.

Lefebvre, Henri

1971　*Everyday Life in the Modern World*.（translated by Sacha Rabinovitch）New York: Harper & Row.

Lifton, Robert J.

1993　*The Protean Self: Human Resilience in an Age of Fragmentation*. New York: Basic Books.

Maffesoli, Michel

1996　*The Time of the Tribes: The Decline of Individualism in Mass Society*. London: Sage.

Nietzsche, Friedrich

1967　*The Will to Power*.（translated by W. Kaufmann & R. J. Hollingdale）New York: Vitage.

1974　*The Gay Science*.（translated with commentary by Walter Kaufmann）New York: Vantage Books.

1989　《查拉图斯特拉如是说》(*Also Sprach Zarathustra*)(林建国译)。台北：远流出版社。

1996　《悲剧的诞生》(缪朗山等译)。海口：海南国际新闻出版中心。

Polanyi, Karl

1944　*The Great Transformation*. Boston: Beacon Press.

Popper, Karl

1959　*The Logic of Scientific Discovery*. New York: Harper and Row.

Schumacher, E. F.

2000　《小即是美》(李华夏译)。台北：立绪出版社。

Sennett, Richard

1994　*Flesh and Stone*. New York: W. W. Norton.

Seubold, Cunter

1993　《海德格尔分析新时代的技术》(宋祖良译)。北京：中国社会科学
　　　出版社。

Stiegler, Bernard

1999　《技术与时间——爱比米修斯的过失》(裴程译)。南京：译林出版社。

Tarnas, Richard

1995　《西方心灵的激情》(*The Passion of the Western Mind*)(王又如
　　　译)。台北：正中书局。

Taylor, Charles

1990　*Sources of the Self*. Cambridge, Mass.: Harvard University Press.

2001　《现代性的隐忧》(*The Malaise of Modernity*)(程炼译)。北京：
　　　中央编译出版社。

Teilhard de Cardin, Pierre

1983　《人的现象》(*The Phenomenon of Man*)(李弘祺译)。台北：联经
　　　出版社。

Theohald, R.

2000　《社群时代》。台北：方智出版社。

Tönnies, Ferdinand

1988　*Community & Society*. (translated by Charles Loomis) New
　　　Brunswick, N.J.: Transaction Books.

Touraine, Alain

2000　*Can We Live Together?: Equality and Difference*. Cambridge: Polity Press.

Turkle, Sherry

1998　《虚拟化身——网路世代的身份认同》（ *Life on the Screen: Identity in the Age of the Internet* ）（谭天、吴佳真译）。台北：远流出版社。

Walsh, Roger & F. Vaughan

2003　《超越自我之道》。台北：心灵工坊。

Wilson, James Q.

1993　*The Moral Sense*. New York: The Free Press.

Zijderveld, Anton C.

1970　*The Abstract Society: A Cultural Analysis of Our Time*. Garden City, New York: Doubleday.

"结构"和"能动"的拿捏

一、前言

十七世纪笛卡尔（Descartes）曾提过一句脍炙人口的话："我思故我在。"笛卡尔要肯定的是人自身在与外界接触时的积极能动地位。在他的心目中，人的心智（或称思维体，*rescogitans*）与物质（或称外延体，*resextensa*）是上帝创造的两个独立存在体，各自有其领域。但是，人作为一个思考者，他有心灵（mind）与灵魂（soul），具备感官知觉能力，且有着理解事物的"理性"能力，这些是上帝圆满而巧妙地为人类所设计出来的本性（笛卡尔，1984:178）。很明显，笛卡尔这样的说法，一方面，证成了人作为思考主体时，处于其与世界之关系中的能动地位，另一方面，又可以使得人作为思考与行动主体和物（或任何其他人，乃至抽象对象）作为客体之间可以相互区隔开来。只不过，在上帝面前，这两者能够统协起来，构成一个完整的"知识性"关系。在此，特别要提示的是，笛卡尔这样的主客二元互斥对立的世界观，在因缘际会下，成为往后主导整个西方人之主流思考模式的基本骨干，其意义深远，影响所及无远弗届。

以笛卡尔所处之时代的欧洲社会背景来看，至少在思想的层面上，以上帝为最终之名来表达，还是社会中相当普遍的认知规范，甚至是"官方"（特别是透过教会系统）的要求。贝克即指出，即使到了十八世纪，哲士们（Philosophers）还是摆脱不了这样以上帝为最终之名的立论方式（Becker, 1969）。当然，随着人本之理性主义思想与实证科学精神的发展扩散，上帝在欧洲人心目中的地位日益动摇，在理解与诠释世界现象时，其原有的绝对神圣性也渐呈隐晦暧昧。结果是，"我思故我在"中那个"我"作为上帝之代言人的身份，也跟着日益受到质疑。重新思考统摄整合主客二元体的动力机制基础，于是乎就成为不能不思考的关键问题了。

　　基本上，当人本之理性主义思想与实证科学精神在社会里发酵后，"我思故我在"中之"我"的"理性"来源，逐渐走出了以上帝为名的庇荫，而很自然地转移到以感官知觉认知为本的"人"自身上面来了。然而，一旦人所具之"理性"的来源由上帝之手中转到人自身，这马上会使笛卡尔原先之主客二元的论述面临哲学存有本质论上的问题。在笛卡尔原先的论述中，人作为思维主体原本只是主客二元互斥之独立世界中两造的一造而已。它的"存有"地位基本上乃与外延客体是相对等着，并不能相互化约的。如今，让"人"的主体本身完全取代上帝原先所具至高无上的创造者地位，作为统摄并整合主客二元互斥对立之局面的主导者，将无疑地会使得整个论述的重心向着"人"倾斜。很明显，逻辑上，这样的倾斜，在存有论上，势必扞格了主客两造原应独立对等而存在的基本立场。因此，无论用怎样的方式来圆成，一旦以上帝作为最后之统摄主导者的信念的根底被刨掉，主客之间的关系如何被安顿，无疑地将是一个恼人的两难问题，而这正是现代西方社会学理论所面临问题的根本症结所在。

二、社会整合与系统整合——笛卡尔困境的重现

　　布里科曾指出，帕森斯在 1937 年出版的《社会行动的结构》(*The Structure of Social Action*) 一书中提及社会秩序所以可能的问题时，其实即意涵着笛卡尔之主客两难的困境了（Bourricaud, 1981:99）。有关社会秩序可能与否的论述，总是在类似自由 / 限制、理性 / 感性或个体 / 集体等之二元端点的拉锯中间徘徊着。事实上，帕森斯不是没有注意到这个两难的困境，他提出行动主愿说（voluntaristic theory of action）所为的，基本上，可以说就是企图化解这样的困境。然而，综观帕森斯的论述，尽管他在 1937 年以后的论著中一再提示着"主愿说"，并以行动作为论述的主轴，不过，当他从个体行动者的层面转移至群体性的（或谓社会的）层面时，其论述即为"制度"（institution）结合"体系均

衡"（system equilibrium）之宏观式的社会体系概念所笼罩着。如此一来，人的主愿性，透过规范和价值的社会化与社会控制两种社会机制的作用，事实上已被体系化的"社会"巨灵"客体"所消融了，虽然对帕森斯而言，规范和价值内化成为个体心灵的东西正是证成人之主愿性的要件。

无疑，这样的论述方式把人的主愿性集体化、"社会"化、伦理化，也应然例行化了。于是，"主愿性"这样的说法，事实上只是"人"成为社会既成规范和价值体系之俘虏的一种美丽托词而已。无怪乎，郎（Wrong，1961）会宣称帕森斯之有关"人"的概念是一个被过度社会化（over-socialized）的概念。这使得人们在实际社会生活中超乎社会既成规范和价值体系的制约范围之外所可能展现的主愿层面，对行动的可能决定性以及其所可能内涵的理论意义，完全被摆在一旁了。在帕森斯的心目中，这些展现的主愿层面基本上都可能是偏差而不正常的。如此一来，帕森斯以诸如结构自主（structural autonomy）、结构必然（structural necessity）、结 构 强 制（structural constraint）或结构制约（structural conditioning）等等概念巩固了"社会"（特别是"制度"）作为体系的客观自主性，同时也在有关"社会"的论述建构过程中，取得了不可动摇的先验性优先地位。

对帕森斯这样的论述立场，莫塞利茨即指出："在这个层面（按：指制度层面），它只展示体系如何形塑行动者的活动，却从未展示相反和相辅的过程，即：行动者的活动（特别是集体性的行动者）如何形塑社会体系"（Mouzelis, 1974:404-405）。这样的评论意涵着，在讨论人的行动时，我们事实上是无法避免触及意义诠释与行动本身所可能内涵的动能（agency）问题的。为此，诸多社会学者（包含莫塞利茨与下面将论及的）认为，我们可以把"能动"（或谓"行动"）与"结构"对应起来以分别代表主体与客体来处理。但是，我们也可以还是依附在"结构"这个概念的大伞下，包摄着"行动"此一具主体能动性的成分，让它代表结构的主观面向，并在传统强调"结构"具客观性的认知惯性中，把这一主观面向予以凸现出来。洛克伍德（1964）企图引进社会整合（social integration）与体系整合（systemintegration）两个概念来诠释、补饰，乃至批评帕森斯的"规范功能论"（normative functionalism）[1]，其实即是在这样的认知模式下进行的。

准此，洛克伍德所讨论的，事实上仍然是以"社会"作为一个具集体性之自存体对象本身。基本上，他接受了结构功能论者（如帕森斯）主张的社会整合说法，虽然他并不因此而完全否定或轻忽冲突或失整现象的可能性与其重要性。根据洛克伍德的原意，所谓"社会整合"涉及的是有关行动者（actors）间具秩序性或冲突性的关系，而所谓"体系整合"指涉的则是社会体系中部分彼此之间具相容性或不相容性的关系[2]（Lockwood, 1964:245）。姑且不论其内涵的适宜性，很明显，洛克伍德把行动者所组成且展现的实际关系构造和社会体系本身视为"社会"作为一个具集体性之自存体的两个基本成分。无论在概念分析还是现实实在上面，它们是两个独立自主的"实存体"，彼此相互奥援，也相互倾轧。[3]只是，他认为，规范功能论者所处理的"社会"，主要的乃有关体系整合的部分，忽略了以行动者为主体对象的社会整合部分。正相反，所谓冲突论者，如达伦多夫（1959）或雷克斯（1961）等人，强调社群间的冲突乃社会变迁的基本机制。他们着重的是具不同社会属性的人之间社会整合的问题，但很不幸的是，却把体系整合的面向相对地给忽略了。依洛克伍德的看法，在西方社会学古典理论传统中，或许，只有马克思的理论才称得上是唯一把两者并重的典型范例。

不管如何，吉登斯（1979:360）和莫塞利茨（1974:395; 1991:48;

---

[1] 此乃洛克伍德封给帕森斯的雅号，后来，学者如莫塞利茨（1974）与吉登斯（1979:87）沿用之，并进而包括了涂尔干的功能论。

[2] 莫塞利茨以"兼容的或不兼容的／矛盾的（compatible or incompatible/contradictory）关系"的说法，取代了洛克伍德原本所使用的"秩序性或冲突性的关系"的用词来形容体系整合（Mouzelis, 1997:111）。个人以为，莫塞利茨用这样的词语来刻画，远比洛克伍德的原有用语更为恰当，也更为传神，因此，在此把洛克伍德的原有用语予以更改了。

[3] 莫塞利茨站在不同的立场，主张社会整合和体系整合只是对同一个现象的两个不同观点而已（Mouzelis, 1997:113-114）。姑且不论他们彼此间立场的孰是孰非，这显然并不是洛克伍德的原意，而文本中所言的才是他原先的意思。关于他们彼此间在意指上的差异，留在下文中适当的地方再行讨论。

1995:117）两人对洛克伍德提出的此二概念，均给予相当的肯定，认为对社会学理论的发展有着莫大的贡献。针对传统结构功能论的体系说而言，这样的双元整合说至少具有两点意义。第一，它粉碎了帕森斯在论述上企图以内化概念形塑的主愿说来统摄主客双元的必然性与正当性。其"社会整合"概念的提出，指证了帕森斯"体系化"社会的说法，有过度客体化的嫌疑。而且，他意图指出的，事实上只是整个社会体系整合过程中（假若有这么回事的话）的片面现象而已。第二，此双元整合说，在粉碎了主愿说统摄主客双元的迷思之余，又把笛卡尔的主客两难困境以不同的姿态重新抬上社会学理论论述的桌面，再度成为争论的焦点。以行动或能动（agency）[①]作为主体面的代表，与以体系或结构作为客体面的代表，在概念上彼此之间展开了纠结的象征斗争，这正是下文中要处理的课题。

三、"能动"和"结构"作为二元性之表征的拿捏

吉登斯衍用洛克伍德此二概念的名分，但却顺着他自己的想法，在概念的内涵上做了一番修饰（Giddens, 1976a:362; 1979:76-81; 1984:139-144）。总的来看，吉登斯以"社会整合"指陈具目的之行动者的关系状态，而以"体系整合"指涉社会体系中作为集合体或体系之自身的关系情形。他对此进一步地说明道："我们可以定义社会整合乃有关在面对面互动层面上的体系性（systemness）；体系整合则是有关社会体系或集合体间之关系层面的体系性"（Giddens, 1979:76-77）。于是，"社会整合"被认为是处理行动者彼此间自主或依赖的互惠关系，而"体系整合"处理的则是群体或集体间自主或依赖的互惠关系。然而，面对面互动并不等于意指小团体或代表缩型的社会，否则的话，所谓较为概括的社会体系或社会则势必要被了解为乃是变大了的社会关系。因此，吉登斯如

---

① 大多数的学者们似乎把这两个词语当成同义词使用，没有严格加以区分。后来，阿切尔（1995:247-293）才明显地加以区分，对此，在此，暂不论述。

此对"社会整合"与"体系整合"进行的区分，并非和一些美国社会学者与其同路人（如 Knorr-Cetina, 1981; Eisenstadt&Helle, 1985; Helle & Eisenstadt, 1985; Fielding, 1988; Alexander, Giesen, Münch&Smelser, 1987）。所喜好的所谓"微观"与"宏观"的区分相对应。① 毋宁说，两者的区分的关键在于特定空间、时间和实际之人所呈现的意义是否被强调上面了（Giddens, 1979:77; 1984:142），而这也是区分吉登斯之所谓"结构化"论（theory of structuration）与其前之结构论或功能论的关键所在。

吉登斯以具动态的"结构化"说法与其前之结构论（包括结构功能说、结构马克思主义和现代结构主义）区隔开。他自认其论之不同于前者，乃在于不把社会关系与实作的再生产，当成是结构自身内涵之逻辑的机械性运作结果，而是一个具主动组构能力的动态过程。此一主动组构能力乃由具主动动能性的主体（subjects）之作为所完成并且也予于包含着（Giddens, 1977:121）。借用吉登斯的术语来说，即传统的结构论者一直对人们的实作意识（practical consciousness）缺乏认识，而且也未能在论述上给予一定的肯定地位（Giddens, 1987:62-63）。尤有进之的是，这因而使得他们忽略了时间和空间对形塑社会结构的重要性（Giddens, 1979:45748）。转换为上面的概念来表达，这也就是说，传统的结构论者所看到和强调的只是跨越时空（因而也就跨越了行动者）范畴的"体系整合"而已。他们压根儿就忽略了为特定时空所制约，且取决于行动者自身之意识与抉择的"社会整合"面向，因此甚至否定了行动者自身的存在意义与具决定作用的可能性。吉登斯也以同样的理路批评行动哲学者（与大部分的诠释社会学者）。他认为，这些人只处理了行动者的生产面向，忽略了结构分析的必要性。因此，与结构论者正相反，他们充其量只看到了"社会整合"面向，但却置"体系整合"的可能性于不顾（Giddens, 1977:12-21）。

在对结构论与行动论左右开弓地予以批判之后，吉登斯宣称：社会结构基本上乃由人之能动（或谓人作为能动施为体）所组构，但是，它

---

① 有关吉登斯对此一区隔的讨论，参看 Giddens（1984:139）。

同时也是此一组构所以可能进行的根本介体。这也就是说，结构不只是对行动施为有所限制，更重要的是，也同时施予以促动（enabling）的作用。因此，作为介体，结构这样的能动性，提供给行动施为一定的规则和资源，使得他们可以反过来重新组构或再制原先的结构状态，而呈现特定的结果形态。这也就是说，组织人们之行动的结构并不在能动施为之外，它乃内涵在行动的生产和再生产之中。于是乎，"结构并不'外在于'个体：以涂尔干的方式来看，就有如记忆轨迹与在社会实作的当刻下，结构，就某个角度，与其说是外在，不如说是内在于人们的活动之中"（Giddens, 1984:25）。这就是他所提出有名之行动和结构互扣互摄，且结构既是介体又是结果的"结构双元性"（duality of structure）。

很明显，在吉登斯所宣称之如此一般的结构双元性的"存有论"基础下，结构只是以"结构特质"（structural property）的名分存在着，基本上，它乃组成社会体系的衍生性规则和资源。因而，结构经常被用来反映社会体系的性质，而且是跨越特定时空范畴的普遍性特质。然而，对吉登斯而言，社会体系却又可以看成是行动彼此之间互依互赖的展现形态，具备了三个特性:（1）具均衡性的因果回圈（homeostatic causal loop）;（2）透过回馈作用的自我规约（self-regulation through feed-back）;（3）具反身性的自我规约（reflexive self-regulation）（Giddens, 1979:78）。就在这样的前提的支撑下，这无疑宣告着，结构乃指涉"社会分析时，于社会体系中时间与空间的联系，也是使得可辨识的类似实作可以跨越时空范限赋予'体系形式'（systemicform）的性质"（Giddens, 1984: 17）。很明显，这样的动态结构观走出了传统结构功能论之有机体比拟的均衡结构迷思，乃与索绪尔（1960）之结构语言学的论述较接近。易言之，在吉登斯的心目中，结构乃有如神话或语言表达等等之种种表面呈现的内在讯息或符码（参看 Bryant&Jary, l991:11）。或许正是因为如此，吉登斯才会宣称:结构指涉的基本上是规则与资源。不过，诚如上述，就吉登斯的观点而言，结构却也同时为行动者的能动施为所组构，而这正是结构主义者常所未及注意与承认的。

于是，行动与结构作为任何社会体系所具有的双元性质，其间的区隔与关系的建立或过渡,具体而微的关键乃表现在"时间－空间"所编织之轴线的关系上(Giddens, 1979, 1981, 1984)。用句最简单的话来说,跨越"时间－空间"轴线与否是区分行动与结构两种样态的基本判准。任何行动(因此,能动施为)都必然是在一个特定的时空中产生和运作,并且以跨越"时间－空间"轴线的既成结构形态为条件。然而,相对地,跨越"时间－空间"轴线的既成结构形态,也可能为产生且运作于一个特定时空中的行动或能动施为所重新组构或再制。

显而易见,以上的论述意涵着,"社会整合"乃与行动或能动施为的产生和运作相互扣联着,而这个动力则是来自行动或能动施为者对其行动意向所具有的反身性监侦能力(reflexive monitoring of action)。对吉登斯来说,行动或能动施为者所具有的知识能力度(knowledge ability),乃是决定反身性监侦能力的关键因素(Giddens, 1979:53-59; 1984:5-14; 281)。至于,论及结构时,很明显的是,我们则必须假定有一些基本价值以稳定支撑的姿态与之整合搭配着(参看 Holmwood&Stewart, 1991:96)。于是,"体系整合"需要仰赖既成结构形态所内涵之资源与规则的合理运作来予以保证。这么一来,"体系整合"的良窳与否取决于事件因果律(eventcausality)的合理性,并以"社会整合"是否适当地搭配为要件;而"社会整合"能否顺利地运行,则端看能动因果律(agency causality)的效用性,它倒转过来以既成之"体系整合"的状况为归依(参看 Giddens, 1976:84-85)。

职是之故,对"时间－空间"关系的掌握,成为吉登斯区分,也是扣联行动与结构(亦即社会整合与体系整合)之双元性的关键。对此,有三个观点值得特别一提(引自 Bryant&Jary, 1991:13):

(一)强调时空关系乃内涵着,在所有社会关系的组构中,结构主义与功能主义所缺乏的,乃因忽略了与区分贯时性和共时性有关的时间和能动施为概念(Giddens, 1979:3)。

(二)如维特根斯坦或俗民方法论者所指出的,把"时间－空间"关系引入社会理论,乃指陈着结构是在特殊脉络之下被生产和再生产出来的。因此,结构乃社会互动与体系的当刻之下运作所生成和

呈现的状态。它不但被安置在时空作为外在于社会关系的环境之中，
也同时为其所形塑。再者，它更是反过来形塑了时空的社会内容，
而使自身内涵在社会关系之中。

（三）因此，所谓"结构化"乃指"依着结构双元性的特质，社
会关系乃跨越时空范畴一直在进行着结构化（structuring）的过程"
（Giddens, 1984:376）。援引证释学的说法，这即进行着双重证释
（double hermeneutic）的过程（Giddens, 1984:284-285）。

用吉登斯自己的话来说："所谓结构化理论，并不是处理相对于社会
限制，自由行动如何可能的一般性问题。其所处理的，毋宁只是提供二
个概念性的工具，用以分析具反身性之组织化行动（reflexively organized
action）与真制度性之限制（institutional constraint）间细致且敏锐之互
扣互摄的情形。"（Giddens, 1991:204）

Mouzelis 曾经指陈，Giddens 对"社会整合"与"体系整合"两概念
的使用，与洛克伍德的原意有所出入，而且基本上是错误的（Mouzelis,
1991:31-34; 1995:196 注 44; 1997）。事实上，吉登斯自己也明白地指出，
其用法是不同于洛克伍德的原意的（Giddens, 1979:270 注 157）。在此，
我们暂且不去理会吉登斯对"社会整合"与"体系整合"两概念的使用
是否恰当，也不在乎他是否扭曲了洛克伍德原先创用时的基本意涵，有
一点可以肯定的是，吉登斯这一切论说所希望剔透的似乎已经很明白。
他于接受西方社会学传统中早已几乎普遍肯定之具体客存的"结构"概
念外，又引进了具主动性之能动改变力的"行动"（"能动"）概念。如此
一来，"行动"（或"能动"）乃与"结构"成为任何社会性实体的一体两
面特质，彼此之间互相搓揉摩荡，以形塑出此一具体系性的社会集合体。
这样把"行动"（或"能动"）与"结构"一体两面化的说法，正是后来
莫塞利茨与阿切尔以为窄化了整个议题的关键所在。有关此一见解，将
在后文中再进行讨论。在这之前，先让我们看看也采用洛克伍德这两个
概念的另一个学者——哈贝马斯，如何进行他的论述。

四、体系与生活世界的交汇

依据哈贝马斯的观点，"社会整合"指涉的乃是制度的体系本身；于其中，言行之主体（speaking and acting subjects）具有社会性的关系，而此一体系所指的则是具象征结构化的生活世界（life-world）。相对于此，"体系整合"乃针对一具自我调整能力之体系的引导执行（steering performance）而言。以此概念架构为基础，所谓"社会体系"，于是乎乃由其对多变且复杂之环境所具维续其范围和持续存在的能力来审视（Habermas, 1975:4-5）。

与前述的吉登斯一样，哈贝马斯这样使用"社会整合"和"体系整合"的概念，很明显已经远离了洛克伍德原先的指涉，也背离了他原创时的意图。大体上，哈贝马斯的使用有两个意思：其一，这用来彰显一个"社会体"中的生活世界与体系，作为两个相互独立之次实体，其对张性是自明的。在《沟通行动的理论》（*The Theory of Communicative Action*）一书中，当他以现代社会中生活世界和体系非相互对应，或谓生活世界已被体系所殖民化（colonization）为主题来讨论时，这样的二元对张之次体系论的立场，即相当明显地表露出来（Habermas, 1987）。其二，他如此一般地使用这两个概念，基本上是企图融入帕森斯的 AGIL 体系说，以完成一个在论述逻辑上更加完备的体系论，尤其是行动的体系说。对此，哈贝马斯这么说：

> 从生活世界的观点来看，我们是以社会的规范结构（价值与制度）为主题的。我们从它们在社会整合之功能上的依赖角度来分析事件和状态（使用帕森斯惯用的词，即整合 [integration] 和模式维续 [pattern maintenance]），而体系中非规范性的成分则当成是限制条件（limiting conditions）。从体系的观点来看，我们则是以社会之引导机制和可能随制的范畴所可能延展的程度（the extension of the scope of contingency）[①]为主题。我们乃从它们在体系整合之功

① 随制的德文原字是Kontingneeezpielraum。根据哈贝马斯此书之译者托 （转下页）

能上的依赖角度（使用帕森斯的词，即适应 [adaptation] 和目的达致 [goal attainment]）来分析事件和状态。在此，目标价值被当成是资料来看待。假如我们把社会体系当成生活世界来理解，那么，社会实在这样一个事实，就不列入考虑了，而此一社会实在乃由一些可辨认，但却常和事实相左之效度宣称的事实性（facticity）所包含着（Habermas, 1975:4-5）。

于是，在哈贝马斯的心目中，"社会整合"和"体系整合"乃代表着处理社会秩序时两个有关行动统合之不同机制的运转状态。从"社会整合"的角度来说，行动的统合乃依据行动者所具"规范上安全或沟通上可成的共识"来完成，着重的是社会世界的内在、能动取向的立场。至于"体系整合"指向的，则是社会世界穿透且超越行动取向的外在、结构性立场，其机制乃立基于诸如金钱和权力等等这类多少自动地规约着行动之具体系性的引导媒介（systemic steering media）。就此，行动的统合乃靠着存在于行动者背后的体系性机制来保证，而此一机制并不必要依赖规范性的同意或相互了解来证成（Habermas, 1987:117）。

这么一来，以"社会整合"为基础的"生活世界"和以"体系整合"为骨架的"体系"作为自主体，在逻辑上乃可以看成是相互独立的实体性范畴，两者之间可能存在着不栓连的（uncoupling）情形。这样的不栓连情形首见于上述两种行动统合类型的分化之中。其中之一即来自那些涉入者的共识；另一则透过行动的功能互连而达成。因此，体系整合的机制乃附着在行动的后果之上（Habermas, 1987: 186-187）。

────────────

（接上页）马斯·麦卡锡的注解（第148页），他引述哈贝马斯和卢曼的话，指出：具意义之经验的社会附带发生条件，乃只不过泛指无限之世界组合体的一个面向，它必须经由体系的形成来予以化约。从体系理论的角度来看，世界之社会附带发生条件必须透过复合体再重新定义。因此，复合体乃是世界中诸事件和状态，或一个体系之诸状态的量度。借着其所具稳定范围、体系形成，且维持较少数量的复合体，体系的秩序因此较其环境更易掌握。易言之，所谓社会附带条件，乃是于世界复合体中近乎无限之成分当中，经由特定选择方式所凝聚抽取出来之有限的一部分而已。借用韦伯的语汇来说，即它具有选择性的亲近（elective affinity）的意思。

　　很明显，当我们如哈贝马斯一般地把行动统合的机制与特定的制度领域相比附时[①]，这似乎意味着，我们找不到经济（A）和政治（G）的生活世界。反之，我们也难以认定出社会（I）和文化（L）的"体系"机制来（参看 Mouzelis, 1992; 1997, 116）。这一切之所以如此，基本上可以说是因为，把生活世界和体系当成一个较大社会实体中两个相互独立，但却又互扣关联的实际场域看待，并且，它们不时地相互对立着。莫塞利茨就以为，如此一般之实体二元性的说法，也一样地在吉登斯的行动/结构之二元性的论述中看得到（Mouzelis, 1989, 1992, 1997）。如此说来，不管就吉登斯或哈贝马斯而言，正是这样狭化了社会集合体之二元性质的论点，让他们误解了洛克伍德使用"社会整合"和"体系整合"两个概念的原意。然而，话说回来，难道只有维持洛克伍德的原意，才真正地有着深刻的社会学意涵，值得予以重视，并加以延伸吗？这样说来，这正是莫塞利茨一直以捍卫洛克伍德之概念的原意为其职志的根本所在，当然，也是值得我们进一步探问的地方。

五、从二元性到二元论的提问——莫塞利茨的层级说

　　依照莫塞利茨的意思，"社会整合"和"体系整合"两个概念的区分指向的，乃关涉考察社会世界的两种基本方式：一是从能动施为的观点；另一则是从体系的立场。这也因此扣联着用以了解社会秩序和失序的两种机制：（1）行动者之间的合作和冲突；（2）制度间的相容与否（Mouzelis, 1997:118）。因此，其所具之意义并非如吉登斯所强调之二元性的特质而已，而是必须再兼顾到主体－客体二元论所可能开展的意涵。尤有进之的是，这样的论述原貌也一样地并不是如哈贝马斯所运用的样子。Mouzelis 即明白地指出：

---

　　① 亦即，以"整合"（integration, I）和"模式维续"（pattern maintenance or latency, L）此二次体系比附地代表具"社会整合"的生活世界；而以"适应"（adaptation, A）和"目标达致"（goal attainment, G）等二次体系比附地代表具"体系整合"的体系。

哈贝马斯对社会 -/ 体系 - 整合的再予以形式化，基本上仍然保留着洛克伍德之能动 / 体系（亦即内在者 / 外在者）观点，但是他从此一观点所衍生的整合机制，却是以相当混淆的方式，与特定的制度领域扣联上（体系性的引导媒介扣联着经济和政治，而非体系性的引导媒介则扣联着其他）。至于吉登斯，则于不遗余力地超越社会科学中之客观 - 主观主义的努力当中，排斥了洛克伍德和哈贝马斯之内在者 / 外在者的观点。为了达到这个目的，他使用社会 -/ 体系 - 整合的区分来认定两种行动者互惠的类型，而以此二类型来符应限制性的（即微观的）与延伸性的（即宏观的）时 - 空距轴。可惜，他做得并不是很成功。不仅，他把共时呈现与限制性的时 - 空联系在一起，极有问题，再者，他也被逼得必须以相当不一样之专有名词的外貌来接续洛克伍德原先的区分（如以策略行动和制度分析的方式来分析）（Mouzelis, 1997:118）。

基本上，在莫塞利茨的心目中，洛克伍德之内在者 / 外在者观点乃与"社会整合"和"体系整合"概念相互环扣着。从分析策略的角度来看，这是不可或缺的。尤其，这又是化解传统结构功能论和马克思主义两造间所以纷争的基本关键概念之所在，更是不能不正视的（Mouzelis, 1997）。

就在这样的前提支撑下，首先，莫塞利茨认为，当我们把社会当作一个体系看待之际，帕森斯的 AGIL 体系说的确有着一定的意义。诚然，以 AGIL 的功能来看待社会结构是足以彰显"体系"所具有之制度性规范或价值是否相容的逻辑。但是，倘若如帕森斯所做的一般，企图以 A，G，I，L 四部门之体系性的思考方式，一再如法炮制，且像剥洋葱皮般分别依次地去剖析着 AGIL 四个次体系，那就有待商榷了。莫塞利茨之所以如此认为，乃是因为 AGIL 次体系的说法其实只是一种具分析范畴性（analytic category）的解释策略，它们并不是具体而实际存在的次集合体，单次地使用来解释社会体系，在分析策略上是具有正当性，可以接受的。但是，一再地以具层次性的分析范畴来解释较高一层的同一性质的分析范畴，就不妥当了。因此，乃因 AGIL 次体系本身的存在并没有必要具备社会体系如此一般的功能要求，它所真正需要的，毋宁说是实际行动之能动施为的可行性问题（Mouzelis, 1995:88-90; 134-147）。否则的话，以 AGIL 四个功能一再依次分层地剖析下去，行动施为的能动动力即将在结构的"功能"一再分化之下被撤销掉了。正是这个缘故，为了彰显行动施为的主体能动能量，"行动"和"结构"，亦即"社会整合"和"体系整合"，就在这儿有了接榫的可能。平心而论，莫塞利茨这样的立论是值得激赏的，的确相当具有启发性。

对莫塞利茨而言，行动（能动施为）与结构之间的关系并非只是犹如吉登斯所以为的，乃代表着针对一个社会体系或社会世界所可能展现互扣且对张之一体两面的二元性而已。他认为，吉登斯之结构二元性的说法所面临的困难，在于其所触及之"能动-结构"关系的内涵并未穷尽了与规则和资源面对时，行动者可以且已具有的可能取向类型。因此，吉登斯所未能，且未及处理的，正是让他自己所强调的双重诠释过程滑溜掉了。基本上，行动者（或观察者）并不只是对结构从事一度诠释，更重要的是，他也可能同时进行着二度诠释。莫塞利茨称呼这样的进行二度诠释为策略/监侦取向（Mouzelis, 1991:29）。换句话说，行动者（尤其观察者）可以把自己暂时从实际的结构情境中抽离出来，以第三者的身份来看待当前此刻的既定结构。在此，主体和客体是明显对立起来的二元体，亦即：此时"行动者作为主体乃与规则（按：即指结构之基本特质）保持一定的距离，以便视它为客体，要求进行策略性的干预"（Mouzelis, 1991:29）。

为了帮助了解，在此，让我们借用莫塞利茨所引用的一个例子来加以阐明。他说，譬如，一对夫妻在他们的日常婚姻生活中，可以如吉登斯之二元性所内涵的，让行动和结构相互渗透地使他们以理所当然的方式来生产或再生产规则。此时，结构既是媒介，也是结果。但是，当如女权主义者在提倡女权，或宗教领袖在鼓吹传统家庭价值，或财政官员在考量修改财产继承规定，或国会议员在考虑修订离婚或堕胎法律时，其所具策略/监侦取向的行动则超出了二元性的概念范畴了。此时，行动者作为主体，乃以保持距离的方式和婚姻有关的结构规则对立了起来。（Mouzelis, 1991: 30）

　　对莫塞利茨来说，这么一来，"社会整合"和"体系整合"除了是一体的两面以外，又可以是两个接续阶段的机制运作特征。这也就是说，在二元性之外，又可以加进一个所谓二元论（dualism）的思考空间。再者，除针对主体与客体的对偶提出二元性 / 二元论之外，莫塞利茨也如吉登斯一般，借助洛克伍德的内在者 / 外在者观点，再以另一向度的立场，对"社会整合"和"体系整合"的概念提出了所谓"联组 / 项类"（syntagmatic-paradigmatic）的二分层面。这搭配着二元性 / 二元论的区分，形成了四个可能的组合，即联组二元性或二元论以及项类二元性或二元论。如此，莫塞利茨自以为可以把吉登斯单纯的"行动 / 结构"二元性的说法往前又推进一大步。

　　行文至此，让我们综合以上所说的，再进而就莫塞利茨自己的立场，分别对所谓主体 / 客体二元论与二元性提出较为正式的说明。简言之，主体 / 客体二元论指涉的是，从行动参与者或观察者的观点来看，主体和客体之间具有距离的诸多情境，而二元性指涉的则是诸情境，于其中，对行动参与者或观察者而言，主体和客体之间的距离趋于减弱或消失（Mouzelis, 1995:156）。至于，对"联组 / 项类"此一二分的层面，莫塞利茨一样地以行动参与者或观察者的立场为出发点来界定其所指涉的内涵。他说："所谓行动者在联组层面的取向，乃是在一定时空中与其他行动者相关联着，其焦点在社会整合的议题上面。另一方面，在项类层面上之行动者的取向，则展示其对某一制度规则之虚拟秩序的关系，也就是：它们指向制度分析或体系整合的议题。"（Mouzelis, 1991: 61）搭配着主体 / 客体二元性与二元论的向度来看，表现在联组层面的主体 / 客体二元论，即意指着诸情境其所呈现的结果未受参与其中之主体行动者明显且严重地影响。相对地，在这个层面的二元性即意指着相反的情形。同样地，当处于项类层面的主体 / 客体二元论状态时，为了策略或监侦的理由，行动者可以使自己和规则保持距离。然而，当他们以理所当然的方式使用规则时，即是使得项类层面的主体 / 客体处于二元性的状态之中（Mouzelis, 1991:156）。

　　很明显，在莫塞利茨的眼中，当社会作为思考对象时，从行动参与者或观察者（特别是前者）的立场出发来关照，是不可或缺的。这样的主张不无是针对着传统结构功能论者过度侧重结构自主性的"偏失"而来的。尤有进之的是，在抬高了行动或能动施为的主体性以作为论述和分析焦点的情况之下，莫塞利茨进一步借助了层级（hierarchy）的概念，以化解那些过去已有，且他深以为不妥当之处理"行动－结构"的做法。当然，他也借此更进一步地开展出他自己的理论论述。

　　首先，他把社会互动当成戏局（game）来看待，并回顾过去社会学理论的讨论，得出了三个层次的论述立场，分别为位置的（positional）、列置的（dispositional）和互动－情境的（interactive-situational）取向。其中重要的代表人物分别是帕森斯、布尔迪厄及米德，加芬克尔或戈夫曼。就强调位置取向者而言，其所持的立论立场基本上即是向"社会角色"单面地倾斜；亦即，透过社会化（尤其是内化），行动者学习社会既定的规范，向"社会"此一既存的巨灵靠拢，以成就作为"社会人"所规约设定的角色。这也就是上文中提及郎（1961）批评帕森斯之说乃过度社会化的意思所在。其次，采取列置取向立场的则以为，人并不是迹近完全被动地受社会角色的既有规范完全宰制着。事实上，人们尚保有相当的个体自主空间以左右自己的行动。倘若我们以布尔迪厄的"惯域"（habitus）说法为典范来代表这样的取向的话，其对"惯域"的定义即可以用来彰显此一论点的要旨。简言之，所谓"惯域"指的是：

　　　　一组持久，但却可移位之禀性的体系，或谓已先存列，且可充作进行形塑结构（structuring structures）之功能的已组构成的结构（structured structures）；亦即：作为可以不必膺服于法则，即能客观地被规约和具规约作用的实作与表征之衍生和建构化的原则，惯域乃在不必预设有意识的朝向目的，或对获致此等目的之必要操作有着明快的操控的情况下，客观地向这些目标调适。同时，总结这些的，犹如在没有指挥的引导下，弦乐团仍然可以集体和谐地演奏一般（Bourdieu, 1977:72）。

　　因此，"惯域"虽然基本上有着几乎可以说是客观自存的持久特性，但只有依附在一个能动施为体上，将其作为介体，这样的特性才能彰显出来。至于这个介体，可以是活生生的个人、群众或制度化的科层组织。

从表面上来看，这样依附于能动施为体的特质似乎说明着，"惯域"是因人，也因时空的转移而异的。从某个程度来说，这样的说法是可以接受的。然而，在布尔迪厄的观念里，"惯域"往往为外在的场域（fields）所制约，其样态不但持久，而且甚至比正式法则与明确规范还可靠。以布尔迪厄的概念来说，它乃受制于诸如阶级（class）这样的外在场域（Bourdieu, 1990:54），而这可以从其对法国人的文化消费品位、法国的教育体制与法国学术界等等之研究中的论述明显地看出（Bourdieu, 1984, 1988; Bourdieu&Passeron, 1970; 同时参看 Wilkes, 1990:130）。

显而易见，这么一来，"惯域"成为一个明显地被外在化、客体化，甚至对象化的结构性"东西"（thing），只是在内涵于社会角色之制度化规范与价值之外，它尚受制于能动施为体个别的过去经验，而且这样的过去经验扮演着十分重要且关键的决定性角色（Bourdieu,:1990:54）。只不过，在这中间，行动者并不一定清楚地知觉到内涵于各种实作中的所谓"衍生企划"（generative schemes）而已。如此一来，在布尔迪厄的眼中，"惯域"于是乎成为一个共享有相近之社会化过程的人们共有的结构性样态，它有了涂尔干所谓自成一格（sui generis）的自主性质。莫塞利茨指出，布尔迪厄这样的"惯域"概念和列维·施特劳斯之隐藏符码的概念有着亲近性，只不过，"惯域"并不像隐藏符码一般，是潜意识的，而且也不是依附在结构内涵的先验性理论逻辑之下，其所依附的，是他所谓的实作逻辑。

根据莫塞利茨的意见，在这样的情形之下，"惯域"的概念倒比较像处于索绪尔之结构语言学中所谓的"语言"（langue）与加芬克尔所谓在言谈（parole）层次上操作的俗民方法（ethnomethods）之间。对此，莫塞利茨提出了进一步的阐述："惯域"此一主张从索绪尔的"语言"概念采撷了"非意向或非理论性之知识/觉知的概念"，而自加芬克尔的俗民方法上面，则采撷了"贯联着联组和项类二层面实作技术"（Mouzelis, 1995:109-110）。然而，不管如何，如布尔迪厄这样之"惯域"的列置性概念，依莫塞利茨的看法，基本上是一种强调社会阶层效应之客观主义的主张，他忽略了人作为行动主体所可能具有的自主契机。因此之故，这与米德与戈夫曼所代表的象征互动论者或现象社会学者如 Schütz 等人强调互动情境的主张相抗撷（Mouzelis, 1995:113-114）。

尽管莫塞利茨对强调互动情境的象征互动论者、现象社会学或理性选择论者（Coleman, 1990）均有所批评，然而，他仍然援引着他们的主张，用来支持他对人作为行动主体所具之主愿性与能动性的肯定。就在这样的肯定之下，莫塞利茨肯确地认为，在任何的社会戏局当中，位置的、列置的和互动－情境的三个取向应当同时并重地加以考虑，而且更进一步地应当以层级的方式来进行分析。其所施及的，不只是科层制度化的各种组织（即体系整合的面向），而且也适用在行动者本身（即社会整合的面向）。他因此依其在载具阶层性的社会群体中所占的位置和可能具有的社会资本或权力之大小（特别是表现在制度化组织者中）①，把行动者分成宏观（macro）、中观（meso）和微观（micro）三类。所谓宏观的行动者指的是具有重大决定能力的行动主体；这又可分成两种：其一，借由民主或非民主的代表方式形成之具有决定权力的集体行动者（collectiveactors）；其二，单一个体立基于政治、经济或文化上所具有的权力，足以使其决定的结果广泛地为人所感知的巨型行动者（mega-actors）（Mouzelis, 1991:106-109; 1995:141-146）。因此，宏观行动者所指的，往往是在社群（尤其是科层组织）中的权力或地位居高位者。至于中观行动者指涉的则属位置在中间者；对此，莫塞利茨只列之，几乎没有任何着喙。最后，微观行动者指涉的乃是在社群（尤其是科层组织）中位置低微，不足有巨大影响力者。

上述的概念架构配合着联组二元性或二元论以及项类二元性或二元论的概念，莫塞利茨于是宣称：

在科层组织化的层级脉络中，对层级上居低权威位置的参与

---

① 莫塞利茨在 1995 年出版的《社会学理论：错在哪里？》（*Sociological Theory: What Went Wrong?*）一书中，才改采布尔迪厄的"资本"概念来刻画行动者之主控能力的大小，而这并未明显地见诸他先前的著作中。不过，他对布尔迪厄的资本类型，尤其是象征资本，有着不同的意见，并且严加批评（Mouzelis, 1995:200-201, 注 24）。

者，居高位者所玩弄的戏局，相对地乃是在他们之外的；亦即，没有展性的（联组二元论）。相反，在他们自己所属的权威层次或更低者中所玩弄的戏局，则较少是外在，也较具有展性（联组二元性）。就参与者对科层规则之虚拟秩序的取向，项类层次的情境正好是相反。在此，被低层级的参与者视为理所当然，且当成手段／资源的规则，却倾向于变成居较高位之参与者进行分析和从事策略性操弄的议题。这也就是说，在其他事情维持一样的前提下，面对透过管理强加上来的规则，一般人的位置承担了项类二元性，而在科层层级中居高位者所玩弄的戏局则对出了项类二元论[①]的场景（Mouzelis, 1995:141）。

行文至此，姑且不论莫塞利茨这样的层级论是否有进一步再斟酌的空间，至少，他以不同类型的行动者具有不同影响力，尤其特别强调宏观行动者之影响力的说法，为行动者作为能动施为主体这样的立论开启了一片值得进一步讨论的空间。当然，他也同时踏在帕森斯、布尔迪厄、洛克伍德、吉登斯与哈贝马斯等人的肩膀上，往前迈进了一大步，这是值得肯定的。

六、分析二元论的提问——阿切尔的形态衍生说

以二元论立场批判吉登斯的二元性说，除了莫塞利茨之外，不能不提到阿切尔的形态衍生（morphogenesis）的说法（Archer, 1982; 1988, 1995）。对阿切尔来说，虽然"行动"（或能动施为）与"结构"彼此之间互相渗透，但却各自有一定的自主独立性。因此，其情形并非如鲍曼（1973）或吉登斯（1976b; 1979; 1984）所言的，彼此之间乃具互相组构

---

① 此处莫塞利茨的原文用的是联组二元论，很显然，这是误植。笔者不揣简陋地把它纠正过来。

（mutually constituted）的二元性而已 ①（Archer, 1988:78）。阿切尔即指出，此一互相组构的看法，其实乃意指着社会世界里自存有"一全盘性的矩阵，其中所有意义的截切面和社会实作 ② 之每个特征相互纠结着。在如此互相组构而具整体性的版本中，每个互相组构之元素的诸性质是互相独立的，但是，一旦被插入矩阵，且与元素组成的整体交错指涉时，此类的诸多性质就丧失了地位"（Archer, 1988:77）。说得更平白些，对阿切尔而言，这即意味着吉登斯的说法十分奇怪，因为当把"行动"（或"能动"）与"结构"当成是一体的两面时 ③，两者事实上即是分不开的。因此，其所谈的，不但是同一件事情，而且往往必须假设先有一个先验性的混合体（amalgam）如是地存在那儿（Archer, 1995:93）。

于是，对吉登斯二元性的主张（鲍曼亦同），阿切尔以中央镕接论（theory of central conflation）来称呼（Archer, 1988; 1995; 1996）。这意涵着，此论所设立之先验式混合体的矩阵本身虽只是一种假定，但却具有无与伦比的贯联性作用，否则，每个社会实作就无法适当地嵌入矩阵整体这样一个符号体当中。准此，阿切尔认为，这样的说法犯了文化整合的迷思（the myth of cultural integration），着重的是秩序与秩序化的本身，而不是秩序与秩序化所以形成的社会化（socialization）和深嵌化（indoctrination）过程（Archer, 1988:76-77）。继而，阿切尔发现，当吉登斯做了如是的主张：在互动产生过程中，行动者使用其已有知识仓储内的标准化元素来指导行为的时候（Giddens, 1979:83），他其实即已使"行动"与"结构"相互预设了；亦即，当行动者的诠释样态形塑了具

---

①　事实上，阿切尔在此讨论的主题是"文化"。她把它分成两个基本上独立，但又互相渗透的部分，分别称之为"社会－文化"层次（socio-cultural level，简写为 SC）与"文化体系"层次（cultural system level，简写为 CS）。此二层次所意指的与哈贝马斯的"生活世界"和"体系"的说法十分接近。尤其，往深处看，其所内涵的，其实即分别是"能动"和"结构"。这在她 1995 年的著作中看得更为清楚。

②　前者乃意指她所谓之"部分"（part）的"结构"或文化体系（CS），而后者则指涉她所谓之"人们"（people）的"能动"或"社会－文化"（SC）。较为详细的说明，参看阿切尔（1995）。

③　参看克雷布（1992）、莱德尔（1981）与汤普森（1989）等人对吉登斯之论述的批评。

互为主观性（intersubjective）之知识的核心成分时，这事实上即已意味着，在互动过程中，一个可预期的意义范域（如依附在"角色""地位"或"规范"等的既定结构形式下者），也必须是透过互动过程，本身才可能产生作用，也才得以支撑下去。于是，阿切尔论断，只有在行动者于特定具体的时间当刻从事生产和再生产时，"结构"才存在。"因此，结构变成以现在式姿态出现之能动施为体的责任，但却远远地被抛离在问号飞溅出来之最后水滴的后面。"（Archer, 1995:99）这也就是说，在阿切尔的眼中，根据吉登斯的论述理路，在理论上，我们是无法允许"结构"（按：指如角色、规范、地位或关系等等）先于"行动"当刻而存在着，而反之亦然。于是，阿切尔论断，如此一来，两者既无各自独特的自主性，也不能互相化约，而是无法区分地紧凑（compacting）在一起。最终，充其量，它们顶多是共存、共同决定罢了[①]（Archer, 1996:68）。

　　以阿切尔这样的评述作为前提，很明显，吉登斯所谓的结构特质，无论是就其作为媒介或效果的立场来看，事实上乃与"行动"或"能动施为"具共时性，而且均受一个或一些被假定是既成的标准化象征（即

---

　　① 就我个人在写完此篇论文之后经过一再反思而持有的观点来说，基本上，阿切尔在此对吉登斯的论述理路所做的评论并没有太过离谱，她是把整个"微分"分析策略所开展的基本论述理路的特点说出来了。只是，她并没有意识到：（1）她自己的分析策略是摆在"积分"的面向；（2）吉登斯的论述理路是属于"微分"的面向；（3）强以"积分"的面向来否定"微分"面向在理解有关"行动／结构"之议题时所可能内涵的意义，是不公允的。针对"行动／结构"的论述，所谓"微分"的立场，指的是，采取横剖的方式来审视时空状态，强调的是具当刻瞬间，且呈现在细片空间的"动势"性，情形就有如对任何"行动"或"结构"进行"微分"处理一般。因此，倘若行动（或谓能动施为）与结构作为两个决定存在于当刻瞬间之细片空间的基本"动势"概念元素的话，那么，它们必然是要同时并地相互影响。如此说来，正是因为阿切尔忽略了吉登斯所持"微分"分析立场的"动势"概念中内涵的"当刻瞬间性"，她才会提出上述以及后面将援引的种种批评。至于所谓的"积分"看法指的是，站在拉长且累积了时间与空间范畴来审视"行动"与"结构"。如此，行动（或谓能动施为）与结构这两个面向会因随制条件的不同，在演进过程中的不同阶段，产生不一样的累积效果，而有着下文中将予以说明之阿切尔的三阶段论的说法。准此，阿切尔不免有着以"误解"的方式树立起"稻草人"来批评吉登斯的疑虑。有关我个人对阿切尔／吉登斯此一论争之最近的批判性讨论，参看叶启政（2004:219-264）。

上面所指出的先验式混合体）所形塑。反过来说，他眼中的"能动施为"也一样地早就被预设了，成为自我命令、自我证成乃至是诚属多余的概念范畴。在建构理论论述的过程中，此一概念本身其实根本就起不了任何积极的决定作用。它的存在只是单纯地被肯定、被确立，在论述上，到头来，一切还是依着所谓的社会"规则"来游戏。阿切尔直接引用吉登斯的话语，调侃地戏称此一立基于实作存有论（ontology of practice）[①]基础上的"能动施为"概念"紧要，因为它联系了规则和实作，而且，规则衍生实作或作为实作之生产和再生产的媒介"（Giddens, 1979:67）。但是，在阿切尔的眼中，这样之实作存有论的"能动施为"概念，其实只是一种省略主义（elisionist）的主张，它是赋予行动者知识能力度，但却忽略了其间可能具有差异性这样一个基本事实[②]（Archer, 1988:79）。

行文至此，或许，对吉登斯强调知识能力的"认知"化观点表示意见是需要的。我个人以为，除了具有一定的知识能力度之外，一个行动者事实上尚有着其他的身心特质（如感情）。而且，即使就作为引发"行动"之因子的立场而言，这些特质至少极可能与知识能力度具有同等重要的决定作用。因此，即使接受吉登斯的立场，单单强调行动者的知识能力度，就不免有过度"知性化"与"理性化"了"人"这个概念的疑虑了。

总的来看，在阿切尔的观念里，纵然吉登斯原先使用二元性的论述立场本有超越传统主愿论与决定论的两分困境，且又能保留双方当中某些东西的意图，但是，不幸的是，他最后却使得自己摆荡在他所欲跨越的两个分殊图像之间。阿切尔因而"控诉"吉登斯，一方面使得"能动

---

① 同时参看阿切尔（1995:105-132）。

② 一样地，这也是因为阿切尔以"积分"的立场来考察吉登斯的"微分"观点所导致的一种误读结果。无怪乎，阿切尔会进一步地认为，吉登斯让"能动施为"一概念的真正有效内涵滑溜掉，沦落成为一个空洞，且只具填补意味的陈腐赘语，根本无法如吉登斯自己原先所意图的，可以作为整个论述的中心概念。于是，以阿切尔的立场来看，它自然是发挥不了概如上述莫塞利茨对行动者所进行之层级性分析的功效，有的话，也只是为行动的概念，带来一个过度主动、过度社会性，但却又层级性不足的观点（an over-active, over-social but under-stratified view of action）（Archer, 1995: 117-132）。当然，对吉登斯来说，这样的评语是有失公道的。

施为"过度主动（至少表面上是如此），似乎带给自身一种内在的活性生命，但是，另一方面，它又过度社会化，且层级性不足。这使得行动自身成为僵化之社会规则的俘虏，而且被单一化和同质化了。于是乎，阿切尔进一步批评道：由于吉登斯对阿切尔自己所强调的所谓"迸生性质"（emergent property），尤其是时间序列上的迸生缺乏认识，其所具省略主义之"中央镕接"论的性格，到头来，紧紧地被吸纳进入客观化之结构命定观中而不自知（Archer, 1995:14; 1996:686）。对吉登斯这样的"误解"批评，阿切尔最后使用了一句相当严厉乃至有嫌过于尖酸而刻薄，但却是错置的话语来总结。她的话是这样说着的："这是一种概念上的恶行（conceptual vice）。"（Archer, 1988:87; 1995:251）

阿切尔自认其所持有之"形态衍生"的立场，以及所谓"迸生"观的分析二元论（analytic dualism），足以取代吉登斯之结构化的二元性说。她从洛克伍德的整合二元论出发，区分了社会中的"人们"（people）和社会中的"部分"（part），以分别代表着"能动"和"结构"，也同时分别对应着"社会整合"和"体系整合"。首先，她认为，分别代表"能动"和"结构"的"人们"和"部分"并不是如吉登斯之结构化二元性说认为的，乃是同一件事物的两个不同面向，代表着同一个动态过程的两个元素。正相反，它们是两种有着不同性质的"种类"，虽然彼此之间在因果上可能是互相纠结地作用着（Archer, 1982; 1995:15; 1996:691; 同时参看 Bhaskar, 1979:33）。换句话说，像"人们"和"部分"这样的迸生"实体"，在现实世界里，它们事实上乃指涉着性质上彻头彻尾不同的东西。同理，推及于"能动"和"结构"时，情形也是一样的。就拿"结构"这个迸生"实体"在一定时空之中与"能动"相互推拉摩荡的情形来说，有两个基本命题是必要的：

（1）在时间序列上，"结构"必然要是先于引导其再生产或转型的"行动（能动）"，阿切尔称此条件为"结构制约"（structural conditioning）。

（2）在时间序列上，阿切尔称之为"结构饰化"（structural elaboration）的，则必须是后于使其引发的"行动"系列（Archer, 1995:15; 1996:697）。

同样地，就"行动（能动）"的立场来看，在所谓双重形态衍生的过程之中，它引导着"结构"或"文化"产生饰化作用，而其本身也在这个过程中被饰化了（Archer, 1995:190-191, 247, 253）。于是，结合着"能动"和"结构"两者的相互作用过程来看，整个社会过程即展现出如下之如此一般的关系序列：结构制约——→社会互动——→结构饰化（Archer, 1988:304; 1995:157, 193; 1996:697-698）。在这中间，"能动"和"结构"相互作为媒介和效果，彼此之间相互地搓揉着。不过，就整个会社过程的运转来看，在阿切尔的心自中，"能动"似乎处于具启承转折作用的枢纽地位。或许，正因为有着这么一层的意思，阿切尔于"能动施为者"之外，另提出"行动者"（actor）与"位格人"（person）两个概念，并以"能动施为者"作为居中概念来加以串联，并予以着墨（Archer, 1995:247-293）。对此论述工夫的细致琢磨，因篇幅所限，在这儿只好存而不论了。

七、一个可能的另类思考

在西方，自从文艺复兴孕生以来，资产阶级为了确保自身的阶级利益，在诸多历史条件的巧妙配合之下，即以自由、平等、自主或理性等等证成人本人文精神的概念为后盾，以缓慢渐进的方式先后向教会与绝对王权挑战，争取权利。到了十七世纪以后，在以自由主义为传统的旗帜统摄下，"人类"（human beings）作为一种特殊的种属存有体（species beings）[①]，当面对着庞大的"社会"巨灵时，如何确立一个人作为"人类"这种种属存有体的主体性，让自己保有一定的自由与自主空间，同时也在人群之中维持一定的平等又具从属性的关系，于是乎成为至为要紧的事。资产阶级作为推动形塑此一主体性的核心群体，其所形构的核心概念要素——"私有财产"的概念，遂成为形塑一切有关社

---

① 借用自马克思（1964），早期的马克思即以此一概念来开展他的"人"观与劳动论，也借此衍生出其共产主义的主张。

会与政治论述之正当性的无上纲领，以此为基础，由契约论所衍生出来的持具个人主义（possessive individualism），即成为经营自由主义理论论述的核心主轴（参看 McPherson, 1962）。尤其，一旦笛卡尔之主客互斥对彰的二元论成为人们思考的基本哲学立场，而且，若欲在社会学论述中仍然维持自由主义的信念时，如何在诸如"自由／限制"之间寻找一个平衡点，遂成为必然遭遇到的根本问题。无疑，打从根底来看，这一直就是一个两难的困境，注定要产生贝特森所说的双重束缚（double bind）现象（Bateson, 1972:206-212）。可以理解的是，这也就顺其趋势地成为西方社会学理论的根本问题（参看 Eisenstadt, 1976; Hearn, 1985）。

　　回顾西方社会学思想的发展史，我们很清楚地看出，所谓浪漫保守主义的思想主导着社会学产生时之前后的法国场景（Zeitlin, 1995）。当是时，法国的思想家们，如罗兰、迈斯特以及其后圣西门和孔德等人，在面对着大革命后法国社会一再动荡不安的情境，深同感于英国之伯克在其著《对法国革命的反思》（*The Reflection of French Revolution*）中对理性有所质疑的看法，而同意其对权威和传统肯定的立场。尤其，受到生物学和生理学思潮的影响，当时流行着有机体论的说法，这些早期的社会思想家于是把"社会"看成是一个具有自性，且自成一格的有机体一般。其实，早在资产阶级一开始与教会（继而与国王和贵族的联合体）展开长期斗争之时，他们就一直企图把自己所处的社会范畴——社会（society）（或更恰当地说，相对于国家 [state] 的市民社会 [civil society]）的地位抬高了。无论在论述上、行动上还是实际的体现上，他们都希望"社会"此一具西欧特殊历史意涵的观念范畴，变成一个独立于"国家"，并有能力与之抗衡的自主实体。就在这样的历史场景之中，打从一开始，西方社会学家即分享着资产阶级的立场，一直把主要由资产阶级所组成的"社会"当成是一个极为自主，且深具结构性的实存体。

　　毫无疑问的是，一旦"社会"被当成一个极具自主性且结构化的实存体，在笛卡尔式之主客互斥对彰的二元论支撑下，"个体"作为另一个力图自主的实存体，至少在概念上，就不免和"社会"这个具集体性的

"实存体"相对立起来了。如此，至少在概念上所具的潜在对立紧张性，使得在自由主义传统旗帜下开展出来之强调个体自由与自主的个人主义的主张备受威胁。这也就是说，社会学传统以有机体的形象来供奉"社会"的图像，基本上乃与主张个体自主和自由的自由主义传统概念相对立着。无怪乎，处在具如此对立且两难之二元观的历史情境里，涂尔干即企图以具神圣意义的集体意识来化解此一"社会"与"个体"间在概念上所撑张出来的紧张。帕森斯在他那个时代即也企图以所谓的行动主愿论，透过价值和规范的内化，强调行动者作为主体的自主能动性。如此一来，他以为"社会"与"个体"，也因此"结构"与"行动"，至少在概念上能够得到统一。洛克伍德即看出了帕森斯之处理方式的缺失，才提出"社会整合"与"体系整合"的二元说法。就其用意来看，实亦没有超出西方社会学传统长期以来企图化解如此一般之两难困境的一贯目标。其后的吉登斯、哈贝马斯、莫塞利茨与阿切尔，不管以二元性或二元论的立场，抑或是否依附在帕森斯的社会体系观之下，其所努力追问的议题说穿了其实都是一样的。

基本上，不管是以二元性或二元论的立场来化解上述的问题，其实，在这些学者的身上，都可以不同形式或不同程度地看到笛卡尔主客互斥对彰之二元观的阴影。不但莫塞利茨与阿切尔的二元论如此，连主张"结构"与"能动"乃一体之两面的吉登斯的结构化二元性的说法亦无以幸免。只是，笛卡尔二元困境所内涵的双重束缚阴影以较为隐晦的姿态呈现出来而已。甚至，在如阿切尔所"诟病"之吉登斯那隐晦且无以名状的先验式混合体预设中，"结构"与"能动"还是各自以完整、独特且无瑕疵的"状态"性质的姿态同时互扣互摄地呈现着。这样挟持着完整、独特且无瑕疵的"状态"特质，乃保证了"结构"与"能动"有了各自的自性，虽然它们并非自存的实体，而只是依附在某一个特定社会性实体下的两个"状态"面向而已。然而，不管如何，这样的概念使用情形仍然宣告着，"结构"与"能动"这两个"状态"面向，在相互让渡与交错之间，还是可能存有着紧张，甚至矛盾的对张状态。或许，由于某些原因，在论述时，吉登斯有意或无意地把这样一个可能的性质悬搁起来，而只特别强调彼此之间可能融汇的条件或状况罢了！

　　其次，如前所述的，相对于"结构"的制约，莫塞利茨企图以宏观、中观与微观三类的行动者来说明"行动（能动）"本身所可能开展的自主空间。对此，他用来证成行动者的主体能动性的禀质是其所可能具有之社会权力的大小。如此使用"权力"的概念来证成人作为行动主体的依据，也见诸吉登斯之结构化的论述当中，容或他对此立场的论述是暧昧且不完整的（Haugaard, 1992:62）。然而，不管如何，这样以"权力"来证成行动者的主体能动性却是许多西方学者所共同肯定与努力推衍的方向，例如卢克斯（1974）、克莱格（1979, 1989）与豪高（1992）等人即是。这在阿切尔讨论社会互动中"能动施为"者如何进行"社会饰化"时也看得到（Archer, 1995:293-308）。

　　以权力的概念来贯穿"行动（能动）"者的现实社会意义和理论意涵，基本上是一种以"关系"为出发点的思考与论述模式。强调"关系"亦即把思考的重点摆在人与人之间的互动上面，而不是一个人与其自身以沉默方式对话而形塑出来的心理面向问题。因此，"关系的"也就是社会的，其论述涉及者，即使是以行动者的主体能动性为中心而开展出去的概念，它们也不会是其所"内涵"的核心，而必然是具外延性质的概念。恰恰地，这些概念与另一造的概念——"结构的"脱不了干系，虽然企图挣脱"结构"的限制可能一直是其内涵，也是努力以赴的目标。说来，权力的概念之所以广泛地被接受，情形正是因为如此。当我们使用它来意指"人"作为行动者之主体能动性的理想社会性禀质时，其实已经把"结构"限制的概念偷偷地引了进来，因为基本上权力是一种具结构性质的概念。无疑，以这样的方式来证成"人"作为行动者之主体能动性的"理想"形式，从概念使用的角度来看，似乎是不够彻底的。

　　同样地，容或"行动"（特别是"行动"者）的概念指向的是活生生的个人（尤其是"身体"），"能动"的概念，不管指涉的是活生生的个人或具集体性的社群（特别是制度化的组织），基本上是一个被社会化（也因此是被结构化）的"东西"。因此，一旦在承认"结构"是具有自性之自主体，且必然会左右"能动"的前提下，"能动"（或"能动施为"者）作为一个行动主体，顶多只具备着被特定"结构"所制约的有限自主性而已。至少，就概念而言，它并无法充分且彻底地展现其被视为与"结构"对彰之二元性或二元论应有的区隔特质。事实上，它只不过是屈服在"结构"巨灵下之玩弄小聪明的弄臣，到头来还是"结构"的附属品而已。准此，使用"能动"，乃至概念上更具个体主体意涵的"行动"此一概念来反映"人"的自主性，并用以与"结构"的概念对彰，其实都无法把二元（不管是二元性或二元论）的特质充分彰显出来。不过，话说回来，即使找到一个在概念上可以与"结构"概念对彰的概念来，二元的论述方式也非唯一或必要的策略。况且，以这样对彰的方式来审视"人"与他所具有的能耐，也未必是恰当的。

总之，如此一般之二元式的认知格局，基本上可以看成是延续着希腊神话中诸神交战时充满着紧张对立之基本世界观的一种现代版本。或许，这样极具冲突意涵的生命本质观，早已成为西方长期以来极其理所当然的基本认知立场了，要求他们放弃并改弦易辙，似乎是相当困难的。况且，话说回来，事实上，人们也找不出任何极具说服力的理由支持一定非改弦易辙不可的说法。毕竟，这是一种社会存有论的立场，攸关一个地区之深层文化面向在哲学人类学上的基本预设，本就无关孰是孰非之争论的问题。

从文化根源的角度来看，西方社会学中"结构"的概念可以看成是由上帝之概念内涵所转折出来的一种带着命定色彩的概念。假如孔德所说的没错的话，当欧洲人的认知体系主轴由神学转至玄学后，上帝的概念退了位，在论述诠释的领域里，他的神圣位置被类似霍布斯所说之更抽象的"巨灵"概念所取代。继而，当认知体系的主轴由玄学又转至科学后，诸如"巨灵"的概念就为"社会"（而后，又为更加抽象的"体系"）所取代。"结构"正是支撑类似"社会"或"体系"等抽象概念的核心性质，而这也是它们所以能够取代"上帝"之位置的关键所在，因为"结构"意涵着几乎无以抗拒，也无可挽回的必然无上命令，具有希腊神话中所意图揭示之"命运"的忧郁特质。

当普罗米修斯从天国盗得了火种，把它与其他文明之术传给人类之后，人类终于有机会摆脱了原始状态，走进了柏拉图的理性世界。于是，在万神之神宙斯的领导之下，秩序的力量压过了混乱的力量；在长期危险的流浪之后，有秩序的世界终于又成为家园。然而，随着"人"之主体意识的日益蓬勃，这个原来为"人"所创造出来极具结构性的有秩序世界，却成为反制人类的怪物"弗兰肯斯坦"（Frankenstein）[①]。于是，当人类期待自己作为行动的主体时，社会既成的结构遂成为一种当事者虽力图超越、克服，但却永无可能的负担。情形正如希腊神话史中的西西弗斯（Sisyphus）一般，他每天把石头往山顶上推，但是，一旦夜里停了下来，石头总是又往下滚，隔天又得重头来过，周而复始地做个不停。无疑，这是一个极具悲剧性的无奈命运，虽然他不弃不舍的精神很是可佩。准此，面对着"结构"作为这种"上帝"所指派具悲剧性之命运的现代表现形式，任何以人为努力来彰显人作为主体的具体表征，事实上，到头来都逃脱不了"结构"所撒下"命运"之天罗地网的覆罩。说来，这是根源于西方文明强调主客对彰之思考模式的深层中所内涵"双重束缚"现象的另一种表现形式。

尤有进之的是，西方社会学思想基本上具有浓厚的世俗现世观，乃在接受了一般世俗人所具种种价值、信仰、思想与欲念等等为理所当然的前提之下，进行所谓"社会学"的分析。在这样的社会存有论和认识论的引导下，把人的情欲当成一切行动的主导根源，是被肯定着的（参看叶启政，1991）。毋庸置疑，一旦我们坚持并尊重人之世俗"实然性"的情欲具有伦理或美学上的"应然性"地位的话，那么，理论上，满足情欲就成为界定人之所以为"人"之不可化约的重要意涵了。"有"（诸如拥有、占有、具有、享有等）也因此成为挂联人作为行动主体和结构化的"社会"作为客体两造之间的一个（甚至是唯一）中介概念了。在这样的情形之下，有两个现象至为关键，不能不严肃地予以关照。第一，"有"意味着"人"必须向"物化"的外界——"社会"延伸，而且是极为仰赖、受制乃至靠拢地延伸着。第二，因此之故，这意味着资源的分配方式，尤其分配的合理性极为重要；同时，社会所设定的规则也因此成为不能不考虑的焦点问题。

很明显，在这样极具世俗性之占有满足观的指导下，"人"很自然地

[①]　这是十九世纪小说家雪莱所写小说中一个被科学家创造出来的怪物，他最后反过来左右，甚至毁灭了原创者。

与"社会"对彰着,"行动(能动)"也顺理成章地与"结构"紧张地对立起来。虽然,对人类而言,"有"的欲望和要求,并不是只以全称的形式呈现着,而且,我们也实在没有理由一定非供奉着"有"作为论述"人"的必要要件不可。但是,面对着结构化的"社会",一旦我们以这样的方式供奉着"有"的欲望,那么,就无异等于宣告着,"人"必然是要向"结构"所加诸的"命运"软弱地屈服,因为所有的"有"的欲望都得仰靠结构化的"社会"来施舍,才得以有满足的可能。"人"若有自主性,那也仅是在社会"结构"所布下之天罗地网的网眼缝当中,找到一点空间,吸吮着被挤剩下来的一点点汤汁而已。这样的自主是不完整的,有着永远的缺憾,也不时遭受着外在"结构"所布下之"命运"天罗地网的威胁。在这样的条件之下,命运的悲剧性格早已宣告了,"自主"顶多只是一种内涵在其中永远属于进行式的期待或向往努力而已。因此,从洛克伍德以降,吉登斯、哈贝马斯、莫塞利茨和阿切尔等人不管以二元论、二元性或乃至两者兼顾的方式来处理"结构"与"行动(能动)"(也是"个人"与"社会")的让渡或交错问题,其理论论述到头来都不免陷入"结构"概念所布下之天罗地网安排的悲剧命运结局。

事实上,"有"不必然以傲然的姿态呈现在人的世界里,我们可以拿"无""虚"或"空"来与它对应。倘若我们倒转过来以后者为轴线来关照着"个人"的话,整个景象是会有所改观的。首先,"个人"与"社会"不必然是紧张对立,且相互命定衔扣着的"实体"。这可以看成是两种典型的状态,其情形犹如《易经》中所谓阴阳两种性质(或状态)相互搓揉或摩荡的情形一般。因此,"个人"与"社会"的概念指涉的不是固体化的实体,而是有着一定的轮廓形状。它们可以看成是一种类似气体的状态,既没有固定的形状,也没有一定的体积,一切随着容器的大小与形态而定。在这样的认知之下,虽然一个人必然是要生活在人群之中,也为一些客观条件(包含人为规范等等)所制约,但是,这并不意味着,人必然无助地为这些客观条件绝对地命定着。对个体人来说,一切仍然可以在无执着、无挂碍的"方便权宜"状态当中运行着。就现实的状况来说,"无"意涵着,对着"有",人可以以"舍"的动作来成就自己。"舍",就现实的运作而言,首要的就是以具自我约束的修养工夫来证成；正是人所可能具有这样的修养工夫而成就了自主性，并且把"结构"所布下之"命运"天罗地网悬搁起来，或以四两拨千斤的方式加以化解。这时，"结构"就有如魔咒应灵后，现象会顿时消失无踪一般。当然，一旦咒语失效了，现象就又会回来。因此，如何悬搁或拨动"结构"，就成为考虑的重点了。

（原文刊登于《台湾大学社会学刊》，第 26 期，53-97，1998）

参考文献

叶启政
1991　《对社会学一些预设的反省本土化的根本问题》，见《制度化的社会逻辑》。台北：东大图书公司，1-31。
2004　《进出"结构－行动"的困境：与当代西方社会学理论论述对话》，台北：三民书局。
笛卡尔（Descartes, René）
1984　《方法论》,《沉思录》,《哲学原理》，台北：志文出版社。
Alexander, Jeffrey, Bernhard Giesen, Richard Münch & Neil Smelser
1987　*The Micro-macro Link.*（eds.）Berkeley, Ca.: University of California Press.
Archer, Margaret S.
1982　"Morphogenesis vs. structuration: on combining structure and action," *British Journal of Sociology* 33: 455-483.
1988　*Culture and Agency: The Place of Culture in Social theory.* Cambridge: Cambridge University Press.
1995　*Realist Social Theory: The Morphogenetic Approach.* Cambridge: Cambridge University Press.
1996　"Social integration and system integration: developing the distinction," *Sociology* 30: 679-699.

Bateson, Gregory

1972   *Steps to an Ecology of Mind.* New York: Ballantine Books.

Bauman, Zygmunt

1973   *Culture as Praxis.* London: Routledge and Kegan Paul.

Becker, Carl. L.

1969   *The Heavenly City of the Eighteenth-century Philosophers.* New Heaven, Conn.: Yale University Press.

Bhaskar, Roy

1979   *The Possibility of Naturalism.* Hemel Hempstead: Harvester.

Bourdieu, Pierre

1977   *Outline of A Theory of Practice.* New York: Cambridge University Press.

1984   *Distinction: A Social Critique of the Judgement of Taste.* Cambridge, Mass.: Harvard University Press.

1988   *Homo Academicus.* Cambridge: Polity Press.

1990   *The Logic of Practice.* Cambridge, England : Polity Press.

Bourdieu, Pierre & Jean-Claude Passeron

1970   *Reproduction in Education, Society and Culture.* London: Sage.

Bourricaud, François

1981   *The Sociology of Talcott Parsons.* Chicago, Ill.: University of Chicago Press.

Brunkhorst, Hauke

1992   "Culture and bourgeis society: the unity of reason in a divided society," in A. Honneth & Others (eds.) *Cultural-political intervention in the Unfinished Project of Enlightenment.* Cambridge, Mass.: MIT Press, 145-169.

Bryant, Christopher G. A. & David Jary

1991   *Giddens' Theory of Structuration: A Critical Appreciation.* (eds.) London: Routledge.

Clegg, Stewart

1979   *The Theory of Power and Organization*. London: Routledge and
        Kegan Paul.

1989   *Framework of Power*. London: Sage.

Coleman, James S.

1990   *The Foundation of Social Theory*. Boston, Mass.: Harvard
        University Press.

Craib, Ian

1992   *Anthony Giddens*. London: Routledge.

Dahrendorf, Ralf

1959   *Class and Class Conflict in Industrial Society*. Stanford, Ca.:
        Stanford University Press.

Eisenstadt, S. N. with M. Curelaru

1976   *The Form of Sociology: Paradigms and Crisis*. New York: John
        Wiley.

Eisenstadt, Shmuel N. & Horst J. Helle (eds.)

1985   *Macro-Sociological Theory: Perspectives in Sociological Theory*.
        Beverly Hills, California: Sage.

Fielding, Nigel C.

1988   *Actions and Structures: Research Method and Social Theory*. (ed.)
        Beverley Hills, Califormia: Sage.

Gerth, Hans H. & C. Wright Mills (eds.)

1946   *From Max Weber: Essays in Sociology*. Oxford: Oxford University
        Press.

Giddens, Anthony

1976a   "Functionalism: *apres la lutte*," *Social Research* 43: 325-366.

1976b   *New Rules of Sociological Method*. London: Hutchinson.

1977   *Studies in Social and Political Theory*. New York: Basic Books.

1979   *Central Problems in Social Theory*. Berkeley, Ca.: University of
        California Press.

1981　*A Contemporary Critique of Historical Materialism, Vol. 1*. London: Macmillan.

1984　*The Constitution of Society*. Cambridge: Polity Press.

1987　*Social Theory and Modern Sociology*. Stanford, Ca.: Stanford University Press.

1991　"Structuration theory: past, present and future," in C. G. A. Bryant & D. Jary (eds.) *Giddens' Theory of Structuration: A Critical Appreciation*. London: Routledge, 201-221.

Habermas, Jürgen

1975　*Legitimation Crisis*. Boston: Beacon Press.

1987　*The Theory of Communicative Action. Vol. 2*. London: Heineman.

Haugaard, Mark

1992　*Structure, Reconstruction and Social Power*. Aldershot, Brookfield: Avebury.

Hearn, Frank

1985　*Reason and Freedom in Sociological Thought*. Boston, Mass.: Allen & Unwin.

Helle, Horst J. & Shmuel N. Eisenstadt

1985　*Micro-sociological Theory: Perspectives on Sociological Theory. Volume 2*. (eds.) Beverly Hills, California: Sage.

Holmwood, John& Alexander Stewart

1991　*Explanation and Social Theory*. London: Macmillan.

Knorr-Cetina, Karin.

1981　"The micro-sociological challenge of macro-sociology," in Knorr-Cetina, Karin & Aaron V. Cicourel (eds.) *Advances in Social Theory and Methodology: Toward an Integration of Micro and Macro-Sociologies*. London: Routledge & Kegan Paul.

Layder, Derek

1981　*Structure, Interaction and Social Theory*. London: Routledge & Kegan Paul.

1975　*Marxism and Epistemology.* London: New Left Books.

Lockwood, David

1964　"Social integration and system integration," in G. K.Zollschan & W. Hirsch (eds.) *Explorations in Social Change.* Boston: Hougton-Mifflin, 244-257.

Marx, Karl

1964　*The Economic and philosophic Manuscripts of 1844.* (ed. by P. J. Struik) New York: International Publishers.

McPherson, Crawford B.

1962　*The Political Theory of Possessive Individualism: Hobbes to Locke.* Oxford, England: Oxford University Press.

Mouzelis, Nicos P.

1974　"Social and system integration: some reflections on a fundational distinction," *British Journal of Sociology* 25: 395-409.

1989　"Restructuring structuration theory," *Sociological Review* 37: 613-635.

1991　*Back to Sociological Theory.* London: Macmillan.

1992　"Social and system integration: Habermas' view," *British Journal of Sociology* 43: 267-288.

1995　*Sociological Theory: What Went Wrong?* London: Macmillan.

1997　"Social and system integration: Lockwood, Habermas, Giddens," *Sociology* 31: 111-119.

Lukes, Steven

1974　*Power : A Radical View.* London : Macmillan.

Parsons, Talcott

1937　*The Structure of Social Action.* New York: Free Press.

Rex, John

1961　*Key Problems of Sociological Theory.* London: Routledge & Kegan Paul.

Saussure, Ferdinand de

1960   *Course in General Linguistics*. New York: Mc Graw-Hill.

Thompson, J. B.

1989   "The theory of structuration," in D. Held & J. B. Thompson (eds.) *Social Theory in Modern Societies: Anthony Giddens and His Critics*. Cambridge: Cambridge University Press.

Wilkes, Chris

1990   "Bourdieu's class," in R. Harker et al. (eds.) *An Introduction to the Work of Pierre Bourdieu*. London: Macmillan.

Wrong, Daniel

1961   "The oversocialized concept of man in modern sociology," *American Sociological Review* 26: 183-193.

Zeitlin, Irving M.

1995   *Ideology and the Development of Sociological Theory*. (5th ed.) Englewood Cliffs, New Jersey: Prentice-Hall.

拆解"结构－能动"的理论迷思——正负情愫交融现象的理论意涵

一、开题

　　知识，特别是学院化的知识，基本上乃是以制度化的权力形式呈现着，具有任何所谓"权力"（power）内涵的种种特质，只是表现手法有所不同而已。在西方，社会学作为一门建制化的知识体系，尽管它一直表现出甚为明显的自我反省与自我批判的传统，使得整个社会学思维，在与其他的社会学科相较之下，似乎显得比较活泼，极富弹性，足以承担具革命性之概念板块移动的威胁，容易接纳多元的论述典范，并承受典范的转移。但是，推到终极来看，整个的情形似乎并非如此简单。

　　与其他的社会学科一样，社会学自然也不例外，它必然承受着具特定文化－历史质性（cultural-historicity）之权力关系的制约，难以完全逃脱命运的"诅咒"。在这样的情况之下，倘若要有所超越，只有先把此一被公认是"命运"之必然条件的特殊历史－文化质性予以解消。当然，这一解消即意味着，我们必须对一向大家公认之社会学的"本质"公开挑战，而这无疑将可能颠覆整个学院社会学的既有性格，直接威胁到社会学作为学院内一门知识系统的正当性，涉及的是一个独立学门之存亡的根本问题。

　　对我个人来说，纵然情形是如此，其实，也并没有什么不可以，不足以大惊小怪。因为，除了承认权力斗争是正当，也是实在的之外，我们似乎找不到任何更具说服力的理由来支撑如此一般的基本信念，即：既有的社会学知识系统乃来自神祇的不可侵犯圣典。既然社会学知识与人们的一般常识一样，都是人在特定历史－文化背景下形塑的特定认知模式，有着一定的哲学人类学存有预设，也有着特定的认识论作为后盾，那么，它基本上即是可塑且可变的人为文化产品。这也就是说，它既可以

"立",自然也可以因势利导地予以"破"——消灭或转化。

一般而言,权力设定了边界,有了"在内"和"在外"的区分,情形有如卢曼(1982, 1995)为系统(system)与环境(environment)所做的区分一般。"在内"的有着正当机会分享到进入权力之门的门票,而"在外"的则是几近完全被排除的域外"他者",可以悬而不顾,推到极端,甚至是必须予以铲除的。就在这样的格局之中,系统本身的自我再制与修复的契机可以获得保证,只是,这并不意味着,"在内"和"在外"的就完全没有相互让渡、渗透,甚至产生具自我颠覆性之转换的可能。即使在不必是完全"死亡"的情形下,系统的"在内"和"在外"可以有着一定程度的相互转换,一部分的"在内"释放出去成为"在外"的,而"在外"则被延揽进来成为"在内"的一部分。事实上,这即是一个系统时常所呈现之一定的流动开放性,也是社会变迁所以可能的要件。体现在社会学的知识系统里,毫无疑问,它一向所表现出来那甚为明显之自我反省与自我批判的典范传统,可以说即展现出这样的"系统／环境"流动开放性,原是值得肯定和珍惜的。

然而,依我个人的见解,这样的自我反省与批判传统却是"所有均太过人性"(all-too-human)[①]的,不但为自我批判与自我颠覆的基本典范设了限,甚至有着自我吞噬的疑虑。情形就像一只咬着自己尾巴的蛇一般,纵然吞噬了自己(当然,现实上是不可能的),其所作为的,却还只不过是在自己所界定的感知范域以及核心概念上面讨价还价,做一些自认为有创意的修补功夫而已,基本上并无法有大幅度的超越解脱。总之,整个情形会是如此,除了由于无法彻底突破既有的惯性感知模式之外,其中,关键莫过于,因为在任何概念或命题上面所从事之具根本性的极端颠覆(特别针对哲学人类学存有预设命题),除了势必挑战着整个世界观的基座之外,更是动摇了既有的知识权力阶序,威胁到知识霸权的权威正当性,以至于所有依存在学院里之在权者的地位与机会也将受到严厉的考验。当然,这将更是使得他们不知道怎样继续玩下去,因为他们

———————

① 借用自尼采一本书的书名,参看 Nietzsche(1999)。在此,乃意指太过为潜在设定的一些预设性认知模式所局限。

的游戏内容与规则（包含基本概念、认知架构、研究方法、思考模式等等）受到严重的威胁，甚至必须移位，乃至完全扬弃。总之，话说回来，既有的知识权力链锁错综复杂地相互绵延而纠结着，这是现实，也正是任何既成结构形态得以持续的重要权力基础依托。它告诉我们什么叫作"真理"和"事实"，什么是"对的"和什么是"错的"，因此，什么才是所谓的"社会学"！

在这篇文章里，我所将从事的，正是针对这样以"真理宣称"自诩的社会学知识建制提出一些批判，求的只是协助我们往前一步来创造一个具有成就解脱性之超越的契机。为了圆成这样的梦想，最根本的莫过于回到西方社会思想发展的历史背景来加以考察，当然，在此，我只能以提纲挈领的方式来进行。

二、自由主义理念对建构社会学理论的历史意涵——从霍布斯谈起

十七世纪英国的霍布斯（Hobbes）在整个西方社会思想史中有着不可磨灭的举足轻重地位。他之所以重要不单单是因为他在对国家政体的主张上提出了"巨灵"共同体（the Commonwealth as a *Leviathan*）的说法，为后来的自由民主政治体制奠定了理论基础，也开启了自由主义的先河。[1]

---

[1]　根据赖利研究，在十七世纪后出现的社会契约论问世之前，西方世界其实早已有了立基于臣属者（不一定是独立个体）之自然意志的契约同意这样的说法了（Riley, 1982）。贝克尔与巴内斯则指出，以社会契约来解释社会制度和政治组织的源起与认可，首见于15世纪中叶之 Æneas Sylvius 的著作里，但是，直到接近十七世纪的开端，才被英国的胡克（1552—1600）与德国的阿尔图修斯（1557—1638）用来充作社会与政治理论的重要信条，而这预示了霍布斯的论点，并让他更加有系统且细致地予以阐述（Becker & Barnes, 1961:377, 438）。准此，虽然我不敢遽然接受贝克尔与巴内斯所意涵的，立刻论断霍布斯的理论乃直接反映着资产阶级带动的商业革命，但是，倘若采取保守的态度来说，下面的说法应当是可以接受的合理论点。这个说法是，霍布斯之以契约同意为基础的政治权力正当性的论述，乃与其后资产阶级的大幅兴起有着具一定历史意义的选择性亲近关系，并对后来者产生一定的启发作用。

依照我个人的意见，霍布斯的思想之所以显得特别值得重视，更多的是因为他企图从人的嗜欲（appetite）本能出发来确立人性（human nature）作为理解（也是形塑）社会（政治）制度的自然状态（the state of nature）这样的说法（Hobbes, 1998）。这样之论述焦点的转移具有五层意义，对于后来西方社会思想的发展有着不容忽视的影响。以简扼的语言来说，这五层意义分别是：

1. 肯定人作为存有体具有立基于本能的普遍质性

霍布斯首先假设：凡人都有着相同的本能欲望，满足这些基本欲望乃是人得以生存的基本要件，必须普遍予以尊重。就在以这样的命题作为看待人之社会存在的前提下，霍布斯开展出两项基本自然原则——平等原则与自我保全（self-preservation）原则（参看 Hobbes, 1983, 1998）。平等原则告诉我们，对人们，不分贵贱，也不分聪愚，都必须设定某种足以体现平等对待的基准，而此一基准最重要而根本的依据即是确保自我保全原则（Hobbes, 1998:82-83）。简单，但推到极端来看，自我保全作为自然原则指向的是，人作为个体的自身，都竭力地保护自己的生命和其归属社群（如家庭）的成员，这是使得一个人得以持续存在的自然权利（Hobbes, 1998:83-84）。因而，利益（interest）乃人们衡量权利的根本依据，而且，人人有着按照自己愿意的方式运用自己的力量来保全自己天性的自由，也应当有此自由。这个自由即是人们有依着自身的意志，并运用自己的（理性）判断，选择最适合的手段做任何事情的自由；亦即：人有使用所有手段与采取所有行动的权利。于是，"自由"此一语词，按照其确切的意义来说，就是确保着人们有外界障碍不存在的状态（Hobbes, 1983:46-47; 1998:86）。如此一来，圆满地满足人原本具有之种种创造激情的"本能"于是乎被"自由"所保证，并让"利益"顺势地成为对"本能"予以具外在"社会化"形式来实现的代名词，并因此取得了主导后来之社会学（与政治学）论述的正当权威地位①。

----

① 难怪赫恩肖（1964:1）认为，霍布斯的嗜欲说堪谓为英国心理学的开端，早于一般所认为的英国心理学之父贝恩有两百年之久。

2. 社会秩序的维持乃建立在多数原则的基础上面

参照他活着的时代与整个历史背景，霍布斯认定人性中隐藏着三种产生争执的基本原因——竞争、猜疑与荣耀。除了正面肯定第二种原因所为的"安全"具有特殊的时代意义之外，霍布斯特别以语带轻蔑的口吻对第三种原因（即荣耀或声誉）表示意见。他认为，人们基于第三种原因而引起争执，基本上并不是为了人们视为必要的东西（最根本的即涉及基本生存的自我保全）而战，而是为了芝麻豆大的琐事（如勋章、旗帜、教义，乃至只是一言一笑、不同意见或直接针对本人或反射在对其亲友、国家、职业或名称上有着具贬抑性的指陈等等）而战（Hobbes,1998:83-84）。换言之，人们为了象征符号而战，至少以此为战争正名，尽管背后可能隐藏有利益考量的成分。因此，最先和最快把人驱进所有人对所有人之战的激情，并不是单纯对占有物质的贪婪欲望，更不是为了满足人们最低程度的生存（即具动物性）要件，而是意图遂行少数野心者基于骄傲和虚荣心理的"优越愿望"所产生的"承认欲望"[1]，这才是自然状态中一切暴力惨境的根源。

显然，一旦如霍布斯"嗜欲说"所宣扬的，确保个体人自我保全的存在要求具有优位正当性，并进而以此确立契约同意作为营造"利维坦"国家共同体的现实基础的话，那么，过去一向强调冒着生命危险在声名之战中要求别人承认自己优越的努力，就不再是重点了。相反，要求以人类处于自然状态时所具有的最低共同情感（即自我保全）的名义来约束野心者，转而成为共同的诉求，而这种最低共同情感，不仅是人与人，也是人与"较低等"动物相通的共同因素。这样的诉求转变意味着，社会理路的焦点远离了基于少数人（如贵族）之"优越愿望"而生的"承认欲望"，转而，在同时强调基本欲望与理性的前提下，以多数人为本的"对等愿望"变成主导的轴线。连带地，基于人作为生物有机体的自我保全本能所激发的最低程度欲望，顺理成章地成为营造社会结构，也是理解社会的认知理路基础。其中，最具体而微的表现莫过于强调有关交

---

① 同时参看 Fukuyama（1993）。

换正义（commutative justice）与分配正义（distributive justice）的课题
（Hobbes, 1998:99-100）。

3. 具经济意涵的阶级作为历史主体

就实际历史发展的角度来看，当整个问题的焦点转至有关多数人的
交换与分配正义课题时，政治的问题乃不自主地被经济化了。麦克弗森
即认为，霍布斯所刻画与分析的现象是适用于资产者身上的。他建构的
社会图像基本上是资产社会的模式，分析的则是资产者的权力展现与寻
求和平的方式，尽管，我们不敢确定，霍布斯对于自己的论述所具如
此一般的历史性意涵，是否已经有了体认（Macpherson, 1968:12; 同时
参看 Schmitt, 2008:156）。但是，显而易见的是，霍布斯所表现凡此种
种（特别是有关税收）的论点，基本上反映了后来兴起之资本主义的基
本正义精神，乃以尊重与保护一般百姓的个人权益（特别是财产）作为
出发点①，而这些所谓的 "一般百姓" 指涉的，说穿了，最主要的可以
说即是正在兴起的资产阶级。借用麦克弗森的说法，并套用霍布斯的概
念，正是资产者的自利 "生发力"（endeavor）作为历史动力，撑出了
强调至高性（sovereignty）（不管指涉的是国王还是议会）的国家形式
（Macpherson, 1968:63）。或者，换个较为保守的角度来说，那就是: "市
场人" 特别容易学习到霍布斯的学说（Macpherson, 1962:105）。

对在十八世纪中逐渐兴起的资产阶级来说，以嗜欲说来确保个体人
自我保全的存在要求，是相当符合他们的阶级利益的，因此，现实中，
这样的论述有着提供正当性来巩固和强化他们的阶级利益的作用。即使
对出现在十九世纪之马克思主义以无产阶级作为历史主体，霍布斯此一
论述也一样地展现出可以完全被肯定的正当性与有效性，因为均是从经
济生产面向（生产工具与生产品之所有权的归属与有无）来界定，不同
的只是把指涉的历史主体对象移个位而已——由资产阶级移至无产阶级。
于是乎，这意味着，无论在形塑自由民主政治体制还是在确立现实政治
权力的分配上面，不管历史主体性的归属做了怎样的转移，到头来，总

①　有关霍布斯确立私有财产具正当性的经济思想，参看Hobbes（1998:chapter 24）。

归是成就了"均值人"（average man）（由人民 [people] 而至大众 [mass]）此一概念具有历史正当性，连带地也在社会理论论述里确立下作为核心概念的无与伦比的地位。

4. 由动物性过渡到人文性成为整个社会思想的核心议题

霍布斯以人之嗜欲本能为基础之"心理享乐主义"的动机立场来开展自我保全的自然法则，有着另外一层重要的理论性意涵，即：回归到人所具之动物性的自然特质的临界点（即自我保全作为一种本能体现）来界定人文性（社会与文化乃至文明）的问题，而这也是人类如何由赤裸裸的血腥斗争演进为具妥协性的温和竞争（甚至是相互合作）的临界问题；即人类如何由动物性"过渡"到人文性的问题。在此，人文性的问题指涉的是，体现在诸如以基本人权与财产权为本之契约同意论的论述，或启蒙运动以后西方人（特别是德国人）重视以"文化"来成就人之主体性的种种努力上面。换言之，霍布斯的自我保全说触及了后来西方社会思想中所关心之有关人类如何从自然状态"跳跃"到具有文化样态的转折问题（如洛克、休谟，尤其是二十世纪的列维·施特劳斯），也就是埃利亚斯（1978, 1984）所说的文明化进程。再者，特别值得重视的是，物质面向也因此成为整个社会思想不可化约的核心成分。无论就马克思主义还是弗洛伊德的精神分析学来看，情形可以说都是如此。

5. 确立了"生而自由且平等"，进而"独立自主"是个体人存在的基本样态

把历史主体由少数特权阶级（如国王、贵族或教士等）转移到多数庶民（尤其是众多的无产者与小资产者），推动了契约论的自由主义思想，更重要的是成就了十八世纪"人生而自由且平等"的平权思想。接着，到了十九世纪，以至二十世纪，整个西欧与美国社会至少在社会体制上已形塑了保障某个程度自由和平等的有利结构条件。尤其在都市化与工业化的交错强化作用下，人们更进一步地有了普遍追求独立自主之自我意识的集体要求。由"生而自由且平等"而至"追求独立自主之自我"的自由主义信念，成为主导整个西欧与美国社会发展的主导集体意识。于是，它以"应然"的意识形态姿态成为社会里一股具伦理与价值

信念意涵的强劲"实然"集体意识，被列入"理性"此一至高无上封号的行列，推动着整个社会的变迁。正如科泽勒克（1988）指出的，人类文明展开了"历史哲学"决定着"历史"的发展格局，也就是说，人类企图以具理论性之非凡例外的明确意识，透过制度性的实践（乃至流血革命）来改写人们之实际平凡例行日常生活的历史场景。十八世纪以后，举凡古典自由主义、马克思主义、现代主义，乃至后现代主义等等，莫不都以明确或潜在的姿态展现着这样的文化－历史质性。

企图以具理论性之非凡而例外的明确意识，透过制度性的实践来改写人们实际的平凡例行日常生活，乃意味着人是具有行动能力的主体，有着改变或创造世界的能动权能（agential power），并非完全屈从于既有体制之结构理路的俘虏。就在这样的历史背景之下，文明（尤其是个体）的解放（或对反地说，容忍）（特别依附在现代化的信念之下）于焉被形塑成为刻画现代西方历史的重要课题。

总而言之，这一切可以说是发轫于自由主义的思想传统与资产阶级的兴起产生了唇齿相依之具历史性的随制关系，西方社会学的思想传统，就基本哲学人类学存有预设、概念、议题等等的设定来说，基本上可以说即是描绘、受制、依附、反映着这样的文化历史场景。正是这样由资产阶级主导的历史场景，有利且有效地支撑着霍布斯所强调之以人普遍具有的需求欲望作为理解与诠释社会（政治经济）现象的存有论预设前提。从此，人的基本需求欲望成为西方社会思想家（特别是社会学与心理学的理论）构作人自身与社会现象的核心概念基础。这在马克思的使用价值说与弗洛伊德的原欲本能论均明显地呈现着，同时也主导着（特别是美国与英国）心理学与社会学理论（如帕森斯的行动论、赫尔的学习理论）的经营。

三、"结构／能动"争议与其文化－历史质性

相对于自由主义信念作为驱动社会变迁的应然力道，西方社会学理论思维尚有另外一道概念围墙，被视为反映着具实然性的结构特质，乃

超乎个体人的意识可以改变的，更是超越时间向度，并在一定空间中普遍有效地作用着。套用涂尔干（1964）的说法，社会所具有如此一般之具普遍性的实然结构特质，乃独立且外在于其组成个体成员之外而存在，对于成员个体产生着制约作用。"社会"所具有的这个独立自主特质，最为根本的即是分化的部分彼此之间有着相互整合成为一个具相对和谐性的整体，类似一个具整体性的有机体一般。于是，在人们实际活动的日常生活场域里，有两股基本的力量相互拉扯着：一是具有制约人之行动的定型结构力量（往后简称"结构"[structure]）；另一则是出诸人之自由意志的主体能动力道（往后简称"能动"[agency]）。前者是独立于人之意志的实然状态，而后者则带有具浓厚应然期待色彩的伦理和价值信念意涵，可以说是意志的总体表现。这样一个至少源自十七世纪之霍布斯思想的理论性议题，绵延接续下来，体现在当代西方社会学论述中的，即是所谓"结构／能动"的二元论（或谓二元性）的争议问题①。

　　具体而微地来看，1964 年洛克伍德所提出有关社会整合（social integration）与体系整合（system integration）的二元对彰的讨论，可以说是首先开启了当代西方社会学理论中之"结构／能动"议题的先河。之后，不管吉登斯（1979, 1984）所提出之具微分性质的"结构／能动"二元性与阿切尔（1988, 1995, 2000, 2003, 2007）所主张之具积分特质的"结构／能动"二元论彼此之间的理论立场有着多大的差异，抑或其他以此议题作为探讨对象的论述，基本上都分享着相同的认识论基础。简单地说，此一认识论的共同基础，即承认"结构制约或促动"与"主体能动"均具有"能量"的特质，分别以"客观"与"主观"的姿态同时互斥对彰地并存着，两者不能偏废。假若单单借用吉登斯的微分观点来说，这也就是说，在任何的片刻时间和片段空间之中，不管是既存的结构抑或人的行动都同时接受着"结构制约或促动"与"主体能动"两种因子的作用（Giddens, 1979:69; 1984:25-28）。这样的思维模式，基本上和霍布斯以降之西方社会学家以自由主义的信念作为应然力量和社会结构的

_____

　　①　有关此一理论性议题的详细讨论，参看叶启政（2004, 2008）。

制约性作为实然且必然的力量所营造的二元对彰并存观相互辉映，可以说是承袭着笛卡尔以来整个西方思想所赖以形构的二元互斥对彰并存观。于是，两者以如此方式相互搓揉摩荡的基本样态，顺理成章地成为必须关照的焦点。

"结构"与"能动"（同理，体系整合与社会整合）作为二元互斥对彰并存的能量力道，乃意味着两者各有自己的边界，有着不容被侵犯、也不容被化约的实质意涵。往前推衍，这也就是说，它们彼此之间所具互斥对彰，且又必然同时并存的关系乃宣告，两者纠结交战，本质上是对抗而冲突着，没有消解化融的任何可能，矛盾冲突永远存在，因此，紧张焦虑是必然相伴而生的。这样对社会世界的想象，与古希腊人强调诸神交战的世界观相互辉映，可以说是一脉相承。即使经过了基督教予以一神化，也始终无法消解如此之矛盾冲突的基本世界观，换来的只不过是人有着原罪（original sin），必须面对着上帝审判的命运。于是，对人来说，至少，善恶的交战依然是与生共具着，连带地，面对着对上帝的审判结果无法预知的窘境，无疑地乃意味着人始终处于紧张焦虑的状态之中，因为焦虑是原罪衍生的"自然"结果。倘若我们把这样的基本文化质性转换成为当代西方社会学的概念来表达，那即是整合－共识（integration-consensus）与失协－冲突（disintegration-conflict）二元互斥对彰的永恒斗争，不会有止境的。施及于"结构"与"能动"的二元对彰格局，情形亦是如此，因为它们始终处于"必然是互斥地并存"的命运当中。

显然，只要"结构"与"能动"被认为是处于二元互斥对彰并存的格局，它们就必然是永恒地相互斗争着，彼此之间有着（至少某个程度之）不可妥协，也不能化约的不可共量性。这样的状态绝不是吉登斯企图以"结构"同时兼具限制（constraint）与促动（enabling）之双向作用的说法可以解套。因为，限制与促动，乃和"结构／能动"一样，依然是处于二元互斥对彰而并存的状态之中。如此一般的二元互斥对彰并存状态永恒地循环交错，依旧脱离不了古希腊以来西方思想中肯定"诸神交战是文明的原型"的基本想象。于是乎，冲突乃是社会互动的原型，连带地，焦虑被视为人的基本心理状态，当然也就不足为奇了（参看

Simmel, 1955:13-14）。

　　对于这样的纠结场景，当把焦点摆在行动者身上时，过去的论述基本上即持有着两个重要观点：一是侧重行动者的认知面向；二是从关系的角度来勾勒行动者的形象。首先，侧重行动者的认知面向实即内涵着理性成分必然是被看重的，如吉登斯（1979）即特别强调行动者的能知性（knowledge ability）、实作或推论意识（practical or discursive consciousness）与行动的反省侦测（reflexive monitoring of action）等等概念来勾勒行动者的基本特征。于是乎，企图透过形塑种种有关"理性"安顿策略来刻画行动者的能动性，跟着成为论述的基本重点，紧紧地符应着启蒙理性之炙热而诚恳的呼吁。回顾历史来看，从十八世纪以来逐渐成形的所谓"理性选择"说（theory of rational choice）即是最为典型的此类论说，其他诸如巴尔内斯（2000）的能动者责任说、鲁宾斯坦（2001）之机会序列可能性的理性展现、哈贝马斯（1984, 1987）的理性沟通说，基本上可以说都是如出一辙的。即使如约阿斯（1996）的创造力说和阿切尔（2003, 2007）的内在交谈论多少企图把人之"情绪"的感性成分考虑进来，但是，却都无法有效地摆脱"理性"之网的魔咒，情绪感性的面向，说穿了，仅成为点缀而已。至于从关系的角度来构作行动者的能动性者，强调透过权力、利益、资源掌握等等具社会性之"资本"概念（因而，阶级、地位、阶层等等）来勾勒，可以说是最为常见、也是被视为理所当然的取向，诸如莫塞利茨（1991, 1995）之行动者权力层级说或布尔迪厄（1977, 1990）的习性－场域论（habitus-field theory）就是最明显的例证。审视诸如此类的论述，我们不免会发现，"结构"与"能动"依旧处于二元互斥对彰并存的格局[①]。显而易见，在这样的认知模式的主导下，古典的二元对彰所内涵的矛盾冲突，以及衍生的焦虑紧张心理特征，基本上，仍然无以化解，假如化解是需要的话。

　　当然，持着笛卡尔式之"二元互斥对彰并存"观作为认识现象的认识论立场，基本上无涉所谓对与错的问题，有的只是，这样的认识论是

－－－－－－－－－－

　　①　有关上面提到诸论述的评介，参看叶启政（2004:第七至九章,2008:第三、四章）。

否足以妥帖地呼应时代的脉动，有助于我们理解当代文明所面对的关键课题。这也就是说，它涉及的是文化关联性、历史意义与诠释开展性的问题，而这些问题所碰触到最核心的，莫过于当代人类文明的基本呈现风格，其中，最为醒目的可以说是"正负情愫交融"的现象。下面，让我们借着这个长期以来吸引着西方思想家的心思，既恼人，却又充满着诱惑的现象来为笛卡尔式之"二元互斥对彰并存"观解套。不过，在进行描绘之前，先让我们把焦点稍作转移，考察一下象征交换（symbolic exchange）现象在西方社会思想中的地位。

四、"象征交换"的哲学人类学存有起预设基础——曼纳（mana）与神圣性的经营

十九世纪的尼采（Nietzsche）告诉我们：在最初始的时期，人类与其他的野兽原本都一样，依着本能宣泄情绪，并以野蛮战斗的方式行事。当人类处于此一情形之下时，其所彰扬之心理状态的元神比较接近希腊酒神狄奥尼索斯（Dionysus）内涵的精神——激情与陶醉，不断地经验着，也创造着令人感到非凡而例外的惊奇（参看 Nietzsche, 2009:502-517）。涂尔干即认为，这种充满着激情与陶醉的酒神精神，正是宗教经验（尤其是神圣性）得以形塑的基本心理基础，是人类进行"象征交换"以经营文明的基架。为了阐明这样的论点，涂尔干（1995）以诸多初民部落社会中常见的场景作为例证来说明。他指出，在初民社会里，人们在节庆时令时借着种种仪式孕生集体欢腾（effervescence）的场景。在这样的场合里，人们共同处于精神亢奋而有着类似灵魂出窍的情形出现，总是于冥冥之中感受到有着一股超自然的力量存在着，并且把他们揪连在一起，让他们感到是共属共源的同一群存有体（经常以某种动物为代表，即成为图腾），涂尔干说这即是"社会"的源起状态。

人类学家莫斯（1989）进一步以有关"礼物"互惠交换的说法为涂尔干的理论涂染上更多光亮鲜艳的彩绘，使得整个论述的内容更加丰富。他告诉我们，在初民社会里，人们互动基本上即是为了互动的本身，别

无其他任何目的。套用齐美尔用语，这即意味着，"无工具价值设准的社交性（sociability）"乃是互动自身的目的（Simmel, 1971:130）。其中，最为典型的就是人们进行互惠性的"礼物"交换，因为这样的交换纯然是为了经营、肯定、保证与强化彼此之间具共感共应的感情（和同属感）本身。在这样的体认下，集体欢腾于是乎引发激情状态以彰扬社会至高性，这可以看成人类企图透过制度化过程形塑集体意识（特别是所谓的文明社会）的社会心理前置状态，更可以说是人类由动物性跳跃至人文性之心理面向上的临界场域，对理解人的社会世界与其行为，一直具有必然，且具有至高性的地位。

就概念的内涵而言，当我们说心理状态的元神是酒神精神以及社会的源起是来自（特别节庆）集体欢腾之亢奋状态的时候，这乃意味着，"社会"（和"文化"）是来自人类所禀赋的感性本能特质，而非如洛克所主张之那种经过理性化的"契约"经营出来的人为象征结晶。这也就是说，当我们说"人类是一种动物"时，人的本能所具有激情冲动的能量力道，正是动物性的典型体现。借用马费索利（1996:1）的用语，此一能量力道即是法文的 *puissance*，可以说是呼应着霍布斯与弗洛伊德强调人所具有之原始激发动力的基本论点，而人类与其他动物所不同的，即在于他懂得让此一动物性受到人文性的洗礼，有着"恰适"的文明表现。

这样把人所具的"动物性"本能抬出来作为理解人之社会行为与社会本身之建构的核心概念，除了，诚如前面提到的，乃与资产阶级的兴起具有一定之相互增强的历史亲近性之外，就社会思想发展的角度来说，其所呈现的最重要意义莫过于，把它从原是为人类文明（社会）源起确立一个具经验实证意涵的心理底蕴基础，转移为提供一个具普遍意涵，且具"正当性"的哲学人类学存有论基本预设，以为人类文明（与社会）所以出现提供了具普世意涵的源起状态。就整个欧洲的历史发展背景来看：一则，这可以说是延续着十八世纪浪漫主义的思想，在形塑人的形象时，对人的感性给予了特殊优先考虑，可以说是对启蒙理性的一种思想反弹；二则，政治上的自由主义结合了工业发展带来诸多棘手难解的社会问题（特别是都市化与工人无产者的大量浮现所带来之前所未有的崭新问题），让许多社会思想家（如滕尼斯）至少对中古世纪欧洲的庄园社会充满着怀旧情怀，远的则推到古老的初民部落社会以寻找文明的源起状态，作为"拯救"工业都市文明的基础；三则，这样回归动物性来思考人类文明的源起，多少是对十七世纪以来慢慢发展出来之生物有机体观（尤其是达尔文的演化论）的善意回应。总的来说，这样的文明源起观可以说是，在此三个重要历史因素导引下，工业资本主义体制正面与负面地为西方社会思想设定的基本形而上学意识形态。

顺着这样的思路，我们就可以理解，何以西方社会思想家，特别是承袭着涂尔干与莫斯思想的法国左翼倾向的思想家（如列斐伏尔、巴塔耶、凯卢瓦、雷里斯与德波等等），会把"由动物性转化为人文性之过程中的临界点为何"看成重要的课题[①]。特别值得一提的是，这样的思维立场更是使得他们不得不回到人本身所具的主体能动性以及实作的日常生活世界（而非抽象化的"社会体系"）上面来思考整个问题。

根据上面的论述，在此过程中，所谓曼纳[②]现象的孕生，以至于神圣性的塑造，即是彰显此一转化临界点的人文性机制要件，而这再次肯证着孕生，并激发尼采所特别提示之酒神精神内涵的激情而进行着象征交换的愉悦游戏，乃是核心课题。易言之，曼纳的引生与神圣性的营造，乃以引发激情作为基本前提，任何的理性作为基本上都是为了证成激情的一种人为努力。进而，就社会机制的经营而言，曼纳激情支撑下之非凡例外的神圣性，与平凡例行的"世俗"有着不可任意逾越的门槛藩篱，需要予以区隔。更重要的是，我们需要透过以"物"媒介所营造的仪式来对"神圣"赋予例行化的过程。基本上，如此对"非凡例外"予以"平凡例行"化的仪式化过程是必要存在的，因为这使得神圣性不只获得了适当的解释，更是经由仪式作为"索引"得以一再重复地呈现与保证

---

① 有关此一左倾的所谓法国日常生活学派的评介，参看叶启政（2008：第八章）。

② 简单地说，曼纳乃指，在某种宗教信仰里，人们相信世间存在有一种超自然的非凡力量。它被认为集中在某种神祇、神圣物或人物身上，但是，威力却是蔓延散及整个世界，而且可以承继或传递下去。根据涂尔干（1995）的意见，此一力道特质具备着文明的源起意义，乃代表着宗教信仰（因而，也是"社会"得以形成）的最初能量形式。

着。同时，创造一种"犹如"（as if）或"可以是"（could be）的感应情境，而非"实然如是"（as is）的理性状态，乃是得以顺利介入以导引人们之行为的基本身心状态（Seligman, Weller, Puett & Simon, 2008:23, 25, 27）。准此，伊利亚德即指出，在这样的情况下，神圣的时间本质上是可逆转的，它具有一种原初秘思（myth）性质的时间，临现于当下此刻。如此说来，这是本体性的永恒时间，是一种永恒的现在（如节庆的循环出现），时间借由每次更新的创造重获新生（Eliade, 2000:116, 121, 131, 134）。因此，节庆是实现神圣时间的一种结构模式，它总是发生在起源的时刻，而人们在节庆期间所展现的行为，即重新整合了起源与神圣时间，以与之前和之后的行为有所差异。就在这样的情况之下，起源永远与人们相伴着，从来就没有离开过。

行文至此，我们似乎可以为西方社会思想中此一强调酒神般之共感共应的文明源起论下个简单的结论：假若文明是起源于对人所处的环境有着"惊奇"经验的话，孕生其共感共应的曼纳情愫乃是符应（或谓应对）惊奇所带来之种种恐惧、敬畏或崇敬等等心理压力的基本动力。透过曼纳情愫对惊奇经验所营造的神圣感，于是乎成为主导着人们如何认知世界的基轴[①]。这么一来，倘若具"犹如"或"可以是"特质的仪式是证成神圣性的机制要件的话，人们总是以一种充满酒神精神的理想想象图像来彰显现实实在。在这样的认知架构下，毫无疑问，理性的运作只不过是一种极为特殊之具共感共应的集体意识操作而已。

鲍德里亚认为，在如此一般之象征交换本身即是目的的"游戏"场景里，仪式（特别是魔术与咒语）的威力，在于清空一切具特定历史旨趣的定型意义，让人们得以孕育，并成就无限的想象与感受空间，神圣神祇的符码正可以从中孕生，不必接受"理性"的逻辑检验。于是，在神圣的塑造仪式当中，意符（signifier）基本上是虚空的。此刻，语词既无固定内容，也无须有特定指涉对象，因而，人们有着充分发挥自我实现（或自我防卫）预言之权能的契机，其所内涵的纯粹诱惑

---

①　有关惊奇作为社会进生的源起心理状态的讨论，参看叶启政（2008：第二章）。

（seduction）基本上是充分解放的（Baudrillard, 1990:72-74）。如此一来，象征交换的纯粹形式实乃意味着，交换本身即是目的，甚至可以说是无所谓的目的，若有的话，那也只是仪式性自身所可能散发具魅诱性质的曼纳力道了。于是，在"纯粹"的象征交换过程中，虚空的意符让人们产生炫惑。此时，尽管空与有、生与死可以是对反（opposite）着的，但却又同时纠结在一起，形成一种正反情愫交融（ambivalence）的状态。其间没有真理可言，有的只是不断地以秘密的方式进行感知的衍生与孕育。

五、正反情愫交融的社会学意涵

当人们处于节庆（特别是情绪狂欢沸腾）的非凡例外场合而有着共感共应的时刻，此一共感共应心理的生成即是来自情境所可能引发的情绪感染，继而，孕生了较具持久性的情愫（sentiment）。这一切感应的生成，基本上不是，更不必经过人们彼此同意，也不需要人们特别以意志来加强，因此，无涉于人与人之间形成至高性（sovereignty）的生成问题。巴赫金在论中古世纪拉伯雷（Rabelais）的诙谐怪诞文学中有关降格的问题时即曾指出，在节庆欢腾的场合里，人们陷入集体共感共应的出神状态，忘情的狂欢使得人们在平时具有的种种差异（如地位与身份的层级）被平准化。此时，例外（如国王）被降格成为例行（如百姓），特殊也被降格成为一般。于是，一般平民可以种种方式（经常是降格到以具动物性之种种与性和排泄有关的人体下部器官和随伴行止——如性交）揶揄尊贵的国王与贵族。于是，欢腾以众声喧哗的方式倒转地分享着"死亡"所意图体现的"平静与虚空"的平等，情形就有如在地狱中帝王与奴隶、富人与乞丐一样，都是裸露着身体（骨头），并且以平等的身份互相发生亲昵的接触（Bakhtin, 1998）。在这样的场景里，诸如例外／例行、非凡／平凡、特殊／普遍、富有／贫贱与尊贵／低贱等等原先互斥对反的双元样态相互引诱着，彼此以正负情愫交融的状态生生不息地搓揉攻错着的。此一双元样态作为人的基本心理认知和感受基架，虽是对彰着，彼此之间却是一直"断而未断"，而绝非处于"断而再断"之"非此即彼"的二元互斥对彰的冲撞争夺状态。

其实，自古以来，人类即经常经验着爱恨交织的正负情愫交融场景。譬如，爱情之所以被人们视为伟大而歌颂着，正是因为它可以让人们经验到一种生与死、喜与怨、聚与离，以及爱与恨等等之情愫交融并存的缠绵状态。没错，这样充满着暧昧、未定与滑溜的交织状态，固然带来焦急浮躁的不安心理，折磨着人们，但是，却也同时激荡出渴望、期待和思念的强烈欲念活力，让人们有经验到生与死交错浮现之永恒"再生"的奇妙感觉，保有欣喜、愉悦和活鲜的感觉。其实，这样爱与恨交织的正负情愫交融情形一向被人们（特别是西方人）认为，并不只是局限地发生在人们的爱情关系之中，而是遍及人们日常生活中的各个面向。弗洛伊德（1950:60）企图以弑父的恋母情结（Oedipus Complex）的说法来涵盖人的一生，并施及于生命的各个面向，可以说是最具有代表性。

除了类似弗洛伊德一般把正负情愫交融看成是一种心理现象之外，诸多当代西方社会学家则视正负情愫交融是一种具社会学意义之结构性的机制现象，而在"现代性"内涵的价值与意义多元化的激发促成下，此一现象的浮现则又特别明显。在众多的论述中，默顿的说法可以说是最具有代表性。他认为，正负情愫交融乃内涵在社会结构中之角色、角色组或地位的矛盾规范性期待之中。很明显，这样之社会学化的正负情愫交融涉及的，基本上是社会结构的本身，而非某种人格特质所展现的感觉状态（Merton, 1976:6）。在默顿的心目中，社会学的正负情愫交融之最严格的核心样态，于是乎乃是"为与某单一社会地位相关联的社会角色所赋予具社会定义性之冲突的规范性期待"，而这一直并未为人们注意到（Merton, 1976:8）。总之，不管怎么说，就默顿的立场来说，承认社会学的正负情愫交融现象的存在等于命定人们必然是要"客观地"使自己的角色期待处于正负情愫交融的情境之中，于是，人们必须学习在冲突的规范期待当中从事着迁就结构理路的适当"调适"选择。

在以启蒙理性作为"基准"的历史潮流推动下，很显然，社会学家们基本上认为正负情愫交融有的只是负面的功能，是不能容忍的，必须予以"纠正",尽管我们可以发现它有时有着正面的社会"功能"[①](如Berger, 1980; Weigert, 1991; Smelser, 1998; Warner, 2004)。因此,假若当代社会的两难情境所彰显的本质亦是一种"正负情愫交融"的话,现代理性要求的逻辑一致性使得人们对此一现象的社会质性有了不同的认知与期待。魏格特即采取了认知论的立场,以为此种情绪之所以产生,乃是因为人们的知识不完整,导致对既有社会实在有着多元,乃至矛盾的理解和解释(Weigert, 1991)。推衍到弗洛伊德的论述来说,当代(西方)人所患的精神官能症,则可以说即是此一从古老部落社会就已看得到的心理现象作祟使然。毫无疑问,此一与人类文明源起即共存共生的心理现象,之所以在现代文明里(但却未在往昔的部落社会里)构成"问题",基本上乃因启蒙时期以来的理性意识发酵,形成一种具规范作用的社会动力,在认知上要求人们的行为必须有着逻辑一致性而促成的一种心理并发症。换句话说,这样的说法乃预设着,当人们处于正负情愫交融的情况下,情绪必然是有所困扰的。在此一状态下,精神状态之所以出"问题",那是因为人们所持有的知识不完整,以至于他们无法透过理性的认知逻辑妥善地处理自己的情绪困扰。于是,"理性"地认识自己(包含处境),既是避免精神状态"出问题",也是"治愈"精神疾病的万灵丹。

毋庸置疑,作为人们在日常生活中指导行事是否"正常"的文化判准模式,启蒙理性侧重认知上的逻辑一致性,反映着"理性认知至上"的思维模式,忽略了情绪的引生本身(特别是对正负情愫交融感受)所可能内涵的人类学意涵,尤其对指向源起状态的想象而言。回顾人类文明发展的进程,无论就源起还是当今的现实状况(特指后现代场景)来看,事实上,知识的不完整顶多只是理解正负情愫交融感之一个具文化－历史意涵的前置背景条件而已,特别是摆在启蒙理性文化机制下来考究

---

① 譬如,魏格特即认为,就社会结构的面向来看,一个优秀的医生可以以相当温馨的态度对待病人,但是,在治疗时却相当冷静而理性地遵循医学规范。因此,就社会而言,正负情愫交融可以具负面功能,也可能具正面功能。但是,就个体的层面而言,魏格特则认定,正负情愫交融是彰显不幸苦恼之情绪状况的一种典型状态,人们一直是力求解脱(Weigert, 1991:22, 31, 50-51)。

的历史质性。其实，与其说正负情愫交融是一种认知现象，不如说是一种情绪状态来得妥帖。因此，顶多，只有在认知了此一现象是处于冲突矛盾的状态，并且有了强烈的负面情绪反应（如焦虑），正负情愫交融作为负面问题的条件才具备。这也就是说，默顿所指陈具社会性之正负情愫交融情境的结构性客观存在，并不保证人们必然会有正负情愫交融的心理；此一心理情绪要发生，必得先要求人们对此一社会情境有所感知，且以特定的理性意识来理解，况且，我们还得探究人们是以怎样的心情来感受呢！

斯梅尔塞即从历史的角度来理解正负情愫交融作为一种心理预设的社会学意涵。他洞识到，过去西方社会学界盛行的理性选择说，着实是过分看重了人所具有自由选择的机会与工于精算的理性能力。他指出，固然自由主义的传统确实为人们增添了更多的自由机会，并且把它制度化，而且，科学理性与资本主义体制也有利于人们发展精算的理性能力，但是，事实上，人还是一直需要依赖一些东西，自由与依赖总是并存着，以至于使得"自由／依赖"并立的社会情境特质成为孕育正负情愫交融的温床，且无以逃脱（Smelser, 1998）。因此，就人存在的历史处境而言，正负情愫交融的现象其实一直就存在那儿。再者，由于它本质上关涉的是情绪与情感，而非单纯的认知问题，人透过所谓"理性"是否能够完全予以处理，甚至是否应当运用"理性"来处理，或保守地说，"理性"应当如何运用，着实是值得进一步地予以探索的。

显然，当追求"理性"的逻辑一致性乃是确立行为之合理性的基本准则时，由于理性要求的是方正的纯净，棱角明确，不能有含混且暧昧的圆融，更不容许有任何杂质存在，正负情愫交融同时兼具的正性与负性的面向，于是乎，本质上即是"问题"，而且是深具压力的问题，必须予以化解。就象征语言的立场来说，运用矛盾修饰法（oxymoron）[①]消除正负情愫交融的负性面向以使得正性面向全然展现，基本上即被认为是化解之道，而且是有可能予以完成的。不过，在这样的情形下，正负

---

　　① 如运用类似活生生的死亡、原始的副本、公开的秘密、黑暗中的光明、控制的混沌、穷得只剩下钱等等相互矛盾的词来刻画。

情愫交融的心理情境却逐渐丧失了（在初民社会里常见到的）作为推动人们发展文明的动力，相反，可能成为阻碍文明进展的障碍。然而，在今天这样的后现代场景里，我们发现，整个社会与初民社会里分享有一些类似的基本特征，尤其，启蒙理性所具正当性的社会意涵一再备受质疑着。在这样的情形下，人们是否有着重展正负情愫交融之社会心理与文化－历史意义的可能（和必要）？

六、超越理性的"永恒轮回"——尼采之热爱命运（*amor fati*）的自我试炼的启示

现代性内涵之"理性"的文化－历史质性，可以借用"人类谋杀了上帝"这样的说法来体现，但是，相当吊诡的是，它却又意外地创造出了另外一个至高无上的全能上帝（科学理性即是）。更值得重视的是，这个另外的上帝并非存在于人之外，而是可以在人自身上找到，也必然只可能在人自身之中找到。同时，只要人们肯努力学习的话，人人都有机会在自己的身上找到这个上帝。如此一般的上帝"返祖"乃意味着，人是自立、自主、自由的，必须也只可能仰赖自己（的理性）来做判断和决定，而且，由自己亲身经历而发的感受才是生命意义的归依，不是上帝指令人们牺牲自己所引发的情愫（如罪恶、怨愤）。这么一来，理性把人自我定义的"乐观"场景予以整体化，并且往未来无限延伸，以俾人们充满着永恒之生的期待与希望。此时，自然是不容许生死交错、爱恨交加的正负情愫交融现象存在着。

然而，事实上，隐藏在"理性"背后的，恰如笛卡尔（1993:16-17）的"确定性的恶魔证明"（the demon proof of certainty）所剔透的，乃是法力无边，且有着无限引诱的"邪恶"魔咒效果，以一再变形的方式吸引着人们，以至于让人们总是无以摆脱。回顾西方历史发展轨迹，我们发现，至少自十八世纪的启蒙运动以来，理性开展下来的是一连串的"禁欲"，严肃、正经、定型，绝对不能忍受任何"非理性"的反面状态存在。推到极致，这样的禁欲理念被高度建制化（特别是透过挟持法律

与科学作为正当基础的政治化权力形式）后，人人必须像清教徒一般，对"非理性"严加拒斥、改正，甚至完全予以歼灭铲除。一旦有了情绪，为生命带来的，原则上则是刚强者的表现，总是具爆发性的愤怒、紧张、恐惧、怨恨或焦虑等等，充满着炙热、激动而荡漾之力道的能量释放（流血革命即是一种最极端的方式）。因此，承担着悲怆、惆怅、抑郁或遗憾之"逆来顺受"的无力"忍受"，不是它的原型，因为那是柔弱者的表现。

在这样之"理性"力道观导引下的西方社会思想是刚强者的思想，体现的是非友即敌、势不两立的"断而再断"思维模式，乃从生产面向来看待人之存在价值的思想。连带地，诸如权力、权威、规范、价值、分配正义、结构制约、压制、剥削、宰制、生产力等等充满互张对峙之"力"能量展现的概念充斥着社会学者的脑袋，成为建构"社会"图像的基本座架。说来，这反映的是从十七世纪资产阶级兴起以来的欧洲社会充满着"革命"张力的历史景象，特别是体现在十九世纪的"巨变"场景里头，也正是马克思以具相同质性的概念，但却颠倒着历史角色来架出无产阶级作为主体所企图刻画的。

无疑，这样具刚强质性的"理性"，在认识论上，恰恰可以有力，也有效地支撑着"二元互斥对彰而并存"的认识论传统，并且，足以依照逻辑画地自限地经营着世界图像。在这样之向刚强的生产面向高度倾斜的情况下，内涵在消费面向中那充满着暧昧、模糊、移位、易动、浮荡、跨界等等具柔弱色彩的概念（如引诱、享受、生活格调、时尚、品味等等）自然是被社会学家往旁边移挪掉的。于是，他们看不到诸如生死交错、喜恶兼具、爱恨交加的正负情愫交融现象背后那丰富的感情面向所可能蕴涵宽广而深邃的社会学意义。

过去如霍布斯以具"有"（having, possession）之特质的基本需求欲望架出人存在的基本形象，乃是以现世、俗世、物质化的角度来勾勒人的存在内涵（参看叶启政，1991:13-15）。施及于十七世纪资产阶级开始争夺主导历史的正当权利，以至（特别是十九世纪）具高度生产导向的工业化资本主义社会，以这样的认知模式作为基础，并且运用"二元互斥对彰并存"的断绝方式来区分人的社会属性（如有产／无产、资本家／

劳工），确实可以呈现出一定的现实社会意义，有着产生启发作用的社会学意涵。然而，当人类仅以直接满足本能欲望（如追逐金钱、性欲）的使用价值为本，即使是运用人类特有的"理性"意识来鼓动，并有正当化、"文明化"追求的意向，他其实并没有高过其他动物太多，因为整个生命活动只停留在满足和衍生源自动物本能的欲望，人将成为"残废"，物化的部分侵蚀，甚至占据了整个生命，乃让人的生命显得十分贫血。事实上，对人类来说，自古以来，生命的意义，毋宁是与欣赏艺术一样，原本就无法单纯地依靠思想（特别是理性思想）挤压出来，而是必须抖动人们的感觉之弦，才可能剔透出来，思想顶多只是被用来整理感觉而已。因此，企图以"思想性的认知"取代"感情性的感知"是笛卡尔之"我思故我在"命题过度被渲染，并且予以"月晕化"的结果。特别是经过物质化之科学理性的洗礼，人类早已被导引陷入强调"客观"之一元判准的泥沼当中，让人类本有的洞识与感受能力遭受到严重的压抑。

是的，在大众传播媒体与网络科技的体制化现象高度而快速发展的今天，一般人的日常生活确实是为充满着感性符号飘荡和移位的消费理路所导引着，人们接受（动态）图像刺激的机会远比承担静态文字的挑战来得多。于是，非线性的综合情绪感受的确比线性的分析理性思考来得更具有影响力，"感性"似乎应当有条件凌驾在"理性"之上，成为主导文明演进的重要力道，呼应着上面所提到涂尔干与莫斯以及跟随其后之法国"日常生活学派"的左翼社会思想家们所期待的——以共感共应的情操来经营理想的社会生活。然而，历史发展的实际情形却是事与愿违，"理性"依旧盘踞着整个社会，占据了最主要的社会机制，只是它由明转暗，成为幕后的藏镜人，仍然主导着整个大局，尽管其威力已有所削弱了。

回顾西方的历史，许多怀着人道精神的人们原是期待可以取代资本主义来完成他们所相信的"历史辩证"的必然程序，也借此实现了理想社会的梦想。但是，情形似乎是事与愿违的。如今，整个世界已明显地向着资本主义的市场经济体制靠拢，这样对反的历史理路所经营的美梦于焉宣告破灭，至少是暂时受挫。在这样的情况下，姑且不论整个情形是否如沃勒斯坦（2001）所认为的，至少资本主义体制抢得了主导整个人类文明发展的至高权，却是当前的现实状态，而且，至少在可预见的未来里似乎依旧是如此的。也就是说，就基本逻辑而言，十九世纪马克思对资本主义的运作理路所提出的分析，依旧是有效的，其中，最为显著的，莫过于谋求极大利润的"理性"要求。若有所不同，那是：过去，或许如马克思所说的，资本家想尽办法从劳工身上压榨出更多的"剩余价值"，而如今，除此之外，更多的则是竭尽脑汁地从消费者身上挖取。其中，"理性"地运用影像符号以进行总体操控人们的感官（因而身心）来刺激消费，是提升利润的新策略，透过种种广告宣传伎俩来运作时尚（fashion）机制，即是一个明例。于是，透过如此一般"非理性的理性化"（如时尚与广告的计划性操作）与"理性的非理性化"（如霍克海默与阿多诺 [1972] 所诟病的"启蒙的欺骗"）双重机制的交错作用，韦伯（1978）所说的"工具理性"可以说是达到史无前例的膨胀地步，这同时让资本主义的基本逻辑发挥了极致效果。就社会机制而言，无疑，大众传播媒体与互联网科技的高度而快速发展则是其中最重要的推动力。准此，许许多多隐身在大众传播媒体与互联网建制中参与符号创造的操作者，显然是最主要的"犯罪"共谋。只不过，不像马克思指控工业资本家时那么容易予以"定罪"，这些人却总是有着"不在场"的证明，既无法罗织法定的罪，也难以让他们的心理有着道德良知的自我谴责。正相反，他们被捧为繁荣经济与创造多彩多姿之彩色感性世界的中坚功臣，甚至为众人所供奉着。

特别针对西方世界来说，经过十九世纪惊天动地的"巨变"之后，除了巩固了原有的资本主义市场经济体制，尚且迂回地强化了"个体化"成为形塑社会的基本主导结构原则。这样的历史格局似乎把十七世纪以来资产阶级所领导的伟大"革命"事业予以完成，西方世界再也没有，也不需要任何"大论述"，连带地也不需要至高神圣的定型绝对存有概念（不论是以诸如平等、正义、自由还是以无产阶级）来支撑正当性。尤其，今天，在资本主义体制结合着发达之大众传播媒体与互联网机制的结构理路，充分地支援了以象征交换为导向的符号消费社会形态。其中，最为显著的莫过于，社会里充满着指涉被中空化的符码，而且总是以飘荡、易动与不断自我滋生的姿态再生着。一切显现的是绝对欢愉的新鲜

"活生",不断流动更易的"现在"片刻停格即是永恒,死亡则始终被拒绝在世界的外面。

活在如此一般永远让"生"不断轮回,但意义却被架空的世界里,乃意味着人们不但不需要审慎的思考,过去我们在社会里所常看到的"牺牲"不再具有明确的社会意义,甚至,更是不必存在了,因此,不需要具神圣意涵的持久共感共应来为集体加持。尤有进之的是,在今天这样被资本主义体制高度制约的个体化消费,同时也把整个生命导进"单元化"的渠道之中。譬如,许多人(特别是年轻一代)沉溺在由网络所制约的沟通(或游戏)欢愉之中,丧失了过去人们主动追求意义时所可能经历之困顿(乃至苦难)带来的"命运"感觉,生命也缺乏挑战与挫折所蓄积的浓厚情感底蕴。于是,人们漫游在涂染着肤浅但颜色光亮的大地上,他们不是如十七世纪之维柯所说的巨人英雄,而是如尼采所指陈之屈服在既成体制下沾沾自喜、自满之具群盲(herd)特质的"均值人"(参看 Nietzsche, 1999:119, §251)。如此说来,这是当今人类文明(特别是西方世界)所共处之具结构制约性的"命运"(借用佛家的用语,则是"共业")。尤其,今天这样以符号消费为导向的结构制约,已不是过去所呈现的那种有着明显压迫与剥削现象的场景,而且是透过充满欢愉与喜悦的诱惑机制来遂行完全的宰制,人们不只是无以规避,而是反过来诚心地拥抱着。如此一来,这样的柔性结构制约所带来的"命运"更加难以抵挡,或许,人们更需要学习以转化的态度来热爱它。无疑,学习"悬搁"结构性的诱惑制约,以免为结构理路完全宰制,是人们维持主体能动性不能不采取的策略,但如何做呢?这是问题。

七、孤独与修养作为化解焦虑文化的可能性

诚如瓦蒂莫指出的,在今天这样一个以概化沟通(generalized communication)为主调的时代里,人们承受着不断更新之新颖"怪诞"象征符号的震惊(shock)与击动(Stoss, blow),带来的是摆荡(oscillation)与失向(disorientation)的现象,充塞着随时令人感到惊

艳的暧昧性（ambiguity），尽管有时有着窒息感（尤指艺术）（Vattimo,
1992）。在这样"一切都可能"的历史场景里，生成（becoming）过程本
身不再是成就一个追求具集体至高性的永恒绝对存有，而是让轻盈、飘
荡的符码不断地引诱着一个个的人，为个别个体带来的，只是充满着短
暂、颤抖，但却是"致命"的愉悦回应。在这中间，没有厚重的累积性
成长，也不需要，有的只是不断扬弃和耗尽的消费，一切停顿在当下此
刻的"现在"，而且，一切显得相当轻盈。在这样的历史场景里，或许，
人的创造力确实有了充分自由发展的空间，但是，人作为行动的主体却
又如何来证成自我存在的意义（假若这是需要的话）呢？

　　显然，在这样一个严肃历史感丧失、一切显得轻盈而易动不拘的历
史格局里，正负情愫交融的心理状态在过去人类文明中所可能看到的厚
重集体意义是逐渐不见，也不需要了。我们在初民部落社会（甚至有一
定文明水准的传统社会亦然）里看见二元对彰的正负情愫交融心理状态
引发了心灵上的迟疑、踌躇和挣扎过程，特别是过渡到二元交融圆成的
临界点不见了。因为，在高度结构化之"制造愉悦"的诱惑机制（特别
是透过媒体）所绵密细致经营之消费符号的制约下，一般的人们（或谓
"均值人"）要的只是活在当下此刻的欢愉之中而已。尽管人们的需要与
感受是被一群隐藏在幕后的有心者以系统化的方式予以牢笼着，但是，
他们既不重视自我批判，更不期待自我反思，除了享受既成的符号"引
诱"之外，对任何更深层的生命意义的探问与追寻都显得"太累人"了。
这是一群为既有结构理路所完全宰制的"群盲"，他们屈从于诱惑机制
所勾勒的价值系统之下，把整个生命的意义定位于追逐世俗的象征符号
（如代表身份的名牌手表或衣裳）与感官的直接立即满足（如追逐声色犬
马的欲望满足）（参看 Nietzsche, 1999:119, §251）。

　　尤其，在社会结构原则被予以"个体化"的情景之下，基本上，"去
集体意识"吊诡地成为最核心，且最具威力的集体意识。纵然人们有正
负情愫交融的心理状态，而且也自认是需要的，那顶多只是成就个别个
体的生命感受而已。在一切变得既轻又薄的情况下，过去初民（或乃至
传统）社会的正负情愫交融心理状态原本所具有之集体性的社会意义，
轻易地被人们遗忘，或至少降到最低，以至于人们并不需要面对它。或

许，这样的现象与尼采所宣扬的超越善与恶的"彼岸"①有着某种的神似，但是，它绝对是一种另类的"彼岸"——价值中空化，既不必重估价值，也不必追求最高价值。它有的绝不是尼采一再强调和肯定的"超越"，而只是轻松愉悦的不断自我逾越。如此一来，超越的契机当然是看不到，事实上也不需要。

假如尼采的指控是有深意的话，过去的西方文明所体现的，基本上乃是透过基督宗教的罪（sin）来体现以亏欠（debt）为核心的人生观，并形塑了具内化救赎与责任意识的文化传统，以成就主动力来反制反动力。就在这样的基本认知模式的导引下，面对着被资本主义"理性"逻辑所摧残的"残废"人类，尼采即以对反着耶稣基督拯救残废人的做法来予以诠释和理解。他认为，一旦被现代市场化之工业资本主义体制摧残的人类被"拯救"了，"罪恶就与他同行"（Nietzsche, 1994, 2005）。这也就是说，"被拯救"只是让人类再次陷入另一个体制的陷阱，这是一种特殊的"相同的永恒轮回"，只能让"存在必定是行为和罪过的永远重复"而已。为了避免如此一般的"永恒轮回"，人只有依靠自我拯救，找到那可以超越相同之永恒回归圆圈的分离点而射出的正切线。正是这正切线肯定并转化了了"已如是"成为"应如是"。所以，不是瘸子被耶稣基督"拯救"而不瘸了，而是瘸子依旧是瘸着，但是他转化了。这个转化是一种"解构而再挪用"的过程，使得人在当下此刻的"现在"得以从过去过渡到未来（Nietzsche, 2009:238-244; 同时参看 Rosen, 2003:205, 213）。换句话说，人不是等待结构体系的改变来"拯救"，而是承受既有结构理路的"命运"，进行挪用性的自我解救——一种柔性的解构过程。

在今天这样一个以传播媒体与互联网为主导的大众社会里，就社会机制的结构特质而言，依靠时尚营造欢愉心理的引诱来经营的生命观，才是结构理路所反射出来的关键反动力。与过去基督宗教与国家机器主导的格局不同，它不需要依靠（道德）内化作用或怨愤（ressentiment）心理来支撑，而是直接诉诸个别的个体人所具有的动物性本能即可。因此，尼采看到的是传统的基督宗教与国家以单元化的权威力量对人类施

---

① 参看 Nietzsche（2002）。

展着垄断性的独断"肆虐"。但是，今天人类面临的则是另一种崭新的局面。简单地说，这个局面是，一群有心的"藏镜人"透过高度系统化的社会机制，以种种美丽诱人的象征符号引诱着人们进行愉悦的消费。在这样的情况下，基本上，人们不需要自我判定与认真的反思，从而，自我矜持的心智能力跟着大大地降低。可是，到头来，尽管社会条件不同，尼采所揶揄的"群盲"现象却依旧存在：人还是"弱者"，还是"奴隶"，依旧当不了自己的主人，而且情形看起来似乎更加严重，因为他们根本不知道自己被"奴役"，甚至回过头来拥抱着整个体制，以至于缺乏自我觉醒的契机。

当尼采企图超越善与恶，让人得以跨越到"彼岸"时，他意图告诉我们的是，人们不可能通过为善而超越善恶，因为通过为善乃意味着我们必须遵守某种预定的标准，这没有"超越"。于是，尼采采取逆向的方式主张，人们只能透过从当今之善恶标准中释放出来，逆着地在人们一向视为"为恶"（如现代科技所带出的"现代化"）当中谋求超越。这也就是说，透过"为恶"的面向，以物极必反的方式逼压出一个不同于既有对彰之"善"可能界范的崭新局面，以跳脱原有的善与恶格局。显然，尼采以这样颇具贵族气息之马基雅维里主义（Machiavalianism）的方式来营造人的图像，实则乃意味着人并没有固定面孔，其面貌为何，端看与虚空"混沌"交汇后的折射为何而定。面对着这样无实质性的不确定，尼采基本上呼应着继承希腊诸神交战冲突意识之文明底蕴的西方感知传统，其心灵底处存有的是，人存在的基本心理处境是炙热而搅荡的焦虑——一种焦急不安的强力表现。人们唯有形塑强而有力的权能意志（will to power），才足以与此一具文化根源的焦虑心理做斗争，并进而克服它。情形显得特别有意思的是，十九世纪以来，透过极具优势之西式"现代化"的洗礼，此一西方人特有的焦虑文化质性，转嫁成为不分东西方之现代人的共同心理质性。倘若我们说它是当今整个人类文明的基本心理质性，应当是不为过的。

在前面，我们提到，在西方社会学家的认知里，结构／能动的二元互斥并存格局的本质是彼此对彰地冲突着。这样的基本认知模式无疑乃宣告，焦虑的心理是内涵在这样的二元互斥对彰并存格局里，构成人存在所依赖之心理人类学的形上基础。吉登斯就认为人有着存在的焦虑（existential anxiety），总是面对着存有论的不安全（ontological insecurity）状态（Giddens, 1991:47-55, 181-185）。平心而论，在这样坚持二元互斥对彰并存格局的存有论基础与认知模式庇荫下，我们实在无法期待焦虑是可以化解的。唯有颠覆这样二元互斥对彰并存的认知模式以及转移整个心理人类学的存有预设基础，焦虑才有化解的契机，而还原到人自身来接受正负情愫交融的必然性，则是关键之所在。这特别明显地反映在弗洛伊德的心理分析理论上。

对弗洛伊德而言，人必须承认并接受社会既有规范与价值（因而，既有文化模式）的制约，本能驱力只能在文化模式容许的范围内运作，学习以具相当程度之社会化的理性形式来适应，是不可避免，更是必需的。于是，在弗洛伊德的眼中，在这充满矛盾与冲突的世界里，正负情愫交融的心理状态乃为人们带来难以化解的困扰，让人们的心灵永远处于冲突矛盾的焦虑之中，以至于"压抑"成为人存在的基本心理处境（Freud, 1915:195; 1950:60）。对此，尼采却有着不同的理解，他认为，人们并非完全受制于既有的文明结构，他们总是有主动能力为自己创造一个理想的存在状况，让文化（文明）成为在本能驱力推动下人经营生命的一种"自然"表现。而且，事实上，人也必须学习如此，因为人不能一直让自己屈服在以泰山压顶之巨灵姿态（如基督教道德和柏拉图主义）来指挥人生命的诸多既有的社会力量之下。在这样具主动创造的情境里，正负情愫交融自然不是负担，正相反，对成就超越人格，具有正面的助力作用。这正是尼采提出具抗压性之非凡人格试炼的"超人"（overman）的重点（参看 Nietzsche, 2009）。

假若我们接受虚空"混沌"状态是人存在的原型，也是一切"生成"的着胎点的话，那么，正负情愫交融无疑即是人处于此一"混沌"状态中所承受的基本心理样态，人们必须学习以带着"游戏"的曲调原色来应对，如此才能让存在本身充满着生机。这也就是说，让正负情愫交融产生足以使人们迸放能量激荡身心来创造新局面的动力。于是，倘若没有蔑视与忽视，爱与关怀本身将软化（也腐化）人的意志，终会让权能意志的能量归零。一样，若无爱与关怀，蔑视与忽视本身则会"恶质化"

人的意志，以至于使得权能意志变得软弱无力。人们总是必须学习让"蔑视与忽视"和"爱与关怀"成为可以交会搓揉摩荡而激发总体动能的两造，而非让它们以互斥对彰并存的姿态从事着"非你死即我亡"般的殊死斗争。易言之，倘若"爱与关怀"是至高价值的话，透过心灵自身内在的不断挣扎，"蔑视与忽视"有着用来激发、催促"爱与关怀"的发酵作用。

对人类而言，最让人们感到困扰的正负情愫交融状态，莫过于生与死交会所引起的焦虑。对人类来说，有限的生命界线，乃意味着不可逃避的"死亡"终究要发生。这样的命运总是让人们感到惴惴乎，经常承载着不确定与虚空的感受。于是乎，死亡总是被看成一种断裂、割舍、毁灭与终结，充满着未知的恐惧。在如此一般生与死的正负情愫交融的心境下，为必然来临的死亡做准备，或许是需要的。但是，问题的关键在于"怎么做"。情形显得相当明显，一旦人们抱着生的欲念不放，对死亡有所恐惧，他们的目光自然变得狭隘，感情日益颓废，胸襟也更加现实。或许，只有把死亡与虚空看成是人存在的极限，以此极限"照出"所有生与有的可能性，如此让生与死在正负情愫交融当中相互搓揉摩荡，而非把它们互斥地予以相互排除，才是人们了解自己与世界的妥帖策略。情形就有如我们对着"善"时，"恶"是必需，也必然的对照一般。而且，我们只能用恶"照耀"善，让善与恶的藩篱撤销而相互流动激荡着，一种具超越性的"善"行才可能"自然"地流露出来。尼采即建议我们，必须学习"自愿（自由）地死亡"的态度，将有助于我们面对"死亡"的恐惧威胁（Nietzsche, 2009:132-136）。

尼采这样的说法乃暗示着，所谓"人应当充实地生活着"，即是为死亡所做的最好准备。选择某种具体的生活活动，是让具毁灭且混沌意涵的死亡，有不断创造内在化解之权能力道（但同时也是耗尽自己）的最好处方。以这样的方式让正负情愫相互交融地搓揉摩荡，是创造崭新生命，超越既有正负情愫以二元互斥对彰而并存的格局相互冲突对峙所挤压出之焦虑的紧张张力。显然，这一切意味着，作为一个谋求心灵精进之有"思想"的人，应当学会不时让自己的一部分"死亡"，如此，才有空间容纳更多新生的成分，这是让既生又死、既爱又恨的正负情愫交融心理状态不断有着更新代谢的契机，可以使得"再生"永恒轮回着。于是，若说不断地重估与追求价值是人生存的必要条件的话，那么，只仰赖个人的自我选择与经营，是绝难对结构性的"改造"寄予任何期待的。

在今天这样一个以符号消费为导向的个体化社会里，就"均值人"而言，个别个体的"我性"乃受整个既定符号生产－行销机制所框定，形塑出来的基本上是一种具他人导向的过度饱和"我性"。这是一种以肉身躯体为本、此在处所为基础、俗世世界为存有依托界范，并且把本能欲望当载具来为自我的个性予以明确化的集体塑型过程。"个体化"是集体性的一种表征，既是目的，也是手段。在这样的情形之下，诱惑的愉悦，乃至个性的塑造，吊诡地成为从事"剥削"与"宰制"的形式，而"异化"即等于真实的实践与证成，以至于虚拟即是真实，真实亦即虚拟，两者不必分清楚，形成了鲍德里亚所说的"超高实在"（hyper-real）（Baudrillaerd, 1994）。连带地，如此活在符码不断滋生的虚幻世界里，人们并不需要严酷的试炼努力，也缺乏致命伤害的机遇，轻盈得像一朵云，东飘西荡的。当下此刻的行乐即是永恒，既不必费心地追问严肃而沉重的生命意义，有的是昆德拉所刻画之"不可承受之轻"的焦虑感威胁着，十分轻微，轻微到一切可以显得十分自在，甚至写意地去面对。在这样的生命际遇里，尼采企图透过查拉图斯特拉这位"先知"来"开示"，似乎并没有让人们开窍，使得灵魂得以脱胎换骨，以造就超人。绝大多数的人们依旧"享受"着丰硕之符号消费文化的硕果，欢迎沉溺于欲望的无限衍生与飘荡而堕落的虚拟符号之中，拒绝思考更加深刻的存在意义，遑说追求更加崇高的生命价值。

然而，话说回来，人们并非都无自觉地沉溺在无限多变的欢愉引诱之中，不自主地被那自我证成、自我定义的无形结构力量所绑架。人毕竟还是一个喜欢漫游的存有体，漫游于广袤的论述空间之中，在热爱命运的前提下，以各自的观点实验着自己的生命，有的甚至不断地呐喊着"我将……"，展现出一种追求自我精进的努力。在这样的情形之下，身体既可以是宣泄堕落本能或任由它们相互角逐的容器，更可以是自我灵性的试炼载具或存在意义的确认与提升的试验（与实践）介面。显而易见的是，后者这样的努力状态，基本上是一种人处于孤独状态来面对正负情愫交融的场景，乃要求一切由自己来承担，才得以有所成就。任何人的协助，都只会破坏正负情愫交融心理状态对自我所可能内涵的爆发作用力。

尼采说过一句令人省思的话，他是这么说的："孤独者，你踏上爱者之路吧；你爱你自己，所以又蔑视自己，正如只有爱者才有的蔑视。爱者要创造，因为他蔑视！人如果不恰好蔑视其所爱，又怎么懂得爱呢！怀着你的爱和你的创造，走进你的孤寂吧，……"（Nietzsche, 2009:119）只有把自己"逼进"孤独状态中，人才具备独立自主之自我反思的契机，足以让"爱顾"在"蔑视"的激荡下有着超越性的跃升。孤独并不是使得早已靠边站的"个体化"自我更加凸显，而是促使为他人导向所诱惑的"分别心"渐渐失去产生作用力道，让人自身（灵魂）有着与自然（世界）融会的可能，或迈入"悬在中间"的中阴（bardo）状态（参看 Singh 2010:208-209）。这是个饱和状态的转折点，也是走向威尔伯所言之超越人格个性（transpersonal）的一种跃升状态（Wilber, 1991:19-20, 89-90）。此刻，人会特别意识到身体的细微，但却有着不执着的超越感，没有过去记忆与未来期待的感性纠葛，只有当下此刻的临在喜悦感动。

孤独使得人们有更好的机会卸除自我的心理武装，孕育具原创动能的身心整体感。尼采的查拉图斯特拉对人类的意义，并不在于他下山后喋喋不休的宣扬理念——即苦口婆心的"劝世"本身所带来的影响成就，而是一个人孤独隐居于山中的生活本身，值得重视的是，当转向自然与内心后，人所引发之一种以修身养性成就个人之"权能意志"的努力。于是，人不希求在上帝的庇荫下寻找安逸，而是个体以孤独的姿态追求危险的救助——自我救助。这也就是说，社会既有的结构性机制永远只是一种"命运"条件而已，企图顺着一些人们的意愿来予以改变，并无法完全化解人类一再必须面对之正负情愫交融的冲撞，冲突矛盾的焦虑始终是永恒轮回着的，倘若人类不懂得在热爱命运的前提下学习自我克服的话。因此，唯有回到人作为行动主体的自身，进行一种以泰然自若的随缘方式来搓揉摩荡种种遭遇的柔性修养应变功夫，人才得超越"命运"，成就超人的境界。

在此，修养有两个层次:(1)合情合理地应对着既有的结构性"命运"——这是一种攸关人存在之现实"底线"的权宜选择问题;(2)生命意境的提升——这是一种原属可有可无性质的生命意义抉择，涉及的是生命境界之感受深度与厚度（或谓精致细腻程度）的问题。于是，现代人的问题不是"结构－能动"绝对互斥对彰的相互调适问题，而是在以人为本位的前提下，如何挪用既有结构理路来解构"命运"的问题。

（原文刊登于《社会》，第 33 卷，1-34，2013）

参考文献

叶启政

1991 《对社会学一些预设的反省——本土化的根本问题》，见《制度化的社会逻辑》。台北：东大图书公司，1-31。

2004 《进出"结构－行动"的困境：与当代西方社会学理论论述对话》。（修订二版）台北：三民书局。

2008 《迈向修养社会学》。台北：三民书局。

Archer, Margaret S.

1988 *Culture and Agency: The Place of Culture in Social theory.* Cambridge: Cambridge University Press.

1995 *Realist Social Theory: The Morphogenetic Approach.* Cambridge: Cambridge University Press.

2000 *Being Human: The Problem of Agency.* Cambridge: Cambridge University Press.

2003 *Structure, Agency and Internal Conversation.* Cambridge: Cambridge University Press.

2007 *Making Our Way Through the World.* Cambridge: Cambridge University Press.

Bakhtin, Mikhail M.

1998　《巴赫金全集，第六卷：拉伯雷研究》（李兆林、夏忠宪译）。石家庄：河北教育出版社。

Barnes, Barry

2000　*Understanding Agency: Social Theory and Responsible Action.* London: Sage.

Baudrillard, Jean

1990　*Fatal Strategies.* Translated by Phillip Beitchman & W. G. J. Niesluchowski, edited by Jim Fleming. New York: Semiotext（e）.

1994　*Simulacra and Simulation.* Translated by Sheila F. Glaser. Ann Arbor, Michigan: The University of Michigan Press.

Becker, Howard & Harry E. Barnes

1961　*Social thought From Lore To Science.*（Three volumes）（with the assistance of émile Benoît-Smullyan and others）（3rd Edition）. Washington D. C: Harren Press.

Berger, Peter

1980　*The Heretical Imperative.* New York: Doubleday Anchor.

Bourdieu, Pierre

1977　*Outline of A Theory of Practice.* New York: Cambridge University Press.

1990　*The Logic of Practice.* Cambridge, England : Polity Press.

Descartes, René

1993　*Meditations on First Philosophy.*（third edition）translated by Donald A. Cress. Indianapolis, Indiana: Hackett Publishing Co..

Durkheim, Emile

1964　*The Division of Labor in Society.* New York: Free Press.

1995　*The Elementary Forms of the Religious Life.*（a new translation by K. E. Fields）New York: Free Press.

Eliade, Mircea

2000　《宇宙与历史：永恒回归的神话》（*Le Mythe de I'éternel Retour: Archétypes et Répétition*）（杨儒宾译）。台北：联经出版公司。

Elias, Norbert

1978　*The Civilizing Process: The History of Manners, Volume 1*. New York: Urizen Books.

1984　*The Civilizing Process: State Formation and Civilization, Volume 2*. Oxford: Blackwell.

Freud, Sigmund

1915　"The unconscious," *The Standard Edition of the Complete Psychological Works of Sigmund Freud, Volume 14*. Edited by James Strachey in collaboration with Anna Freud London: The Hogarth Press and the Institute of Psycho-analysis, 166-215.

1950　*Totem and Taboo: Some Points of Agreement between the Mental Lives of Savages and Neurotics*. (translated by James Strachey) London: Routledge and Kegan Paul.

Fukuyama, Frank

1993　《历史的终结与最后一人》(*The End of History and the Last Man*) (李永炽译)。台北: 时报出版公司。

Giddens, Anthony

1979　*Central Problems in Social Theory*. Berkeley, Ca.: University of California Press.

1984　*The Constitution of Society*. Cambridge, England: Polity Press.

1991　*Modernity and Self-Identity: Self and Society in the Late Modern Time*. Cambridge: Polity Press.

Habermas, Jürgen

1984　*Theory of Communicative Action, Volume One: Reason and the Rationalization of Society*. (translated by Thomas McCarthy) Boston, Mass: Beacon Press.

1987　*Theory of Communicative Action, Volume Two: Lifeworld and System: A Critique of Functionalist Reason*. (translated by Thomas McCarthy) Boston, Mass.: Beacon Press.

Hearnshaw, L. S.

1964　*A Short History of British Psychology, 1840–1940*. London: Methuen.

Hobbes, Thomas

1983　*De Cive: Philosophical Rudiments Concerning Government and Society.* (English Version) ed. by Howard Warrender. Oxford: Oxford University Press.

1998　*Leviathan.* edited with an introduction and notes by J. C. A. Gaskin. Oxford, England: Oxford University Press.

Horkheimer, Marx & Theodor W. Adorno

1972　"The cultural industry: Enlightenment as mass deception," in *Dialectic of Enlightenment.* New York, N. Y.: The Seabury Press, 120-167.

Joas, Hans

1996　*The Creativity of Action.* translated by Jeremy Gaines & Paul Keast. Cambridge, England: Polity Press.

Koselleck, Reinhart

1988　*Critique and Crisis: Enlightenment and the Pathogenesis of Modern Society.* Cambridge, Mass.: MIT Press.

Lockwood, David

1964　"Social integration and system integration," in G. K.Zollschan & W. Hirsch (eds.) *Explorations in Social Change.* Boston: Hougton-Mifflin, 244-257.

Luhmann, Niklas

1982　*The Differentiation of Society.* New York: Columbia University Press.

1995　*Social Systems.* Stanford, Ca.: Stanford University Press.

Macpherson, Crawford B.

1962　*The Political Theory of Possessive Individualism.* Oxford, England: Oxford University Press.

1968　"Introduction," in Thomas Hobbes *Leviathan.* edited with an introduction by Crawford B. Macpherson. London: Penguin, 9-63.

Maffesoli, Michel

1996　*The Time of the Tribes: The Decline of Individualism in Mass Society.* London: Sage.

Mauss, Marcel

1989　《礼物：旧社会中交换的形式与功能》(*The Gift: the Form and Reason for Exchange in Archaic Societies*)(汪珍宜、何翠萍译)。台北：远流出版社。

Merton, Robert

1976　*Sociological Ambivalence.* New York: Free Press.

Mouzelis, Nicos P.

1991　*Back to Sociological Theory.* London: Macmillan.

1995　*Sociological Theory: What Went Wrong?* London: Macmillan.

Nietzsche, Friedrich

1994　*On the Genealogy of Morality.* Ed. by Keith Ansell-Pearson. Translated by Carol Diethe. Cambridge: Cambridge University Press.

1999　*Human, All Too Human.* Translated by R. J. Hollingdale. Cambridge: Cambridge University Press.

2002　*Beyond Good and Evil.* Eds. by Rolf-Peter Horstmann & Judith Norman, translated by Judith Norman. Cambridge: Cambridge University Press.

2005　*The Anti-Christ, Ecce Homo, Twiligh of the Idols.* Edited by Aaron Ridley & Judith Norman. Cambridge, England: Cambridge University Press.

2009　《查拉图斯特拉如是说》(*Also Sprach Zarathustra*)(黄明嘉、楼林译)。上海：华东师范大学出版社。

Riley, Patrick

1982　*Will and Political Legitimacy: A Critical Exposition of Social Contract Theory in Hobbes, Locke, Rousseau, Kant and Hegel.* Cambridge, Mass.: Harvard University Press.

Rosen, Stenley

2003 《启蒙的面具:尼采的〈查拉图斯特拉如是说〉》(*The mask of Enlightenment*)(吴松江、陈卫斌译)。上海:华东师范大学出版社。

Rubinstein, David

2001 *Culture, Structure and Agency: Toward a Truly Multidimensional Society*. London: Sage.

Schmitt, Carl

2008 《霍布斯国家学说中的利维坦》(*Der Leviathan in der Staatslehre des Thomas Hobbes*)(应星、朱雁冰译)。上海:华东师范大学出版社。

Seligman, Adam B., Robert P. Weller, Michael J. Puett & Bennett Simon

2008 *Ritual and Its Consequences: An Essay on the Limits of Sincerity*. Oxford: Oxford University Press.

Simmel, Georg

1955 *Conflict and the Web of Group-Affiliation*. New York: The Free Press.

1971 "sociability," in *Georg Simmel on Individuality and Social Forms*. (ed. by Donald N. Levine)Chicago: The University of Chicago Press, 127-140.

Singh, Kathleen D

2010 《好走:临终时刻的心灵转化》(*The Greace in Dying: How We Are Transormed Spiritually As We Die*)(彭荣邦、廖婉如译)。台北:心灵工坊。

Smelser, Neil

1998 "The rational and the ambivalent in the social sciences," *American Sociological Review* 63:1-16.

Wallerstein, Immanuel

2001 《自由主义之后》(*After Liberalism*)(彭淮栋译)。台北:联经出版社。

Warner, R. Stephen

2004 "Enlisting Smelser's theory of ambivalence to maintain progress in sociology of religion's new paradigm," in Jeffrey C. Alexander, Gary T. Marx & Christine L. Williams (eds.) *Self, Social Structure and Beliefs*. Berkeley, Ca.: University of California Press, 103-121.

Weber, Max

1978　*Economy and Society.* (*two volumes*) (ed, by Guenther Roth & Claus Wittich) Berkeley: University of California Press.

Weigert, Andrew J.

1991　*Mixed Emotions: Certain Steps Toward Understanding Ambivalence*. Albany, N. Y.: State University of New York Press.

Wilber, Ken

1991　《事事本无碍》(*No Boundary: Easern and Western Approaches to personal Growth*) (若水译)。台北: 光启文化出版公司。

Vattimo, Gianni

1992　*The Transparent Society.* translated by David Webb. Cambridge, England: Polity Press.

象征交换与"正负情愫交融"现象

一、重解马克思与弗洛伊德之论述的当代意义

尽管，无论就思想承继渊源、理论架构设定、指涉对象层面或书写风格表现等等的角度来看，马克思与弗洛伊德的论述都有着相当明显的不同，但是，对于人性与人之社会行为的讨论，他们两人却分享着一个共同的基本立场。这个共同的基本立场简单地说即是：肯确人所具"生物"需求特质乃讨论人本身（或社会关系）之问题的起始基点。倘若转换成为霍布斯的命题旨趣来说，马克思与弗洛伊德关心的，基本上是人基于最低程度的"自我保全"欲望所开展之由"动物性"跳跃（或过渡）至"人文性"当刻的移位（轴）问题，而非已从"动物性"跳跃（或过渡）出来以后的"人文性"如何进一步成就的"自我证成"问题。摆回整个西方社会思想发展的历史进程来看，这样特别架出"自我保全"（self-preservation）[①]的基本需要以作为人之所以存在的哲学人类学存有预设，并强调由"动物性"跳跃（或过渡）到"人文性"的重要性，乃呼应，也彰显着深刻的特殊文化−历史意义，值得在这儿再度从事结论性的摘要阐述。

对马克思而言，十九世纪以来的资本主义发达社会里，就"人类"这样的类存有体（species being）而言，由"动物性"过渡到"人文性"之最为严肃的课题莫过于，体现在以工人为历史原型之无产阶级身上的最低程度"自我保全"的基本需要受到严重的阻碍。对这些"悲惨"的无产阶级来说，他们所欲求的只是维持作为生存动物体之"人"的基本"生理"要求而已。这样的要求相当卑微，因为他们要求的（或替他们要求的）只是一个人作为"人类"这样的类存有体由"动物性"过渡到

---

① 源自十七世纪的霍布斯（1998）。有关作者对霍布斯的论述对当代社会思想的意义，参看叶启政（2013a）。

"人文性"时之基本欲望的"临界"满足问题而已。无疑，这是界定一个人的存在尊严所不能再化约的底线。继而，就弗洛伊德来说，马克思这样由"动物性"过渡到"人文性"的问题其实只是转了一个弯，被导引到如何妥善地处理以性欲为主导的利必多驱力（libido drive）与人类天生具有的攻击性（aggressiveness）上面[①]。准此，人类社会里所常见之以"阳具"为基础的男人中心主义，转而成为弗洛伊德论述人类的欲望受到压抑现象时之心理人类学的源起状态，其显示的，一样地，恰恰正是文明由"动物性"过渡到"人文性"的临界点所彰显的课题。因此，整个问题的核心还是一样的，并没有改变。

　　诚如鲍德里亚指出的，马克思与弗洛伊德的如此一般论述，共享着相同的认识论基点。基本上，他们都是从具特殊历史质性的"交换价值"立场来确立（并论述）"使用价值"（即物质或性欲的满足乃是人的基本欲望）作为理解、诠释和证成人类社会行为之终极依据的至高性。因此，所有的价值（包含交换价值）乃以"使用价值"是否能够充分体现来定夺，并予以证成（Baudrillard, 1975, 1981, 1990a, b）。这样的思考模式彰显的，基本上即是重述着霍布斯的基本命题（即由"动物性"过渡到"人文性"的问题），并且必然是以人的基本实质需求（如"自我保全"的需求）作为不可或缺，且不可化约的基础。对马克思来说，"交换价值"指的是在资本主义私有财产制的历史形式主导下以创造剩余价值的"营利"交换逻辑，而"使用价值"指向的则是种种的"物质"（也正是工业资本主义体制所生产的物品），因为它们是用来满足所有"人类"存有体（当然，包含工人无产阶级）之普遍基本生理需求（表现在食衣住行上面）的必要手段。因此，一旦这些用以维持一个人之最低程度"自我保全"的基本生存"使用价值"的物质条件被剥夺掉，用以确立此一物质条件的社会交换形式就得被检讨，甚至予以更换，而依附此一社会交换形式的"交换价值"也就跟着有被批判或乃至撤销的必要了。

　　至于对弗洛伊德而言，简单来说，在他的观念里，人类都是受着欲望的驱使，特别就性的欲望来说，对任何性器官成熟的人，不论男的还

---

① 有关作者对弗洛伊德的讨论，参看叶启政（2013b）。

是女的，都有一定的性冲动欲望，性器官（甚至整个身体）的"使用价值"即在于满足这样的欲望（当然，除了传宗接代之绵延种族的功能之外），具有终极性（finality）。因此，单就性关系的刚性具体而积极的表现而言，在传统以父亲权威主导之男性中心主义所塑造的文化模式的支配下，男性的阳具所具有满足性欲的"使用价值"，在文化意义上乃有着居绝对优位的至高性。处在这样的文化氛围里，女性代表的则仅是一种"虚空"的"弱者"状态，没有自身的历史性，一切均得依着男性为中心来予以衍生定义。准此前提，根据 Freud 的见解，简单而具体地说，在日常生活世界里，父亲权威阴影笼罩着一切，这使得人们（特指子女们）一直受到害怕阳具被阉割（指男性）或感到已被阉割（指女性）的心理情结所绑架。因而，在这样心理与实质权力关系双重受到绑架的情形下，人们之社会互动（特别是与社会权威体的互动）中的种种关系表征所体现的"交换价值"总是以"道德化"的悬空、转移或升华等等的形式予以证成（如尽孝道、妇道、守贞操等等），文化蕴涵的实质（特指道德伦理）内容因此乃是以具负面性的压抑作用（如压抑性欲与具攻击性的行为）来呈现，尽管具正面实现使用价值（如性满足）意义的"交换价值"（如男女因相爱而交媾）还是可以看得到。

没错，作为一种具肉体身躯的存有体，人所具有的基本身心构造其实是早已被注定着，他（她）的确是无法完全摆脱"使用价值"的考量，因为，作为人，他（她）至少是需要应付吃、喝、穿与住等等的基本需求的。尤有进之的是，在人所需求的物质绝大部分均仰赖着"生产"来供应的一般情况下，这些基本需求的必然存在乃意味着，"使用价值"与"交换价值"以某种文化－历史方式相互搓揉摩荡着，乃是不可避免的现象。在这样的前提下，对人类来说，不管是处于怎样的时代场景里，现实中，基本需求是否（与如何）满足的问题始终存在着。只是，对处于所谓"后现代状况"的人们而言，问题的重点不是人类的种种需求不存在或变得不重要，而是它可能变得像空气一样，人要生存是需要仰赖着它，但是，在正常的情况下，我们有着足够的新鲜空气可供我们呼吸使用，并不特别感受得到它的必要性。因此，在考量人实际生活着的社会情况时，它不足以成为具有特殊文化－历史意义的"立即紧要"条件。

无怪乎，在批评弗洛伊德之精神分析的基本内涵时，鲍德里亚会认为，导引着当代人存在的核心动力，不是十九世纪西方人所想象作为能量与理法之欲望的推动力量本身，而是对着世界进行着的游戏与诱惑。对人们来说，这是一种游戏与被游戏的激情，乃游走于幻觉与表象之间，非来自当事人的自身，而是来自其他地方或他人的脸色、语言、姿态等等外显的表象。基本上，它只是一种没有任何前置状态（因而，没有历史）之特殊事件的诱惑（Baudrillard, 1990b:138-139）。

准此，"需求"仅是对人类所预设之具生物性的生存基础，在当今充满着"符码"之象征交换的时代里，这自然难以成为理解与诠释当代人的适当文化－历史要件。情形显得重要的是，相对来说，毋宁说是符码本身的结构原则问题以及人面对着种种符码时所采取的态度。因此，我们得以把"需求"（尤其是具终极性的"使用价值"）倒转过来，由过去所具之"解释项"的角色转为"被解释项"，而且还得依存在符码的结构原则下来予以理解，才可能获得具有妥帖之启发性的意义定位。或者，推到极端，我们甚至可以把"需求"的概念完全予以悬搁而不论。

二、"象征交换"的哲学人类学存有源起预设基础——曼纳与神圣性的经营

在人类文明发展漫长的历史进程中，倘若"象征交换"具有哲学人类学存有论上的崇高意涵的话，回到初民社会（特别是节庆）之集体亢奋（effervescence）的"礼物"①互惠交换场景，长期以来即被西方（特别是法国）社会理论家视为是一种源起状态（也是"文化"得以孕生）的基本社会机制。在此场合里，"无工具价值设准的社交性（sociality）"乃是互动自身的目的，也是人作为主体而存在的社会基础。于是，集体亢奋引发激情状态以张扬社会至高性，乃被视为是人类透过制度化过程

① 就哲学人类学的立场来看，诚如莫斯（1989）在《礼物》一书中所企图意涵的，礼物交换即是象征交换形式的典型，具有深刻的隐喻作用。

形塑集体意识的社会心理前置状态，更可以说是人类由动物性"跳跃"至人文性之心理上的临界场域，对理解人的社会世界与其行为，一直具有必然且具至高性质的地位。

十九世纪的尼采即一直认为，在最初始的时期，人类与其他的野兽原本都是一样，乃依着本能来宣泄情绪，并以野蛮战斗的方式行事。当人类处于此一情形之下时，其所张扬之心理状态的元神比较接近希腊酒神狄奥尼索斯（Dionysus）内涵的精神——激情与陶醉，而其基本的经验即不断创造着令人感到非凡而例外的惊奇。尤有进之的，这种充满着激情与陶醉的酒神精神，可以说正是宗教经验和神圣性得以形塑的心理基础，并且是人类经营文明的基架（参看叶启政，2008:10-23）。特别值得注意的是，尼采此一特别强调酒神精神作为探讨人类（尤指西方）文明源起的主张，乃为后来法国的日常生活学派[①]特别依重，并视为核心概念。

就概念的内涵而言，当我们说心理状态的元神是酒神精神时，这乃意味着，它是人类原先禀赋之具"本能性"的感性特质，不是经过理性经营出来的人为"文化"作用结果。这也就是说，当我们说"人类是一种动物"时，人本能具有激情冲动的能量力道，正是动物性的典型体现[②]。体现在西方社会思想的发展过程中，对霍布斯或弗洛伊德等人而言，文明发展的原始激发动力正是来自于这样的动物性。只不过，人类与其他动物不同，他懂得让此一动物性在人文性的洗礼下有着"恰适"的"文明"表现。正因为如此，由"动物性"转化为"人文性"的临界点为何，于焉变成重要的课题。就人类文明发展史的角度来看，在此过程中，简单地说，所谓曼纳[③]（mana）现象的孕生，以至于神圣性的塑

---

① 特别指列斐伏尔、巴塔耶等人所创之"社会学学院"（the College of Sociology）的成员、德波为主的"国际情境主义者"（the Situationist International）和马费索利等人。有关作者个人对此一学派的看法，参看叶启政（2008:231-253）。

② 假如借用马费索利（1996a）的用语，即是法文的 puissance。

③ 简单地说，通常，曼纳乃指，在某种宗教信仰里，人们相信世间存在有一种超自然的非凡力量，它被认为是集中在某种神祇、神圣物或人物身上，但是，威力却是蔓延散及整个世界，而且可以承继或传递下去。根据 Durkheim（1995）的意见，此一力道特质因而具备着源起意义，乃代表着宗教信仰（因而，也是社会得以形成）的最初形式。

造，可以说即是彰显此一转化临界点之人文性的机制要件，而这再次地意涵着激发孕生酒神精神所内涵的激情乃是核心的课题。易言之，曼纳的引生与神圣性的营造，都是以引发激情作为基本前提，任何的理性作为基本上都是为了证成激情的一种人为努力。

曼纳激情支撑下的神圣性是非凡而例外的，需要与平凡而例行的"世俗"特别地加以区隔开。这也就是说，神圣与世俗之间有着门槛，更是有着自己的守护者（譬如，寺庙，乃至家中的大门有着门神守护着），禁止敌人、魔鬼、邪恶或不喜欲的力量侵入。因此，此一门槛基本上宣示着神圣与世俗之间是"断裂"的，不可任意逾越（Eliade, 2002:75）。人们若要跨过这个门槛，需要透过仪式（ritual）的方式（譬如，进入寺庙时，行跪拜顶礼）来圆成，而透过仪式来展现和保证具曼纳力道的神圣性更是意味着，人们需要透过"物"的形式（如神像、神主牌、焚香或八卦图等等）作为媒介来营造，曼纳的象征意义才得以"神显"体现。因而，神圣性与"物"总是需要彼此互为表里地镶嵌着，才足以落实地被塑造着，也才得以对世界进行着一种赋予某种新生命象征意义的受造过程（如借着祭典确立一个特定地方——神坛——的不可侵犯性）。

透过"物"的媒介所营造的仪式，乃是一种对"神圣"赋予例行化的过程。基本上，如此对"非凡例外"予以"平凡例行"化的仪式化过程必然是要存在着的，因为这使得神圣性不只获得了适当的解释，更是经由仪式作为"索引"而得以一再重复地呈现，并保证着，"理性"更是因而才得以顺利介入来导引人们的行为[1]。借用Seligman等人的说法，此一仪式作为"非凡例外"所创造的"理性"例行化现象，基本上是创造了一种"犹如"（as if）或"可以是"（could be），而非"实然如是"（as is）的状态。在这样的情况下，显然，仪式是必须摆置在人类所假设的世界与其实际经验的世界之间产生了裂罅的情形下来看待，才有获得理解的可能的（Seligman, Weller, Puett & Simon, 2008:23, 25, 27）。这么说的

---

[1]　无疑，例行化过程必然产生的局势，势必使得神圣性原先具有强烈的激情魅力被削弱，变成苍白的"行礼如仪"贫血现象，难以在人们当中引起强烈情绪的共感共应。所以，为了保持仪式背后蕴涵的神圣性得以在人们的情绪感受上保持共感共应的新鲜度，不时有着节庆的安排，实具有"保鲜"的作用。

理由是:假若文明是起于对人所处之环境有着"惊奇"经验①的话,那么,无疑,孕生具共感共应的"曼纳"情愫乃是符应(或谓应对)着惊奇所带来之诸如恐惧、敬畏或崇敬等之种种心理压力的基本动力。透过曼纳情愫对"惊奇"经验所营造的神圣感,于是乎成为主导着人们如何认知世界的基轴。这么一来,倘若具"犹如"或"可以是"特质的仪式是证成神圣性的机制要件的话,人们总是以一种充满酒神特质的"理想"想象图像来彰显现实实在。这也就是说,假若人们是透过仪式来体验社会自身作为存在实体的话,其所参照的基点基本上乃来自对这种具"犹如"或"可以是"之假设语气状态所引起的共享感觉而孕生的无止尽的梦幻世界。此一仪式所营造的梦幻景象需要一套隐喻体系以不断重复的方式来支撑其标杆性,如此,隐喻体系所内涵之可让人们产生共感共应的神圣性才得以有所支撑,并让其曼纳能量维持活鲜状态,以俾不断孕育着足以把人们凝聚在一起的能量。

赫伊津哈在其著《游戏人》(*Homo Ludens*)一书中即曾经指出,象征的运用是任何游戏的基本要旨,而仪式(与迷思)正是其原型,且是一种神圣的游戏。初民即以游戏的方式来证成其自身的存在,因此,游戏可以说是构作文明的原始基础。对初民而言,游戏并无所谓假装(make-believe)的意思,更没有当代人面对的认同(identity)问题,有的只是有关奉献神祇之神圣牺牲的象征问题②(Huizinga, 2000:4-5, 25-27)。显而易见的是,这样的说法呼应着上面的论述,乃意味着:在游戏活动过程中,人们彼此之间的互动所彰显的,基本上是立基于(特别是对大自然引发之)惊奇而孕生诸如崇敬、敬畏、愉悦或亢奋等等心理感受所带引出来的"纯粹"象征交换。这样的象征交换,本质上不是基于某种特殊个人(或群体)目的(或利益)而刻意经营具理性认知成分的"意义"(如谋求个人财富或集体福利)。在这样"象征交换"本身即是

---

① 相关的讨论,参看叶启政(2008)。

② 赫伊津哈认为,就源起状态而言,人类任何的社会活动(包含艺术、哲学与科学在内)本质上都是游戏的形式,所以文明根植于高尚的游戏,重视的是风格、仪式与尊严。但是,自从理性化以后,意识形态的道德化使得现代西方人的社会互动丧失了这样的游戏特质(Huizinga, 2000:206, 210, 211)。

目的的场景里，仪式（特别是魔术与咒语）的威力，是如鲍德里亚所认为的，在于清空了一切具特定历史旨趣的定型"意义"，让人们得以孕育，并成就无限的想象与感受空间，神圣"神祇"的符码正可以从中孕生，不必接受理性的"逻辑"检验与查证。于是，在神圣的塑造仪式当中，意符（signifier）基本上是虚空的。此刻，语词既无固定内容，也无特定指涉对象，可以让人们有着充分发挥自我实现（或自我防卫）预言之权能的契机，其可能内涵的纯粹引诱（seduction）基本上是充分解放着（Baudrillard, 1990a:75）。这也就是说，象征交换的纯粹形式乃意涵着，交换本身即是目的，甚至可以说无所谓的目的，若有的话，那也只是仪式性自身所可能散发具魅诱性质的曼纳力道了。于是，在"纯粹"的象征交换过程中，虚空的意符可以让人们产生炫惑，乃至迷乱出神的感觉。此时，尽管空与有、生与死可以是对反（opposite）着，却又是同时纠结在一起，形成一种正反情愫交融（ambivalence）的状态。其间没有真理可言，有的只是不断地以秘密的方式进行感知的衍生与孕育①。

在这样的象征交换的社会过程中，诚如上述的，仪式以"索引"的姿态重复呈现，使得神圣的时间本质上是可逆转的，乃以具原初秘思（myth）性质的"时间"姿态临现于当下此刻。如此说来，这是一种具本体性的永恒时间，乃以一种永恒之现在的方式让时间借由每次更新的创造重获新生。其中最为典型的，莫过于节庆的循环出现，因此，节庆是实现神圣时间的一种结构模式，它总是发生在起源的时刻，而人们在节庆期间所展现的行为，便是重新整合了起源与神圣时间，以俾与之前和之后的行为有所差异（Eliade, 2002:116, 121, 131, 134）。这样以节庆的形式来安顿"非凡例外"，尤其透过把种种的"物"予以神圣性，乃为人们的行为确立了一定的客观性（如过年时的种种具仪式性的行止），而非突破"客观性"地任由个人主观意愿来界定。如此一来，往往导致时间

①　基本上，这样的"正反情愫交融"缺乏如弗洛伊德所说之精神官能症患者身上看得到的强烈情绪反应（如因压抑带来的焦虑、紧张，乃至强迫行为），因而，它经常缺乏严肃的禁忌感，无法在潜意识里累积能量，以至其所引生之曼纳的力道常常有嫌不足。

的绵延被重复呈现的事件（如节庆）予以平准化，以至于反而难以成为构作具"差异"意义的重要判准。

伊利亚德使用"宇宙"与"历史"两个概念来区分人类对"时间"此一概念的掌握。他认为，前者属于初民，而后者则多见于受（特别是科学）理性支配的现代人之中。体现在宇宙型之世界里的时间，乃具循环性，无限地自我再生着，而展现在具"历史"意识的现代型的，则是"一种有限的时间，两个非时间永久点间之片段（虽然它自身也是循环性的）的接续联结"（Eliade, 2000:101-102）。因此，前者表现的是一种永恒的回归，一再地重复循环再生，时间是可逆的，人们看到的是一种"原型"的不断流变，但是，万变却是不离其宗。在这样的认知模式下，具特殊风格的"独特不二"的"历史"不是被泯灭掉，就是对特殊历史事件赋予某种后设意义①（Eliade, 2000:128）。

在具这样之人类学的存在背景的支撑下，伊利亚德强调，初民并不将自己视为历史存有，有着不断演进（乃至进步）的必要，也拒绝对记忆和非常态事件（即不以原型为典范的事件）赋予任何的价值。他们有的，经常只是让具体的时间绵延由诸多非常态事件以不断循环的方式叠积形成（如一年到头的祭祀典礼）（Eliade, 2000:74-79）。这也就是说，让原型事迹透过象征仪式予以净化，使之得以重复呈现，乃形构神圣性，并使得时间再生的基本策略。在这样的过程中，（具特殊性的）历史与时间被悬搁起来，有的只是"反"历史与时间的永恒"宇宙"观念不断地回归摆荡。这样的宇宙观经常是透过暂时让既有例行而平凡的日常生活形式予以悬搁，转由非凡而例外的社会场合（如戒斋、节庆）来加持、证成。此刻，例行而平凡之日常生活的"正常"形式在狂欢沸腾而放肆的"混沌无序"状态之中暂时"解体"。准此，伊利亚德宣称，这即是一种超乎特定历史时间观制约之"宇宙"世界的开始，而"正负情愫交融"则是其所展现的基本心理特征（Eliade, 2000:56）。

当人们处于节庆（特别是情绪亢奋沸腾）的非凡例外场合而有着共

---

①　至于后者，呈现的则经常是以线性的方式向一个方向前进，只能有一次而已。因而，时间是不可逆反的，流变充满着整个的存有状态，但却是不可复归的状态。

感共应的时刻，此一共感共应心理的生成乃首先来自情境所可能引发的情绪感染，继而，逐渐孕生成为较具持久性的情愫（sentiment）。这一切感应的转化生成，基本上不是，更不必经过人们彼此予以同意，也无须要求人们特别地以意志来加强，因此，无涉在人与人之间形塑至高性（sovereignty）的生成问题。俄国哲学家巴赫金在论中古世纪拉伯雷（Rabelais）的诙谐怪诞文学中有关"降格"的问题时即曾指出，在节庆欢腾的场合里，人们陷入集体共感共应的"出神"状态，忘情的狂欢使得人们在平时具有的种种差异（如地位与身份的层级）被平准化。此时，例外（如国王）被"降格"成为例行（如百姓），特殊也被"降格"成为一般。于是，一般平民透过种种方式（经常是降格到以具"动物性"之与性和排泄有关的人体下部器官和随伴行止——如性交）揶揄尊贵的国王和贵族。巴赫金指出，在这样的情况下，亢奋欢腾以喧哗混乱的方式倒转地分享着"死亡"所意图体现的"平静与虚空"的平等，情形就有如在地狱中帝王与奴隶、富人与乞丐一样，都是裸露着身体（骨头），并且以平等的身份互相发生亲昵的接触（Bakhtin, 1998）。在这样的场景里，"例外／例行""非凡／平凡""特殊／普遍""富有／贫贱"与"尊贵／低贱"等等原先对反的双元样态相互引诱着，彼此以"正负情愫交融"的状态生生不息地搓揉攻错着。此一双元样态作为人的基本心理认知和感受基架，虽是对彰着的，彼此之间却一直是"断而不断"地纠结着，而非处于"断而再断"之"非此即彼"的二元互斥对彰的冲撞争夺状态。

三、"正负情愫交融"①的社会学意涵

自古以来，人类活在社会里，经常经验着爱恨交织的场景。譬如，爱情之所以被人们视为伟大而歌颂着，正是因为它可以让人们经验到一

---

① 就现代西方学术发展史的立场而言，"正负情愫交融"乃是布洛伊勒在1910年提出的概念，而弗洛伊德在1915年开始援用，之后，遂成为讨论精神官能症的核心文化概念（Freud, 1915）。布鲁姆因而认为，弗洛伊德所碰触之有关精神疾病的课题，其实是有关"正负情愫交融"的现象（Bloom, 1982: 57-58）。

种生与死、喜与怨、聚与离，以及爱与恨等等情愫相互交错缠绵的状态。没错，这样充满着暧昧、未定与滑溜的交织状态，固然带来焦急浮躁的不安心理，折磨着人们，但是，却也同时激荡出渴望、期待和思念的强烈欲念活力，让人们有着经验到生与死交错浮现之永恒"再生"的奇妙感觉，可以一直保有着欣喜、愉悦和活鲜的感觉。

其实，类似这样的爱与恨交织的"正负情愫交融"情形，并不只是局限地发生在人们的爱情关系之中，可以说是遍及人们日常生活中的各个面向。再者，它更非如鲍曼所认为的，它由公众领域①移转至私人领域，乃是发生在现代社会里的特别现象（Bauman, 1991:197）。对此，弗洛伊德的论述可以说是最具有代表性。

在此，姑且不论其理论性的观点是否妥当贴切，基本上，弗洛伊德即认为，"正负情愫交融"的现象是普遍存在于人类的历史进程里的，人类的文明甚至可以说正是源起于这样之情愫交织的矛盾心理状态。事实上，激发人们之集体意识的曼纳力道，即正是因为人们处于"正负情愫交融"的心理状况下，才足以使得两股矛盾并存的力量得以"汇合"，并让超级力量酝酿出来。

对弗洛伊德而言，体现"正负情愫交融"感受最为明显的，莫过于人们对父亲所具有的爱与恨交织的潜意识情结，即所谓弑父的恋母情结（Oedipus Complex）（Freud, 1950:60）。由于大家早已熟悉这样的说法，在此，就不再多加叙述了。他同时指出，在初民社会里，这样类似子女对父亲的"正负情愫交融"情形亦发生在人们对酋长的感觉上面。其情

---

① 对鲍曼而言，"正负情愫交融"的公众现象指的是如德国纳粹时期的犹太人心境与所遭遇的经验。对欧洲人来说，犹太人的集体经验是彰显"正负情愫交融"作为一种集体之社会现象的最佳写照。鲍曼认为，自由有利于"正负情愫交融"的产生，因为自由助长未确定性，无法保证任何事物，以至导致一些心理上的痛苦，而这亦即意味着恒定地暴露着"正负情愫交融"的现象（Bauman, 1991:244）。准此，鲍曼似乎把"正负情愫交融"等同于"暧昧模糊"（ambiguity）一概念看待，个人认为，如此看法实有斟酌的必要，因为前者指向的基本上是人的情绪感受，而后者本质上则是有关认知的问题，两者实有分殊的心理空间，虽则，当人们处于"正负情愫交融"的感受情况之中时，他很可能因而有着"暧昧模糊"的认知，以致加深了情绪性的不安与焦虑（参看 Weigert, 1991:17）。

况大致是如此：在部落社会里，对一般人来说，有些事物被视为是一种禁忌，不能任意接近，但是，酋长却拥有其他人视为禁忌之事物的接近特权。这么一来，使得部落里的人们不敢任意接近酋长，但他却又有着可接近的魔力（Freud, 1950:39, 47-48）。于是，酋长与其子民之间存有着一种"正负情愫交融"的关系，既远又近，既敬畏又亲近。弗洛伊德甚至因而更进一步地论证着，即使针对的是敌人，人们的心态基本上还是"正负情愫交融"着。这也就是说，人们对敌人是既恨，但又同情（remorse）或甚至是赞赏（admiration），以为杀他是一种坏的意识。

除了类似弗洛伊德一般地把"正负情愫交融"看成是一种心理现象之外，诸多当代西方社会学家则视"正负情愫交融"是一种具社会学意义之具结构性的机制现象。摆在现代社会里来看，由于"现代性"内涵之价值与意义多元化的激发，此一现象则显得特别明显[①]（如 Berger, 1980:20; Weigert, 1991:7-9, 20-26）。总结来看，在众多的论述中，默顿的说法可以说是最具有代表性。他即认为，"正负情愫交融"乃内涵在一个社会结构中之角色、角色组或地位的矛盾规范性期待之中。他为"社会学的正负情愫交融"做了这样的阐明：

> 以最广义的方式来说，社会学的正负情愫交融指的是，与社会中某个地位（如一个社会位置）或一组地位相关联的态度、信仰与行为有着不相容的规范性期待。而以最严格的方式来说，社会学的正负情愫交融指涉的则是，具体表现在具某单一地位的某单一角色中不相容的规范性期待（譬如，医生作为治疗者所扮演的角色是不同于他或她所具之地位的其他角色扮演——如研究者、行政者、专业同僚、专业学会的参与者等等的）（Merton, 1976:6）。

---

① 有关"正负情愫交融"成为（美国）社会学家讨论之课题的简扼描绘，参看 Weigert（1991：第二章），同时参看 Seeman（1953）、Goffman（1959）、Cohen（1960）、Coser（1966, 1976）、Zielyk（1966）、Hajda（1968）、Bardwick & Douvan（1971）、Room（1976）、Merton（1976）、Heilman（1979）、Berger（1980）、Mills（1983）、Levin（1985）、Smelser（1998）与 Warner（2004）等人。

　　很明显，所谓社会学的"正负情愫交融"乃被社会学家默顿用来指涉社会结构本身，而非某种人格特质所展现的情绪感受状态（Merton, 1976:6-8）。在默顿的心目中，社会学的正负情愫交融之最严格的核心样态，于是乎乃是"为与某单一社会地位相关联的社会角色所赋予具社会定义性之冲突的规范性期待"（Merton, 1976: 8），而这一直并未被人们注意到①。总之，不管怎么说，就默顿的立场来说，承认社会学的正负情愫交融现象的存在等于命定人们必然是要"客观地"使得自己的角色期待处于正负情愫交融的情境之中，于是，人们必须学习在冲突的规范期待中从事迁就结构理路的适当"调适"选择。

　　显然，在启蒙理性作为"基准"的历史潮流的推动下，社会学家们基本上认为，"正负情愫交融"有着负面的功能，是不能容忍的，必须予以"纠正"，尽管我们可以发现它有时尚有正面的社会"功能"②（如Berger, 1980; Weigert, 1991; Smelser, 1998; Warner, 2004）。因此，假若当代社会的两难情境所彰显的亦是一种"正负情愫交融"的话，现代理性要求的"逻辑一致"却使得人们对此一现象有了不同的认知与期待。魏格特即采取了"认知论"的立场，以为此种情绪之所以产生，基本上乃是因为人们知识的不完整，导致对既有的社会实在有着多元，乃至矛盾的理解和解释。推衍到弗洛伊德毕生的论述来说，当代（西方）人所患的精神官能症，基本上可以说即是此一从古老部落社会就已看得到的心理现象作祟使然的。毫无疑问的是，此一与人类文明源起即共存共生的

───────────

　　① 根据默顿自己的说法，尚有五种其他类型的"社会学的正负情愫交融"现象。一是同一个人所具有的不同地位所具体表现之旨趣与价值间产生的冲突；二是与某单一地位相关联之诸多角色间的冲突；三是社会成员所持有之矛盾文化价值的展现形式；四是文化所赋予的期望与实现此一期望之社会结构性的管道间有了落差；五是来自不同社会的人们同处于一个时空下，因有着不同文化价值所引起的正负情愫交融现象（Merton, 1976:9-12）。

　　② 譬如，魏格特即认为，就社会结构的面向来看，一个优秀的医生可以采取相当温馨的态度对待病人，但是，在治疗时却相当冷静而理性地遵循医学规范。因此，就社会而言，"正负情愫交融"可以具负面功能，也可能具有正面功能。但是，就个体的层面而言，魏格特则认定"正负情愫交融"是一种彰显不幸苦恼之情绪的典型心理状况，人们一直力求解脱着（Weigert, 1991:22, 31, 50-51）。

心理现象，所以在现代文明里，但却未在往昔的部落社会里构成为"问题"，基本上乃因启蒙时期以来的"理性"意识发酵，形成一种具"规范"作用的社会动力，在认知上要求人们的行为必须有着逻辑一致性而促成的一种心理"并发症"。换句话说，这样的说法乃预设着，当人们处于"正负情愫交融"的情况下，情绪必然是困扰着的。精神状态之所以出"问题"，那是因为人们所持有的知识不完整，以至于使得他们无法透过理性的认知逻辑来妥善地处理自己的情绪困扰。于是，"理性"地认识自己（包含处境），既是避免精神状态"出问题"，也是"治愈"精神疾病的万灵丹。

　　毋庸置疑，启蒙理性侧重认知上的"逻辑一致性"作为人们在日常生活中指导行事是否"正常"的文化判准模式，基本上是一种"理性认知至上"论的感知模式，严重地忽略了情绪的引生本身（特别是对"正负情愫交融"感受）所可能内涵的人类学意涵，尤其指向源起状态的想象而言。回顾人类文明发展的进程，无论就源起还是当今的现实状况（指后现代场景）来看，事实上，知识的不完整顶多只是理解"正负情愫交融"感的一个具历史－文化意涵的前置背景条件而已，特别是摆在启蒙理性文化机制下来考究的历史质性。其实，魏格特已经认识到，既然"正负情愫交融"不是单纯的认知现象，而是一种情绪状态，因此，只有在认知了此一现象是处于"冲突矛盾"的状态，并且有了情绪反应，"正负情愫交融"作为"负面"问题来看待的条件才具备。（Weigert, 1991:36, 42）这也就是说，默顿所指陈的社会"正负情愫交融"情境的结构性"客观"存在，并不保证人们必然会有"正负情愫交融"的心理。再者，也必得是人们对此一社会情境先有所感知，且以特定的"理性"意识来理解，"正负情愫交融"的心理情绪才可能具体地发酵。况且，尤有进之的是，我们还得探究人们是以怎样的"心情"来感受呢。

　　斯梅尔塞从历史的角度来理解"正负情愫交融"作为一种心理预设的社会学意涵。他洞视到，过去西方社会学界盛行的"理性选择"说，着实是过分看重了人所具有自由选择的机会与工于精算的理性能力。他指出，固然自由主义的传统确实为人们增添了更多的自由机会，并且把它予以制度化，同时，科学理性与资本主义体制也有利于人们发展精算的理性能力，但是，事实上，人还是一直需要依赖着的（dependent），自由与依赖总是并存，以至于使得"自由／依赖"并立的社会情境特质成为孕育"正负情愫交融"的温床，且无以逃脱（Smelser, 1998）。因此，就人存在的历史处境而言，"正负情愫交融"一直就存在那儿，它本质上关涉的是情绪与情感，而不是单纯的认知问题。人透过所谓的"理性"是否能够完全予以处理，甚至是否应当运用"理性"来处理，或保守地说，"理性"应当如何运用，都值得进一步探索。

再者，"正负情愫交融"的困境基本上还涉及象征的问题，而归根到底来看，这乃涉及语言的问题[①]。鲍曼即从语言的特质来分析"正负情愫交融"概念所提出的说法，极具启发性，值得在此特别加以讨论（Bauman, 1991）。首先，鲍曼认为，分类即是从事着"区分开"的赋名（naming）工作，而此一工作之所以可能且必要，乃是因为它意味着世界包含着各自独立、可区分的实体，并假设每个实体属于一群相似或邻近实体，且与其他实体相对反着。尤有进之的是，这样的实体有着一些特定的行动模式与之对映。因此，赋名的分类即是赋予世界以"结构"，操弄其或然性，确立某种事件较易发生的概率。准此，语言基本上是用来支持秩序，或谓，用来否认或压制随机与随制性（contingency）的。这样的见解多少意涵着，语言必须有着清晰且相对明确的特定意涵，"正负情愫交融"则因赋予一个事物或事件多重的赋名分类范畴，以至于无法在语言上履行基本要求，带来了因语言特定出来的失序现象（a language-specific disorder），因而，"正负情愫交融"是分类工作的附带产品，我们需要致力于更多的分类努力（Bauman, 1991:1, 3）。易言之，在鲍曼的认知里，由于处在"正负情愫交融"的情况下，我们无法获得逻辑一致与语意和谐感，以至于我们经验到不舒服与威胁的感觉，也混淆了对事件的精算，使得人们记忆中之行动模式的关联面混乱掉（Bauman, 1991:1-2）。循此理路，对鲍曼而言，假若最为典型的现代操作，也是现代政治、心灵与生活的质体（substance）是生产"秩序"的话，"正负

---

① 无怪乎，鲍曼认为，宗教是一种以象征来化解"正负情愫交融"的重要社会机制（Weigert, 1991: 121-122）。

情愫交融"的现象无疑即是力求符号透明之生产过程留下的有毒"垃圾"副产品，需要努力予以根除，尽管两者都是现代性实作的产物（Bauman, 1991:7, 15, 100）。

基本上，认为"正负情愫交融"涉及语言的问题，是毋庸置疑的说法，但是，问题的关键在于人们以怎样的态度与心境来面对这样的语言情境，也涉及由"我如何解释我所属的世界，我在其中是什么"转至"它是那个世界？在其中如何安顿？我的那个自我与之有关？"的问题（Bauman, 1991:100）。显然，在相信"理性"，且认为"理性"可能实践的时代里，这样之问题意识轴线的转移，使得人们对"正负情愫交融"之人类学意义的困惑强度减弱，而且必须予以化解。这也就是说，当追求"理性"的逻辑一致性乃是确立行为之合理性的基本准则时，由于理性要求的是方正的"纯净"，棱角明确，不能有含混且显得暧昧的圆融，更不容许有任何杂质存在着，"正负情愫交融"同时兼具的正性与负性的面向于是乎是一种问题，而且是深具压力的问题，必须予以化解。就象征语言的立场来说，运用矛盾修饰法（oxymoron）消除"正负情愫交融"的负性面向以使得正性面向全然展现，基本上即被认为是化解之道，而且是可能予以完成的。如此一来，"正负情愫交融"的心理情境显而易见地逐渐丧失了（在初民社会里常见到的）作为推动人们发展文明的动力；相反，它成为阻碍文明进展的障碍。

然而，在今天这样的后现代场景里，我们发现，整个社会确实与初民社会里分享有一些类似的基本特征。尤其，在启蒙理性所具之正当性的社会意涵备受质疑的情况下，人们是否有着重展"正负情愫交融"之社会心理与文化－历史意义的可能（和必要）吗？

四、诱惑（seduction）与现代场景里的象征交换

诚如在上文中援引鲍曼所指陈的，处在后现代社会里，落实在人们所具之实际生理构造的基本需求（自从霍布斯以降，如马克思与弗洛伊德所强调的）已经不再是考虑人之社会行为的必要基础概念了。在解释

当代人的社会行为（特别指涉讯息互动的行为）时，过去依附在"生产"概念下强调使用价值、交换价值乃至符码价值的"价值说"也就随之显得失效了。此时，取而代之的是以消费为主轴经营起来的概念，诸如诱惑与象征交换等等。下面，就鲍德里亚所提出这样的见解作为基本命题，让我们从"诱惑作为引动象征交换之机制"的立场来考察"正负情愫交融"的社会心理与文化－历史意义是否有着重新翻盘的可能。

　　根据鲍德里亚的意见，在人类文明孕生的早期，具双元性（duality）的符码规则（rule）与仪式（ritual）主导着社会秩序的形塑，仪式性（rituality）是经营文化的主调，而诱惑[①]则是基本的机制（参看Baudrillard, 1990a:155）。换言之，诚如上节中提及的，在"象征交换"本身即是互动的目的的场景里，仪式（特别是魔术与咒语）本身清空了一切的"意义"，符码本身于焉即具有无比的魅力引诱着人们，让人们有着无限的想象与感受空间可以自由游荡着。就哲学人类学的存有论预设立场来说，诱惑伴随着符号与仪式的秩序而来，乃是以曼纳能量经营起来的神圣性作为后盾，并以"后天"的姿态予以诱发出来，非完全归属于自然原初的秩序的[②]。

　　准此，凯尔纳认为，针对鲍德里亚来说，基本上，"诱惑"具有哲学

---

　　①　凯尔纳认为，《诱惑》（Seduction）一书表现的是鲍曼后期思想的核心，他企图以"诱惑"一概念取代之前的"象征交换"作为批判与反击以"生产"为焦点的（资本主义）世界观（Kellner, 1989: 143）。纵然接受凯尔纳这样的诠释，我个人还是认为，鲍德里亚提出"诱惑"一概念的最重要意涵，基本上乃是用来进一步地圆满"象征交换"之哲学人类学的存有源起意义，以使后现代社会场景的特点得以撑张出来。

　　②　这也就是说，譬如，亚当与夏娃在伊甸园中受到蛇的引诱而吃了禁果之有关"自然原始"秩序的说法，在鲍德里亚的心目中，并非他使用"诱惑"一概念的意涵。事实上，回顾西方的历史，就宗教上的意涵而言，诱惑乃魔鬼运用的策略，也是爱的魔术师，因而，它是"人为"，而不是"自然"的。同时，在此，特别值得一提的是，在西方哲学传统中，诱惑一直被视为只是表面的（appearance）（相对于实在[reality]而言），乃常误导了人们的行止，是哲学家（如柏拉图）眼中具争议的问题目标（Kellner, 1989:143）。

人类学的存有论性质，乃用以刻画当代社会，也是逃逸社会决定逻辑 [①]
的另类贵族式行为（应是特别意指着部落社会）的基本范畴（Kellner,
1989:148）。尽管我不同意凯尔纳以另类的贵族式行为是"逃逸社会决定
逻辑"这样的说法，但是，我以为鲍德里亚的"诱惑"概念具有存有论
性质这样的论点，却可以说是贴切的。只不过，凯尔纳认为，鲍德里亚
这样的说法却是矛盾的。他说：

> 一方面，诱惑描述了社会运作，它是我们的命运，也是（后现代）
> 世界的方式。另一方面，这是鲍德里亚的理想，乃是相对生产的另
> 类选项，也是他用来替代象征交换以作为行为的特有形式。从此观
> 点来看，诱惑是对着实在之严肃性的否定，是生产、意义与真理的
> 急需要件（exigencies）。它涵摄着单纯的游戏与表面化之仪式的魅
> 力，而正是此一力量深刻地暗损了对生产、意义与道德的要求。然
> 而，鲍德里亚的理论－政治企划变得陷入自己之策略的陷阱，因为，
> 针对着用来刻画后现代社会的冷诱惑（cool seduction），他无法真正
> 地描绘出另类的诱惑感。再者，他企图激猛化（valorize）诱惑以取
> 代生产和其他相关概念，但是，他却愈来愈怀疑后现代社会的冷诱
> 惑是我们的命运。总之，……鲍德里亚自己最后被他分析的对象完
> 全引诱住，以至放弃了至高性与主体性的根本原则。
>
> ……鲍德里亚以诱取代象征交换作为他喜欲的选项，可能是因
> 为象征交换会让人联想到前资本主义的原始主义，而这将使得鲍
> 德里亚被控诉为对已消逝的年代有着怀旧症，退回到社会的更早形
> 式，并予以理想化。于是，诱惑以后现代之新贵族的理想凌驾于前
> 现代的原始理想。此一新贵族的理想保留了象征交换所强调的可逆
> 性（reversibility）、游戏以及处于象征、耗尽与浪费、过度和美学
> 展示之层次的交换（后现代多过前现代）。职是之故，鲍德里亚的
> 贵族美学主义激猛化了诱惑乃是象征行为的一种可欲形式（Kellner,

[①] 就此而言，凯尔纳似乎意涵着，鲍德里亚所说的"自然"与"生产"的现代假
设，是形成社会的基本共同逻辑。

1989:148-149）。

依我个人的意见，由于鲍德里亚描述诱惑现象时，并没有清楚地对自己整个思想背后的基本假设与期待有所交代，以至于无法把他心目中对"诱惑"的基本理念意涵与后现代社会中被"物化"（因而背离了原始理念）的诱惑现象清楚地区隔开，以至容易导使读者产生混淆，引来误会。譬如，凯尔纳认为诱惑取代象征交换，成为鲍德里亚理论的焦点，就是在这样的情形下而失了真。对此，我一直认为，其实，鲍德里亚只是进一步地以"诱惑"来刻画"象征交换"作为具本真性之互动形式的基本特征（或谓心理机制），因此，并无"取代"的问题，有的，只是不同阶段的论述焦点的转移问题。其实，更因为凯尔纳未能充分洞识到鲍德里亚的论述背后涉及涂尔干以降之法国社会思想界所内聚的基本"集体意识"情结，即：对初民社会（特别是在节庆时）赋予神圣符号所彰显之消费性集体亢奋欢腾现象的情有独钟（尤其是列斐伏尔的思想），以至于无法对"诱惑"与"象征交换"之间的哲学人类学关系展现具启发性的评论。

没错，鲍德里亚是质疑着运用传统主体哲学的诸多概念范畴（诸如意志、表征、选择、自由、知识与欲望等等）来理解当代媒体与资讯社会的有效性。他之所以有着这样的主张，一则当然是企图反映上面提及之涂尔干以降法国社会思想所内聚的基本"集体意识"情结，并认真地与之对话；二则却是立基于对后现代社会场景的经验观察，希望"实证"地落实于当代的社会－文化结构来看问题。在此，他是否关心人类文明的人类学源起状态（如列维－施特劳斯），当然是一个可以讨论的严肃课题，然而，就本文的写作脉络而言，这个问题并非重点，可以存而不论。不过，至少就社会思想发展史的角度来看，以初民社会的社会理路对照着后现代场景来铺陈论述，倒是具有延续回应涂尔干以降法国社会思想内聚之基本"集体意识"情结的重要历史意涵，值得肯定与重视。

当我们说诱惑乃属于具符码性的仪式秩序时，诚如上述的，它意味的不是一种能量秩序，不能以霍布斯以降强调人所具实体性质（特别是生理性）的"需求"概念来理解。反过来，既然它涉及的是有关神圣世界的象征交换戏局，对涂尔干的集体亢奋论的论述传统来说，充满着眩晕而狂喜（ecstasy）[①] 的挑战性，乃成为必须关照的基本特质（Baudrillard, 1990a:119-120; 同时参看 Baudrillard, 1990b:9 ）。就此而言，透过具集体亢奋特质的仪式性象征交换，体现在初民社会里的"诱惑"挑动着人们情感，并带来狂喜的情绪，具有足以引动具共感共应之"共同体"意识的社会效果，不但营造了让大家可以不断地以互惠回转方式来分享具有凝聚成为"共同体"的集体意识，更是形塑出种种彰显"共同体"的集体表征。然而，在资本主义的市场逻辑主导的现代社会里，特别是透过大众传播媒体（尤其是互联网）作为中介，象征交换的进行基本上并不是"等性"（如情感）的交换，而是以"类"（in kind）为标杆的"等值"交换，这注定了不可逆转，也不可转换，其所呈现的"符号交换"价值是一种只肯定不断滋长蔓延，但却是决然断裂，既无法延续，也不拟延续的"生成"，剩下的只是当前此刻的即时性而已。

鲍德里亚即相当有洞见地指出，在具现代性的社会情境里，具极化性（polarity）的法则（law）替代了传统社会重视的规则，形塑的是强调诸如正义、公平、阶级、权力等等的所谓社会性（sociality），以至于使得仪式性愈来愈没有着力点，诱惑转而成为致命的"邪恶"污染，必须避免。如今，当人类文明更进一步地迈进以模拟（simulation）为主导力量的所谓后现代场景之际，具数位性（digitality）的规范（norm）与模式（models）进而取代具极化性的法则，成为优势原则。尽管，对当前此一为具数位性之规范与模式的社会理路所主导的"模拟社会"，鲍德里亚找不到一个可以与形容前现代社会的双元性与现代社会的极化性相匹配的适当词语来形容，但是，他提出的一些说法却是相对明确的，值得进一步予以援引。

简单地说，数位性内涵的是无相互搓揉之回转契机的武断二元性（如电脑语言中的"0"与"1"）是主导人们行为背后的基本行事理法。特别值得一提的是，在今天这样一个传播媒体（包含互联网）主导着人

[①] 依鲍德里亚的说法，炫惑（fascinating）因此并不是诱惑的基本内涵（Baudrillard, 1990b:8 ）。

们之日常生活的后现代场景里，意符（signifier）原本就是缺乏稳固的指涉而显得飘荡着，意义对彰（如美／丑）的必然性于焉跟着消失，剩下的是诸如在令人炫惑之"时尚"这种极端形式中所彰显之意义（假若有的话）的无限膨胀、移转、飘荡或蔓延。套用鲍德里亚的语言来说，处在这样的情境里的大众，剩下的只是命定（fatal），毫无产生辩证[①] 的机会（Baudrillard, 1990b:96）。

此时，人工模式所树立的权宜"规范"是把诱惑作为一种社会机制的契机又恭迎回来，但是，过去在人类文明（特别如初民社会）中常看得到之具伦理或美学意涵之对彰地相互搓揉摩荡的二元性却不见了。因而，在初民社会里见到之挑动集体亢奋狂喜的象征交换现象跟着也就流失掉。借用马费索利的语言来形容，这即是所谓"新部落主义"（neo-tribalism）变得嚣张起来（Mafessoli, 1996a, b）。这也就是说，表现在当代文明中最为典型的，莫过于体现在诸如演唱会、球赛、电影院，乃至时尚上面那种人们彼此分享，但却又只是各自感受（即不具共鸣性质）着类似情绪的情形。进而言之，这意味着，过去具决斗、竞赛且赌注极大化的"炙热"诱惑，被软化，变得是冷的，成为一种被情欲化之无赌注的氛围（ambience）所包围的冷诱惑状态。尽管与过去（特别是在初民社会里）所常见的炙热诱惑一样，冷诱惑依旧是以游戏的形式施放着，但却是缺乏准头（ludic），并不具有任何的挑战性（Baudrillard, 1990a:157）。退一步来看，这样的冷诱惑纵然有时可能会发点热度，但是，却是仅及于个人或少数的人，同时，时间既短，稍现即逝，热度更是不够，不足以引起具狂喜特质之"炙热"的集体共感共应情愫，有的顶多只是引来具有分享"微温"之"愉悦"情愫的"情绪共同体"[②] 感受而已。

于是，情形显得相当明显，诚如鲍德里亚一再告诫我们（也是上文

---

① 易言之，在鲍德里亚的心目中，意义的对彰乃是以立基于彼此间之内在属性所内涵的理路（如橡树种子经由细胞分裂的量变，完成形塑了橡树的量变）而开展的"辩证"方式进行着。这样黑格尔式的论证，个人有所保留，使用援引自《易经》的"搓揉"或"摩荡"来形容，因为这样的说法似乎比较可以避免内涵着"非此即彼"的二元互斥对立的对彰状态，而有着相互扣摄导引的"余刃"空间。

② 借用自 Mafessoli（1996a, b）。

中一再提示）的，在资本主义之市场理路的支撑下，大众传播媒体以异化①的姿态充斥于人们的日常生活世界里，以"冷诱惑"的致命策略方式对大众进行着引诱。如此，当代大众的象征交换互动已无任何足以产生具神圣仪式性的诱惑契机，有的只是透过诸如电视（或网络）的介体，人作为端点（terminal）的一种自我管理（或谓自渎）。于是，自我诱惑成为一个体系或网络中充电粒子的规范，而且是冰冷的规范。（Baudrillard, 1990a:166）这样的诱惑缺乏面对面互动时所可能激发足以勾引对方之具挑战性的激情。无怪乎，鲍德里亚会这么控诉：当媒体诱惑大众而大众引诱自己时，"在此，诱惑一词的使用是无比的肤浅和陈腐"（Baudrillard, 1990a:174）。诱惑于是乎变成顶多只是滑润人际互动的一种交换价值，丧失了引发一再让神圣激情回转的动能，更遑论产生永恒的激荡。如此，实际上，诱惑只能紧靠着互动两造之间（或共同社会处境本身）偶然触发的情绪来支撑（如时尚、球赛）。在这样的情况下，整个互动既无危险，也没有致命的吸引力，随时可得，也随时可弃。然而，诚如鲍德里亚所形容的，这样的互动却经常是挟持着认同（identity）的名号对人们进行勒索，情形有如恐怖分子与人质的关系一般②，而且彼此交替循环着。在这中间，互动作为交换的形式，则愈来愈无东西（赌注）可资交换（Baudrillard, 1990b:39-40, 47）。结果是：这使得一切成为不可能，也同时成为可能，以至于可能与不可能之间的界线模糊掉，更是变得不重要，不必在乎。

德波曾经形容消费社会是一种深具"异化"特质的景观社会（the society of the spectacle）（Debord, 1983）。鲍德里亚认为，这并不足以恰适地刻画出强调资讯与沟通之媒体（特别是网络）世界的真正场景——一种充满着猥亵（obscenity）（尤其是自我猥亵）的"愉悦"世界。他的理由是：这样的社会还不足以让一切透明化，因为在初民社会常可以看到的"场景"（scene）还存在，只有当"场景"完全不再，猥亵才得

---

① 借用左派的这个字眼，我所意图强调的是，它无法充分贯彻表诸初民社会之"诱惑"所可能彰显的源起样态（即引动集体亢奋与缔造共同体感）。

② 这样的关系既非黑格尔所说的"主人/奴隶"关系，也不是马克思所强调的"支配者/被支配者"关系。于是，人们之社会关系的历史属性改变了。

以浮现。"场景"带来的是狂喜激情,而透明的"虚空"所带来的猥亵却只是迷惑(fascination)而已;前者是前面提及的炙热诱惑,乃是诱惑的哲学人类学存有原型,具有投资、表现与竞争等等的特质,而后者(猥亵的迷惑)则是"凉"或"冷"的,是侥幸的(aleatory)、眩晕的(vertiginous)的同义词(Baudrillard, 1990b:67, 69)。

在当代这样媒体以"冰冷"姿态诱惑着大众而大众进而透过媒体来诱惑自己之结构"个体化"的历史场景里,人不自主地具有自恋情结[1],总是让自己处于歇斯底里地进行不断自我褒渎的情况之中,既拒绝诱惑别人,也拒绝被别人诱惑(Baudrillard, 1990a:119-120)。这种拒绝,若是理性的,显得是冷感、无能;要不,就是以非理性的单向方式投入,互动的对方总是掩遮在电磁波抖动的不知处,既无远近之分,也没有脸面。推动端点来看,它充其量只是整个媒体(或网络)介体中的另一个介体次元(如沉迷于网络游戏或脸书[facebook]),充当着有回应能力的对象而已,不需要有过去,也不在乎有未来,更不在意知道他(她)的真实。双方以隐形人的姿态,透过炫惑的符码,邂逅于无形的气体空间之间,相互充当着"道具"。在这样的情况下,孕生于象征交换当中的诱惑,当然是唤不起转彻回荡震撼之亢奋欢腾狂喜能量的共感共应,更是根本没有这样的意图。若有,那也只是以对方作为介体,挟持着概率性的期待,各自谋取情绪上的自我"干爽",并私自地进行着"自我褒渎"。准此,博尔赫斯在《巴比伦彩票》(Lottery)这篇小说中所描绘的情景:人们以概率的方式进行着互动,将不单纯是完全虚构的故事,而是可以在当今的现实世界里找到(参看 Borges, 2002)。

五、个体化社会中道德伦理意识的式微与转化

十七世纪以来,在种种历史条件促发的因缘际会之下,自由主义和资本主义产生巧妙的结合,体现出麦克弗森所谓之"持具个人主义"

---

[1] 有关作者对当代人之自恋情结的阐述,参看叶启政(2008:170-178)。

（possessive individualism）主导的局面（Macpherson, 1962）。自此，西方人一贯地以"持具有"的方式证成人的充分外控能力，并以此支撑着追求"自由、平等、独立而自主"的信念。西方人所追求如此一般的信念圆成了"个体性"的概念，并且努力地力求透过高度体系化的制度来予以保证，终于产生了贝克（2000）所谓的"制度化的个人主义"（institutionalized individualism）。于是，"个体化"成为形塑社会结构的基本原则；这也就是说，贯彻"人乃自由、平等、独立而自主的个体"，是法制化任何社会制度的基本指导原则。在这样之历史动力的推波助澜下，原本看似二元互斥对立彰显的个体性与集体性吊诡地相互搓揉着，个体性并没有展现完全消灭集体性的任何"意图"或契机，而且，事实上也不可能。正相反，个体性却是高度地仰赖具集体意涵的社会"体制"来保障，甚至，整个社会体制也以实现充分"个体化"为目标。

经过三个多世纪的折冲，这样之以充分证成个体性作为形塑社会结构的原则，终于导致个体性逐渐呈现出过度肥肿的现象，在以消费（特别是消费象征符号）为导向的当代社会里体现得特别明显。在这样的历史场景里，人们有了更有利的客观条件可以透过自由表达意念与采取行动来证成个体性，让充满着特殊、多变且流动不居的心理要求，有着更多满足的机会。于是，这是一个总是为个体留下无数空间的时代，以至于禁欲主义与纵欲主义并行，剥削与施恩比邻而居，宠溺与尊重是一丘之貉，同性恋者可以纵横于异性恋者之中而被接纳。凡此林林总总，不一而足。

在这样的情况之下，不是诸如欲望、认同、权威、伦理道德等等的现象（与问题）不存在，而是被个体化的结构力量予以区域化，它们不再是强调具共感共应之"共识"意义的集体性问题，而仅是个人的问题，顶多大家呈现着相同的感受，但却总是个别享用或承担着。推到端点来看，人们既不需要权威（如精神医师或知识分子）来帮助确认，更是不需要由自己来争取确定的正统性。倘若人们需要（或展现）过度决定，那不是"社会"的要求使然，而是个人努力促成的——一种显得"泛滥"之各自定义且基本上是互不相干的过度决定，我们一般却以诸如多元、尊重自主或自由表述（与行动）的名号来称呼。甚至，所谓的"理性"也成为一种立基于以个体的认知作为最后判准的代名词。

　　十七世纪的笛卡尔提出有名的"我思故我在"来推崇理性时，尚且还得把上帝给抬出来，告诉我们，人类所具有的理性是上帝的恩赐，上帝还是最后的裁判。然而，今天，人们自然是不接受上帝作为判定理性的最后归依，甚至也不是让体现在人与人互动关系中具互惠性的主体互通性（intersubjectivity）以显灵默会（但却具社会集体性意义），但却明确肯定的方式来确保理性的正当性。对人之理性思维与情绪感受的正当性，总是回归到个体自身上面来确立。

　　准此，回顾西方的历史，我们可以明确地看出来，逻辑与科学方法取代了上帝在人的身上发威，成为确立理性与否的判准，甚至被认定是唯一的判准。于是，抽象的原则成为最后审判理性的依据，而其间所意涵具社会性之显灵默会性质的主体互通性一直以藏镜人的姿态隐着形。这意味着，逻辑与科学方法只是提引人本来就具有之理性潜能的道具，是一味药引子而已，展现"道行"的最终能耐还是来自人本身。到头来，这为人类整体成就了一种带着浓厚集体自恋性之唯我至上的个人主义，"理性"可以普遍而同质地在一般人身上找到，至少，普遍地存在于具"常态性"的"均值人"身上。

　　再往前推展地来审视（特别是体现在资本主义社会里）人们的社会互动，我们发现，"自私"以诸如维护自我利益或隐私乃基本生存权利的名号成为一种伦理，并获得正当性（进而合法性）。尤其，一旦理性与享乐作为一种具正面意义的生命态度结合在一起，消费跟着成为一种环绕着个体（特指身体）自然而然孕生的价值，人们于是乎强调以健康、适体、生活品质等等为名号的自我管控，其间，以科学为基础的"理性"知识成为制造自恋强迫症状的底层基础。这么一来，理性与主体权利交会在一起，利益取代责任，恣意放纵的自主性自由取代了自我节制的仁慈关怀，对自我的道德伦理要求于焉被降到最低程度。这一切意味着，纵然自诩是"理性的"（乃至是科学的），当代人并没有把"秘思"（myth）完全去除，只是换了一件更加神秘，也更为炫惑而华丽的外衣披上。在逻辑与科学方法以及科技进步观的加持下，以个人独立自主且自由作为理性的基本人文意涵，成为新的"秘思"。在这样的历史情境下，韦伯所提到具"去神圣化"之除魅（disenchantment）的世俗化

（secularization），事实上即是一种另类的"神圣化"的魔术表现手法，以巧妙但隐晦的方式重塑着"神圣性"——去神圣性（或未世俗化）本身即是神圣的。

扣联到前文中伊利亚德的论述，他即相当睿智地告诉我们：现代人排斥周期概念，追根究底说来，是放弃重视"原型"，并肯定"反复"的古代观念。基本上，这样的观念转变是对"自然"的一种抵抗，人类乃企图以"历史人"的姿态肯定着自主性的意愿与可能。伊利亚德甚至更进一步地指陈着：依现代人的看法（譬如黑格尔），

> 原型本身即构成"历史"，因为它们是由事迹、行为与天命组成。这些虽然被认为曾显现于"彼时"，但既然是"彼时"，所以它也是显现于，亦即诞生于时间之中，和任何历史事件一般地"发生"，两者并没有两样。……古人排斥历史，他们拒绝置身于具体的、历史的时间之中，这是一种早熟的倦怠的征候，他们畏惧运动与自主自发的作用。一言以蔽之，在接受历史处境及其风险，以及重新认同自然的模式之间，他会选择后者（Eliade, 2000:138-139）。

总之，在伊利亚德的眼中，现代人是无可救药的，因为他们认同历史与进步，尤其，只要历史与进步是一种堕落，它就彻底抛弃了原型与反复所营造的乐园（Eliade, 2000:131, 137-138, 144）。就此，伊利亚德对历史主义的必然正当性提出质疑，并进一步认为，现代西方世界里循环论必然有着复苏的迹象，也就是说，人类必然需要一种另类的存在原型[①]。伊利亚德之所以会如此说乃基于坚信着，人们对神圣的渴望，基本

---

① 就伊利亚德的意见，现代人是奢言自由创造历史的，这个自由对所有人类是一种幻觉，因为人所剩下的自由至多只是在两种立场中做选择：（1）反对一小撮人制造的历史（他的自由选择只能在自杀和放逐之间做一抉择）；（2）苟全于一种没有人性尊严的生存或逃亡避难。相反，古代文化人可以自豪于他的生存模式，而这样的模式使他能够有所自由与创造。他可以自由地不当昔日之我，自由地以周期性的泯灭时间与集团再生来废除自己的历史。这更是使古代人变得"纯粹"，完美如初，持续地生活在永恒之中（Eliade, 2000:141）。因此，在伊利亚德心目中，古人不受限于历史，而是创造历史。

上是对存在本身的一种乡愁情思（Eliade, 2002:138），而且是集体性的乡愁，是无可回避的。但是，我个人却认为，当个体化成为形塑社会结构的原则之后，对被高度个体化的"理性"现代人而言，这样对神圣的想象所引发的集体存在乡愁早已经不再了，若有，顶多只是属于对个人（或初级团体）记忆的乡愁——一种属于个人的沮丧、失落、无奈，甚至是"无所谓"的心境。或许诚如伊利亚德点拨显示的，过去，苍天以它自身存在的模式显示出超越性与永恒性，是崇高、无限、永恒，且充满着能量（Eliade, 2002:161）。但是，当人类只相信自己，且以为人定胜天之后，苍天早已失去了创造或体现神圣性的要件，人们不再畏天而敬天了，"敬的"（若有的话）是自己，畏的则是野心勃勃的其他人。尤其，当世俗所经营出来的人为成就（如 101 高楼、百货广场、iPad、iPhone）成为具"神圣性"的"实体"，神圣的超然、永恒与崇高性是受到严厉的挑战，该大打折扣的。

再说，具集体性的社会结构被"个体化"后，以具绝对理性设计之"客观化"的节庆形式（如演唱会、世界博览会、球赛等等）来安顿"非凡例外"，原本就是失去了足以引发集体狂喜亢奋的欢腾情愫以及营造曼纳力道的条件了，一切变得是任由个人主观意愿与感受来界定，纵然，我们发现，人们彼此之间的情绪感受或许是"一样"的。显然，就这样的实际历史场景来看，我们可能如怀着浓厚左派情愫的法国日常生活学派一般，期待透过节庆来重创"集体亢奋"的欢腾情愫，以俾达成改造社会的炙热期待吗？显然，这将是一种错误地选择了消逝之历史场景的"失真"回应。若此，那么，我们可能以怎样的态度面对人类未来的文明前途呢？为此一提问寻找可能的"答案"，基本上是一项吃力不讨好的艰巨工程，因为是不可能有着共同接受的见解的，在此，我所能做的只是表达个人的意见，如此而已。

首先，我要指出的是，对当代人来说，启蒙理性所孕生的现代性依旧还发酵着，至少磁滞效应依旧存在。这也就是说，追求"自我"的证成依旧是人们关心的课题，因此，人们还是问着：到底"人"可以是、应当是什么样子，如何可以不被"命运"完全摆布，有着一定的自我决断？过去，韦伯曾经企图以"科学"与"理性"进行"生活经营"

（*Lebensführung*）[①] 的营造，并以此来安顿人的存在意义（Weber, 1978）。显然，对身处在强调"修辞"与"感性"的后现代社会里，这样企图强化"理性"来从事"生活经营"，乃与力求回归初民社会透过集体狂喜亢奋之"感性"曼纳力道来重振神圣性的社会效果一样，毕竟是难竟全功的。鲍德里亚曾回归到初民社会的场景来加以审视，并且认定着：对一个群体或个体的生存，人们不能只图自己的好处、利益与理念，而必须有另外的目标，情形就像日本武士道所强调的，武士必须走向中心的边缘，或跨越中心，或走离中心。企图在诸如"利益"与"理念"两个原则中间寻求妥协基本上是无用的，任何的复制（duplicity）作为仅是策略性的（strategic），也是命定的（fatal），并不能为人们开启更宽广的道路（Baudrillard, 1990b: 77-78）。易言之，对鲍德里亚来说，一个社会具有非凡的集体炫想与对牺牲的激情毕竟是需要的，但是，问题的关键即在于"如何经营"？

假若情形是如此的话，我们将可以怎么做呢？首先，让我还是借助鲍德里亚的说法来破题，因为他的见解运用到后现代场景特别具有启发性，值得我们细嚼回味。鲍德里亚指出，人类文明的进步不是来自于道德（morality）或社会里之正面价值体系的推动，而是来自于对不道德（immorality）与恶行（vice）的翻转。譬如，竞争就强过道德，它是不道德的；时尚也强过美学，一样也是不道德的；诱惑更是强过关爱与旨趣，它是不道德的。之所以如此，乃是因为恶行的能量是一种分裂与断裂的形式，其魔力基本上来自符码所具之到处飘荡的魅力乃以游戏的方式诱惑着人们，使得人们难以形塑责任意识，因此，人们几乎无法抵挡（参看 Baudrillard, 1990b:72-74）。尤其，在这样的符码游戏的"赛局"里，一旦符码所创造的"超高真实"（hyper real）现象细腻地侵蚀着人们的灵魂，超高真实与真实的界线变得相当模糊，人们在其中所做的任何的努力都因无法获得踏实（尤其具物质性）的事物作为最终的依靠，而仅让

---

① 一般英译为生活风格（lifestyle）（参看Swedberg, 2005:150f）。根据张旺山的意见，lifestyle 适合用来等同 Lebensstil。因此，把 Lebensführung 译成 lifestyle 显然是错误的（张旺山，2008:72，注7）。有关 Weber 此一主张的讨论，除了参看韦伯（1978）的原著外，尚可参看张旺山（2008）。

飘荡而易变的符码带来之短暂而变动不居的"愉悦"一再浸润着，实作表现所架出的"主体"感无疑是相当脆弱的，甚至消失殆尽，一切只成为自我呓言。

总结来说，上述鲍德里亚的见解暗示着，在后现代社会里，当竞争、时尚与诱惑等等"不道德"的呈现已经是"常态"，甚至成为结构性的理路，此时，倘若伦理道德还是需要，且有重建的契机的话，那么，我们需得超越传统"伦理道德"意识的专断所孕生的情绪性情结，以"非伦理道德"的心态翻转"不道德"与"恶行"来开始进行"改造"。或许，整个情形诚如里夫的"心理人"概念所欲揭橥的：处在人为科技文明昌盛的这个时代里，人们特别会关心，也是应当关心的，是内在心灵的理法（Rieff, 1979:356-357）。易言之，处在这样超越伦理道德意识是必要，也是不可回避的历史场景里，内在心灵的理法涉及的，首在于人们超越（特别是具外控性之）伦理道德后之内心武装能耐的问题。这涉及的基本上即是如东方文明传统所强调之透过自我修养以形塑自我操控能力的课题，而它所具有的特殊时代意义即在于追求具审美特质的"生命良质意境"。或许，这也正可以运用来对韦伯"生活经营"概念所可能具有的"后现代"意涵从事另类的解读吧！

六、"修养"作为理解当代人之历史－文化意义的社会机制——暂结语

处于十七至十八世纪间之日本的山本常朝在《叶隐闲书》一书中论及日本武士道时，即曾对武士的生死观提出一个令人省思的说法，值得特别在此援引以作为此一"暂结语"的楔子。山本常朝是这么说的："所谓武士道，就是看透死亡，于生死两难之际，要当机立断，首先选择死。……死就是目的，这才是武士道中最重要的"（山本常朝，2007:1）。这也就是说，武士的"德行"在于，"生"的时候，行事要有断念式的果断，把"死"当成所以"生"的一部分，甚至是证成"生"的一种极致表现形式。最具典型的莫过于，体现于日本武士道极为重视的"自裁"

以及"自裁"时所彰显之极富神圣性的仪式行为。换言之，人的生死乃由"神"而非"理"来决定，于是，生与死是以相互搓揉摩荡的方式激发着感应的"神情"，并以此为基础来创造存在的意义。

其实，诚如上文所提示的，就文明发展进程的角度来看，人类持有着类似山本常朝所形容之日本武士这样对生与死的"正负情愫交融"态度，早已可以在初民社会里头看到其原型，日本的武士道只不过是予以"文明化"，赋予更丰富、更多层的象征意涵而已。让我们从人们所显现的社会"关系"的特质出发，对此一态度（或现象）的"存"与"消"略加阐明。

简单地说，生活在类似初民社会的"共同体"场域里，人们的关系基本上是以"自然的"（甚至"超自然的"）姿态来呈现，纵然彼此之间有着极大差距的"不平等"（如贵族与平民之间）。此时，人们的存在意义乃直接地镶嵌在"关系"本身所体现的社会特质（如透过节庆所展现的集体亢奋和集体消费）之中。继而，当文明往前推进后，这样的"自然"关系经常是靠着一些迹近归属性（ascribed）的力量"自然化"地予以证成。譬如，古希腊之"主奴"、欧洲中古世纪的所谓"领主－侍从"与此处所提及之日本战国时期的藩主与武士的关系。在此，纵然单就后来西方文明企图脱离这样之"自然化"关系的发展轨迹来看，我们发现，即使到了古希腊雅典时期，希腊人肯定自由、平等与自主，人们基本上还是以直接镶嵌在"关系"本身的社会特质来定义自己的存在，只是，此时，换成以"公民"为基础的"政治性"关系成为诉求的基本关照点。这也就是说，"关系"本身还是具有作为界定一个人之社会存在的哲学人类学存有论的地位，是理解人之社会存在的根本基础。

让我们直接跳到十七世纪欧洲的历史场景，情形则大致上是如此的：固然霍布斯以降所开展的契约论确实是重视个人意志，但是，当论及社会组成时，强调的还是"关系"，只是，此时换成是以立基于个人意志之彼此相互同意（consent）所形成的义务（obligation）。而且，更加重要的是，这可以（甚至应当）是经由个人自由意志所引发的一种共同责任意识。譬如，康德即认为，只有在自己能够承担对自己的责任的条件下，才可能对别人尽义务（引自 Lipovetsky, 2007:45）。准此，假若诚如奥克肖特（1962）提示的，基于个人意志的同意是一种个体性的成语（idiom of individuality）的话，那么，基于个人自由意志所引发的共同责任意识，无疑地则是被"个体化"的集体性的成语了。倘若我们从政治是展现权力的一种制度形式的角度来看，义务基本上乃是内涵在权力的有效强制运作范畴里头，而责任则未必是如此的，因为它不具有强制的内涵。易言之，行动主体只有以具一定程度之激情情绪的伦理意识来支撑自我，责任意识才可能出现，因此，它需要作为社会成员的"个体人"以细致的态度和意识来予以经营。这即意味着，我们需要以"关照"个体自我作为核心的特定"文化"价值观来加持，否则，责任意识难以形成，也不容易被证成。同时，就哲学人类学的存有论预设而言，承认个体性的存在与其具着有至高的价值，遂成为界定人之社会存在的必要命题了。

　　只有当人们把彼此分开而相互割离时，个体性才浮现，平等的问题也才跟着出现。因此，具个体性的"自我"观念乃始于人有了分离与割裂的感觉和状态之际。特别值得提示的是，这可以说是以强调持具个人之自由主义的启蒙理性，为整体人类所带来的历史"成就"。特别是在以"人民"为历史主体的民主信念发皇之后，均等与同质等等的特质被确立，并被赋予正当性，同一（identity）作为一种"应然"的形式于是乎有了崭新的指涉意涵，尽管它可能显得相当吊诡。简单地说，同一乃需得在承认"差异"，也是创造"差异"以呈现与证成自我之"个体性"的前提下被承认着。于是，在"同一"与"差异"巧妙地相互搓揉摩荡的历史场景里，"差异"以种种个人"成就"特质作为现实根底被撑了出来，"层级"也就顺理成章地被承认和接受，在人的世界里有了正当性。就在承受着这样之认知模式浸润的历史条件下，人们外显的成就于焉被用来充当证成自我个体性的社会形式，自由主义信念所带来诸如均等与同质等等证成"同一"的属性，却也随之慢慢地被"腐蚀"，也默默地被往旁边移。岁月的流逝更是使得它布满厚厚的灰尘，以至被淹没掉，其与"差异"的文化内涵所衍生的种种可能矛盾与暧昧，因而被稀释，甚至渐渐地被冲销了。

　　特别是在于资本主义所衍生之消费导向的趋势导引下，强调"差异"作为确立价值的基础，乃与重视个体自由、自主与享乐的文化模式产生了结构性的亲近关系。基本上，这样的文化模式是无法接受以抽象的绝对理念所主导的"德行"伦理思想作为规约行为的机制的。简单地说，情形毋宁是，权利（基本人权、财产权或乃至资讯临近权）的行使与保障，成为伦理的核心议题，而且，值得特别提示的是，人们认可与强调的，多是朝向"否定"（不能做）的面向，而不是"肯定"（应该做）的面向，亦即：凡是没有禁止的，基本上都是可以接受，也是权利施及的范畴。

在这样的情况下，一旦责任被当作制约权利之行使的基本伦理理念的依据，它于是有着可能无限膨胀的风险，若缺乏配套措施，其所可能开展的伦理效应是可疑的。这也就是说，一旦伦理必须以个体自身的"诚服"作为前提来架设的话，"责任"是一种具道德意涵之自我判断后的自我承诺与期许。既然判断、承诺与期许都是源自个体的"自我"，而非具外在制度性的强制规约，那么个人心中内化的价值观与伦理意识的重量与质地，无疑具有举足轻重的决定作用。于是乎，在这个强调个人自由且自主的权利是塑作伦理之基础的时代里，这一切乃意味着，我们所将面对的是道德以"既无约束也无惩罚"的姿态呈现着。如何形塑个人的"责任意识"遂成为不能不重视的严肃课题。

在此，让我援引 Lipovetsky 的一些说法来回应此一提问。他指出，在现代社会里，"善行"并不是立基于一种普遍且严格的道德命令，而是一种具"治疗性"与"同化性"之自我追寻的结果。它所关涉的，本质上是一种生活方式（风格）的选择与确立（Lipovetsky, 2007:152）。譬如，我们可以看到，愈来愈多的人开始强调传统被人们赞美的"爱与关怀"，然而，其实这往往只是被用来证成个体化的自恋人格而已。人们仅是希望透过具"爱与关怀"意味的行止来"圆成"自我的形象，却未必有强烈的"神圣"情愫感受作为后盾。尤其，在英雄主义的意识衰落与强烈责任意识隐没之后，诚如前述的，以纯粹的约束理念命令作为基础的德性早已失去了产生作用的社会现实基础，人们总是以疏远一些重要的参考体系为出发点来形塑"德行"（假若还有的话）。换言之，一切以自己之主体权利为中心的个人主义所可能引发的，多的是对人的冷漠。在冷漠的氛围之中，以不侵犯个人权益作为前提（如严惩盗窃、杀人等可能侵犯权利与生命的作为），对大众种种行为（如同性恋）维持某个底线的"宽容"，于是乎形成一种无痛的"德行"（Lipovetsky，2007:158-159）。对反地来说，即使人们是"正面地实践"着"爱与关怀"的传统美德，它实际体现的却经常只是一种具"时尚"意味的准"伦理"实作，缺乏一向认为内涵在"爱与关怀"之中的炙热感应情愫作为不可或缺的要素。显而易见的是，当人们以如此的方式致力于展现个体性以证成主体性的时候，推到端点来看，关系则只是一种手段——或许是一项无以规避的手段，用来完成个人渴求的一切。在这样的状况下，个体性的证成与彰显是人们努力的目标，甚至是最终而唯一的目标。

然而，回顾到前面提示过的论点，我们可以说，当"关系"本身作为终极目的时（甚至如黑格尔所谓主奴关系），个人将只是体现"关系"之文化内涵的介体，完全接受"关系"之文化内涵所界定的意义，而不是在"关系"中争取以个人为主的最大"利益"。因此，关系作为终极目的所开展出来之种种实践程序（如前述之武士道强调的"忠于主人"）乃是应当被确立（经常是透过习惯与民德等等机制），人们成就的神圣性，跟着也就不是任意、易变、放肆的，更是不能任意予以更改。假若我们借用里夫的说法，情形即是："神圣"乃要求人们把服从伸展至对反真理的临界点上（Rieff，1979:379）。当人们处在这样之神圣性彰扬发皇的临界面下，"正负情愫"感蕴涵的二元对彰状态在人们心中乃产生着相互搓揉摩荡的作用。正是这样之处于临界点的相互搓揉摩荡处境，为人们酝酿着磅礴澎湃的感应能量，连带地牵引出神圣性来。然而，一旦这个对反状态的"真理"内涵被架空，"神圣"性即丧失着力点，将顿时如烟雾消散在空中。说来，这正是我们所处之时代的文化基调。

延续着上面提到的论述理路来看，当个体性乃用来作为证成主体性之至高准则的时候，推到端点来看，"关系"显然只是一种手段——甚至是一项无以规避的手段，乃用来完成"个人"渴求的一切。尤其，处在深受启蒙理性影响的历史格局里，再次，诚如前面提示的，"理性"所内涵二元互斥对彰的逻辑，要求一切二元对彰的感受情愫都必须以"断而再断"方式切割开，只允许"非此即彼"的情形存在着。当人们被严格地要求以二元互斥对立的对彰"理性"格局来看待世间的事物时，这样身处临界点之"正负情愫"感受相互搓揉摩荡以作为推动人们生存动力所可能累积的内在能量，显然是不被允许的。因为，此时人们只能二中择一，"正负情愫"感所蕴涵的二元对彰状态于是乎根本没有在人们心中产生相互搓揉摩荡的任何契机，因此难以在人群之中酝酿磅礴的感应能量而让神圣性得以形塑。于是，譬如，"死"即被认为充满着未知，乃必须与活鲜亮丽的"生"的念头硬生生地被隔离开。人们更因为对"生"有所坚持、眷念，对"死"的绝望恐惧则必然是会来临的。显然，这样把"死"往"生"的门外推的"理性"要求，绝对是不允许正负情愫一直并存，更别说让它们相互搓揉摩荡地交融着。无疑，在如此一般之"理性"主导的文化基架的支撑下，以具共感共应（因而，共感共识）的情愫作为基础来创造具"神情"味道的象征系统，并不受到鼓励。施及于人们彼此之间的感受，此时，人们有的只是各自的感受，顶多只是他们的感受彼此之间有着共同的素质，如此而已。因此，人们或许有着共感，但却未必会是共应着的。在这样的情况下，是难以期待引发具有形塑集体意识（或情操）之集体亢奋的欢腾现象。

总的来说，纵然力图经营具集体亢奋氛围，且展现曼纳力道的"神圣性"确是重振人类文明的必要条件[①]，现实中，我们还是必须接受（特别是"理性"的）"个体化"作为形塑社会结构的核心原则乃是一个不可否认的历史场景，人类的文明已经无法返回到类似初民（甚至西方的中古世纪）社会浸润在共感共应之集体欢腾（与亢奋），并承接着它创造神圣性的场景。尤其，启蒙理性对人类文明早已带来极其巨大之不可回避的影响，容或人们也已经对此一理性有所反省检讨，并力图修补，甚至扬弃，但是，它毕竟有着可观的磁滞作用，不容忽视。因此，即使所谓后现代性已经展现无比的威力，冲撞着既有的社会结构，也左右着

①　换言之，我个人认为，身处经过启蒙理性主导之现代性（特别是社会结构"个体化"）洗礼后的所谓后现代场景里，这样的命题用来建构（与理解）人类文明的发展，是否绝对必要，是可以质疑的。这其实即是下文所要讨论的重点。

许多人的日常行为，人类的未来可能（或应当）如何发展，还是不可能完全溢出启蒙理性的理路框架来思考的，这是极其现实之具随制性（contingent）的历史－文化条件。

处在这样的社会情境里，人们不是完全没有"共亨"亢奋欢腾与营造"共感"的条件，但是，在整个社会结构日益趋向"个体化"的一般情况下，人们却的确是愈来愈丧失了创造足以激挑具集体亢奋欢腾的共感共应契机。"理性"更是一再地扞格着人们透过"正负情愫交融"的搓揉摩荡带动集体共感共应的效果。尤其，经过资本主义之"理性化"市场机制的催动（特别是透过传播媒体与种种人为安排的聚会，如演唱会、球赛等），符号（甚至象征）被商品化。人们在象征交换当中是有着情绪与情感的抒发，甚至也可能展现正负交融的情愫。但是，在市场理路细腻的操控下，它却是绵密地被包裹着，成为毫无机会创造自我灵魂的傀儡，只是一种"兴奋剂"。

然而，不管其所可能呈现的情形会是什么样子，诚如鲍德里亚提示的，象征交换可以说是处在后现代社会之人们的一个重要互动现象。倘若这样的说法可以接受的话，那么，在象征交换的过程中，价值与意义必然完全地被予以悬搁了吗？倘若我们可以接受"正负情愫交融"乃是象征交换必然承载的基本特质的话，那么，身处如此一般之以（特别是"理性"的）个体化作为结构原则的时代里，我们如何安顿"正负情愫交融"的身心状态，可以说是需要面对的课题。就此而言，在象征互动中，我们实在没有绝对必要的理由必须把价值与意义完全予以悬搁，在哲学人类学的存有论层次上面，供奉某种价值或认可某种意义，甚至可以说反而是需要的。只是，在这样的情境里，人们乃以个体化的"冷"美学形式来引导情感的抒发，安顿"正负交融的情愫"，并进而经营个体化的曼纳来塑造神圣性，应当是一条值得重视的可行途径。这也就是说，人们以持续而冷静（而非即时兴起与消散的激情荡漾）的方式"各自地"处理情感的抒发（尤其是正负交融的情愫），并进而经营象征交换，将是一种值得特别予以注意的施为行事。

环顾当前的处境，一旦人类不是一再地追求以"自我"为核心的"进步"，而是肯定彼此之间有着"爱与关怀"以及学习对自然予以尊重的话，它体现的将会是一种极具意义的价值。进而，以此作为个体化社会之象征交换的基本历史－文化形式，更将是一项值得考量的课题。此时，人们展现象征交换的最主要场域，已经不在于引发粗豪、即发、激动而立消之集体亢奋的嘉年华会，而是两个人或少数人（绝非一大群人）之间（特别是在私领域中）引动的感情交流，它不是集体的激情亢奋，而是丝丝的情感与情绪的互惠感应，是细腻、延宕、持续的，它的社会特质是一种具有解消或超越人类之既有"历史"状况，并得以创造积极自由的伦理，而且是"审美化"的伦理。准此，人们最需要上心的是，透过"修养"以缔造可以反复浮现的精神原型，纵然它是属于个别人的。呼应着上述的论述，"修养"于是乎更是证成具自我判断、承诺与期许之责任意识所不可或缺的一种自我努力，乃形塑个体化伦理观的必要心理机制。在这样的情形下，人们所遭遇到的，往往没有绝对的对错区分，有的只是"君子"与"小人"的分辨而已，重点在于战胜"自己"，而不是回应来自他人之外在规约的强制要求。

（原文刊登于《社会理论：现代性与本土化》，应星与李猛编，北京：生活·读书·新知三联书店，341-387，2012）

参考文献

山本常朝
2007　《叶隐闲书：日本武士道第一书》（田代阵基笔录；李冬君译）。台北：远流出版社。
张旺山
2008　《批判的决断论：韦伯的"生活经营"的哲学》，《政治与社会哲学论》，第26期，55-95。
叶启政
2008　《迈向修养社会学》。台北：三民书局。
2013a　《霍布斯的嗜欲说》，见《深邃思想系链的历史跳跃——霍布斯、尼采到弗洛伊德以及大众的反叛》。台北：远流出版社，11-66。

2013b 《解读弗洛伊德的原欲说》，见《深邃思想系链的历史跳跃——霍布斯、尼采到弗洛伊德以及大众的反叛》，67-122。台北：远流出版社。

Bakhtin, Mikhail M.

1998 《巴赫金全集，第六卷：拉伯雷研究》（李兆林与夏忠宪译）。石家庄：河北教育出版社。

Bardwick, J. M. & E. Douvan

1971 "Ambivalence: the socialization of women," In Vivian Gornick & B. K. Moran（eds.）*Women in Sexist Society*. New York: Basic Books, 147-159.

Baudrillard, Jean

1975 *The Mirror of Production*. Translated by Mark Poster. St. Louis, Mo.: Telos Press.

1981 *For a Critique of the Political Economy of the Sign*. Translated by Charles Levin. St. Louis, Mo.: Telos Press.

1990a *Seduction*. Translated by Brian Singer. New York: St. Martin's Press.

1990b *Fatal Strategies*. Translated by Philip Beitchman and W. G. J. Niesluchowski. New York: Semiotext（e）.

Bauman, Zygmunt

1991 *Modernity and Ambivalence*. Cambridge, England: Polity Press.

Beck, Ulrich and Elizabeth Beck-Gernsheim

2000 *Individualization: Institutionalized Individualism and Its Social and Political Consequences*. London: Sage.

Berger, Peter

1980 *The Heretical Imperative*. New York: Doubleday Anchor.

Bloom, Harold

1982 *The Breaking of the Vessels*. Chicago, Ill.: University of Chicago Press.

Borges, Jorge L

2002　《巴比伦彩票》,《波赫士全集: I》(*Obras Completas*)（王永年等译）。台北: 台湾商务印书馆, 609-614。

Cohen, W.

1960　"Social status and the ambivalence hypothesis," *American Sociological Review* 25:508-513.

Coser, Rose L.

1966　"Role distance, sociological ambivalence, and transitional status systems," *American Journal of Sociology* 72:173-187.

1976　"Authority and structural ambivalence in the middle-class family," in Lewis A. Coser & B. Rosenberg (eds.) *Sociological Theory*. New York ; Macmillan, 566-576.

Debord, Guy

1983　*The Society of the Spectacle*. Detroit, Michigan: Black & Red.

Durkheim, Emile

1995　*The Elementary Forms of the Religious Life*. New York: Free Press.

Eliade, Mircea

2000　《宇宙与历史: 永恒回归的神话 》(*Le Mythe de I'éternel Retour: Archétypes et Répétition*)（杨儒宾译）。台北: 联经出版公司。

2002　《圣与俗——宗教的本质》（杨素娥译）。台北: 桂冠图书。

Freud, Sigmund

1915　"Instincts and their vicissitude," *The Standard Edition of the Complete Psychological Works of Sigmund Freud, Volume 14*. Edited by James Strachey in collaboration with Anna Freud London: The Hogarth Press and the Institute of Psycho-analysis, 117-140.

1950　*Totem and Taboo: Some Points of Agreement between the Mental Lives of Savages and Neurotics*. (translated by James Strachey) London: Routledge and Kegan Paul.

Gallop, Jane

1987　*Men in Feminism*. (ed. by Alice Jardine and Paul Smith) New York:

Methuen.

Goffman, Erving

1959　*The Presentation of Self in Everyday Life.* Garden City, N. J.: Doubleday.

Goshorn, A. Keith

1994　"Valorizing 'the feminine' while rejecting feminism? – Baudrillard's feminist provocations," in Douglas Kellner (ed.) *Baudrillard: a Critical Reader.* Oxford: Blackwell, 257-291.

Hajda, J.

1968　"Ambivalence ans social relations," *Sociological Focus* 2(2):21-28.

Heilman, Samuel C.

1979　"Inner and outer identities: sociological ambivalence among orthodox Jews," *Jewish Social Studies* 39 (3) :227-240.

Hobbes, Thomas

1998　*Leviathan.* edited with an introduction and notes by J. C. A. Gaskin. Oxford, England: Oxford University Press.

Huizinga, Johan

2000　*Homo Ludens: A Study of the Play-Element in Culture.* London: Routledge.

Kellner, Douglas

1989　*Jean Baudrillard: From Marxism to Postmodernism and Beyond.* Cambridge: Polity Press.

Levin, Donald

1985　*The Flight from Ambiguity.* Chicago, Ill.: University of Chicago Press.

Lipovertsky, Gilles

2007　《责任的落寞——新民主时期的无痛伦理观》(*Le Crépuscule du Devoir: L'éthique Indolore des Nouveaux Temps Démocratiques*)。(倪复生、方仁杰译)。北京：中国人民大学出版社。

Macpherson, Crawford B.

1962　*The Political Theory of Possessive Individualism*. Oxford, England: Oxford University Press.

Maffesoli, Michel

1996a　*The Time of the Tribes: The Decline of Individualism in Mass Society*. London: Sage.

1996b　*The Contemplation of the World: Figures of Community Style*. London: Sage.

Mauss, Marcel

1989　《礼物：旧社会中交换的形式与功能》(*The Gift: the Form and Reason for Exchange in Archaic Societies*)(汪珍宜、何翠萍译)。台北：远流出版社。

Merton, Robert

1976　*Sociological Ambivalence*. New York: Free Press.

Mills, Edgar W.

1983　"Sociological ambivalence and social order: the constructive uses of normative dissonance,"*Sociology and Social Research* 67(3):279-287.

Oakeshott, Michael

1962　*Rationalism in Politics*. London: Methuen.

Rieff, Philip

1979　*Freud: The Mind of the Moralist*.(3rd ed.)Chicago, Ill.: University of Chicago Press.

Room, R.

1976　"Ambivalence as a sociological explanation: the case of cultural explanation of alcohol problems," *American Sociological Review* 41:1047-1065.

Seeman, Melvin

1953　"Role conflict and ambivalence in leadership," *American Sociological Review* 18:373-380.

Seligman, Adam B., Robert P. Weller, Michael J. Puett & Bennett Simon

2008   *Ritual and Its Consequences: An Essay on the Limits of Sincerity.*
        Oxford: Oxford University Press.

Smelser, Neil

1998   "The rational and the ambivalent in the social sciences," *American Sociological Review* 63:1-16.

Swedberg, Richard

2005   *The Max Weber Dictionary: Key Words and Central Concepts.*
        Stanford, Calif.: Stanford Social Sciences.

Warner, R. Stephen

2004   "Enlisting Smelser's theory of ambivalence to maintain progress in sociology of religion's new paradigm," in Jeffrey C. Alexander, Gary T. Marx & Christine L. Williams (eds.) *Self, Social Structure and Beliefs*. Berkeley, Ca.: University of California Press, 103-121.

Weber, Max

1978   *Economy and Society: An Outline of Interpretive Sociology.* edited by Guenther Roth and Claus Wittich. Berkeley: University of California Press,

Weigert, Andrew J.

1991   *Mixed Emotions: Certain Steps Toward Understanding Ambivalence.*
        Albany, N. Y.: State University of New York Press.

Zielyk, Ihor V.

1966   "On ambiguity and ambivalence," *Pacific Sociological Review* 9:57-64.

重估韦伯的"理念型"——后设理论的启示

一、前言

在这一百多年来之西方社会学的知识经营当中，韦伯的论述具有极为重要的地位。单就社会研究方法来说，韦伯的贡献更是居功至伟，其中又以"理念型"[①]（ideal type）的研究策略为最，但也争议最多。综观过去对于韦伯思想的研究，不管是持正面支持抑或反对批判的立场，从西方（特别是德国）社会学科（或谓社会科学哲学）的发展历史背景来从事抽丝剥茧的回顾与解析，可以说是最为常见，甚至被公认是认识韦伯思想和确立其学术地位的不二法门。我们几乎很难看到从当代的社会场景，尤其是以一具翻转性的世界观为基础来重新评估韦伯的学说。容或有之，也只是略加翻转一下旧有的思维模式（如从所谓"后现代"的思维模式）来讨论，结果，总是有如新瓶装旧酒一般，看不出什么令人耳目一新，且足以令人感动的新论点，始终还是在旧有的基本思维模式里打转（如 Hekman,1983,1994;Koshul,2005）。

以这样具评价性的认知为基础，我尝试采取另外的立场来重新评估韦伯的"理念型"作为一种研究策略所可能开展的意义和视野。更为具体地说，情形应当是：从后设理论的立场出发，为（特别是处于后现代场景里的）人们的社会行动寻找更具初基性（也更为贴切）的基本身心状

[①] 根据阿尔布劳的说法，韦伯的理念型概念乃来自吉欧·耶林内克运用此一概念当成研究比较政府的基础概念工具（Albrow,1990:151；同时参看 Bendix & Roth,1971:260-265,305-310）。朗西曼则指出，虽然韦伯此一概念来自耶林内克，但是，采自齐美尔说法的，应更加值得注意（Ruciman,1972:9n）。布鲁恩也提示，在1904年，韦伯承认耶林内克是提出"理念型"这一概念的先驱，但却误读，而有自己引申的内涵（Bruun, 1972:210）。总之，历史的因缘际会不自觉地使得韦伯的套用转换成为被认定是属于他个人的专利性概念。

态，进而，透过如此的身心状态来反照"理念型"可能蕴涵之更为深层的社会学意涵。在此，依我个人的见解，有两种身心状态的体现可以说是刻画人之社会存在的关键：体现在认知上面的是模棱两可（ambiguity），而体现在情绪感受上的则是正负情愫交融（ambivalence）的情操①。显而易见，这样的说法具有浓厚的后设理论（meta-theoretical）的性质，乃是针对人的存在与社会的呈现状态铺陈了特定的哲学人类学存有预设，可谓是用来从事理解、诠释与分析人的社会行动以及具体社会现象背后的一种理念性的想象。依我个人的意见，承认这样的理念性想象作为社会分析的前提"起点"依据，正是我们可以从韦伯的"理念型"予以衍生剔透的图像，而这也正是本文所意图阐述的基本蓝图。

二、过去英语社会学界对韦伯"理念型"的提问重点

为了彰显我在此文中立论的分离点设准，我觉得，特别针对过去西方社会学界（尤其是以美国与英国为主的英语社会学界）对韦伯的论述（当然，特别是有关"理念型"的讨论）做一个有选择性且简扼的描绘，应当是有所助益的。

在二十世纪六十年代里，英语社会学界（特别是美国）对韦伯学说的介绍与评论已逐渐浮现，对其学说内容的一致性或矛盾性，成为学界讨论的焦点之一②（如 Bendix,1962;Bendix & Roth,1971），甚至到

---

① 有关我个人对"正负情愫交融"现象之社会学意义的阐述，参阅叶启政（2013a）。

② 在1920年，芝加哥大学的理论经济学家弗兰克·奈特热衷于探讨经济体系的历史起源，特别是有关现代资本主义的部分。奈特本人所具有的基督新教背景，使得他对经济发展的文化因素，特别是来自基督宗教的救赎信仰观念感兴趣，也因而迷上了韦伯的学说，他乃于1927年翻译了韦伯的《一般经济理论》（引自Scaff,2014:274）。接着，当时在德国海德堡大学（Heidelberg University）就读研究所的帕森斯，也与奈特一样，迷上了刚出版（1925年）之韦伯的《基督新教伦理和资本主义精神》（*The Protestant Ethics and the Spirit of Capitalism*），乃于1930年译成英文。这么一来，韦伯这两本著作的英文翻译开启了英语世界（特别是美国）对韦伯学说的兴趣。尤其，1937年帕森斯在其著作《社会行动的结构》（*The Structure of Social Action*）（转下页）

了 1980 年的开始，这个议题还继续燃烧着。譬如，德国学者滕布鲁克力挺韦伯的论述是具一致性的，或至少力图使之更具一致性，就是一个明例（Tenbruk, 1980）。即使单就方法论来说，在二十世纪七十年代里，韦伯的方法论更是深受英语社会学界的普遍重视。费伊与穆恩即认为韦伯的方法论是一项大进步（Fay & Moon,1977:216）。基特与厄

（接上页）一书中以相当的篇幅介绍了韦伯的学说，更是促使了美国社会学家对韦伯思想的重视（同时参看 Scaff,2011,2014;Derman,2012）。然而，在 1991 年的一篇论文中，霍洛维茨却吊诡地下结论说，直到二十世纪六十年代，固然韦伯的学说见诸东部的社会学圈（如哈佛大学的帕森斯），但这也是仅具工具手段性质的为多（即甚至只是仪式性的引述）。中西部社会学圈（特别是芝加哥学圈）的成员，诸如贝克尔与戈夫曼等等，则几乎从未提及韦伯。霍洛维茨以为，之所以如此，可能是因为他们关心的研究焦点不同（Horowitz,1991:73-74,78）。不过，根据斯卡夫的研究，情形却似乎不是这个样子。他指出，从二十世纪三十年代开始，在来自德国之路易斯·维尔特以及由维尔特的助理升任教授的爱德华·希尔茨等人的推动下，韦伯之学说成为芝加哥大学社会学系学生必修的重要理论。而且，譬如，在汉斯·格特的引导下，威斯康星大学社会学系也一样地重视韦伯的学说。因此，斯卡夫认为，从二十世纪三十年代开始，在美国社会学界里，韦伯的影响不但不只局限在东部的社会学圈，还推及中西部的社会学圈（参看 Scaff,2011:197-252;2014:275-280）。蒂尔亚基也指出，美国社会学家特别接受韦伯的思想，并受之启发，至少有一个因素是值得注意的。这个因素是：韦伯在 1904 年曾经亲身到美国游历，而且到过圣路易（St. Louis）以西的"新"拓地与深南（deep South）地区，对美国人所持有之重禁欲与此世的新教精神有类似"在地者"的认识，以至其学说可以获得美国学者的青睐（如前面提及的奈特）（Tiryakian,1975:14-15; 同时参看 Nelson,1973:83;Scaff,2011:181-193;2014:280-285）。当然，到底韦伯对早期美国社会学界的影响如何，或许是一个有趣的社会学史议题，但是，毕竟，这不是我在此所关心的，可以悬而不论。总之，不管实际的情形为何，有一项事实摆在眼前是无法否认的，那就是：在二十世纪四十年代里，三份韦伯重要的英文译著问世，直到今天还一直是英语社会学界研究韦伯的学说赖以依据的经典译著。这三本译著分别是：1946 年格特与米尔斯合译的《来自韦伯：社会学文集》（*From Max Weber: Essays in Sociology*）；1947 年亨德森与帕森斯合译的《社会与经济组织的理论》（*The Theory of Social and Economic Organization*）；以及 1949 年希尔茨与芬奇合译的《社会科学方法论》（*The Methodology of Social Sciences*）。之后，在二十世纪五六十年代，韦伯的许多重要著作陆续被翻译出来，譬如，金特·罗特与考斯·维蒂希所合译这本内容堪称最丰富，也是最具代表性的重要著作——《经济与社会》（*Economy and Society*）即在 1968 年问世（有关韦伯之所有英译著作的出版年表，参看 Scaff [2011:202-203;2014:290-291]）。

里也肯定韦伯的方法论是许多讨论的起点（Keat & Urry,1975:144）。不过，批评与反对的声音亦不在少数。譬如，伯格即批评韦伯的理论只具历史性的旨趣，与当代人关心的议题甚少有所关系（Burger,1976:x）。吉登斯发现，在当代的社会学讨论之中，韦伯的理论甚至显得有些陈旧（Giddens,1976:23）。布里坦则断定，韦伯只是接受了对主观意义予以分析与众称之经验取向的二元性而已，但却没有于其中找出任何明确的答案（Brittan, 1973:11）。

托兰斯更在 1974 年作文批评韦伯的"理念型"概念乃在混乱的认识论下面被使用着。他甚至指出，韦伯自己承认"理念型"只适用于社会学探索从事描绘和归纳的准备阶段而已。他以韦伯所提出之法制权威（legal authority）此一"理念型"为例来进行批判。他认为，按理，一旦采取了理性科层制的法制权威作为纯粹类型（托兰斯称之为理论的理想化 [idealization]），乃即意味着它不具备传统与神才（charismatic）权威的特质，但是，韦伯本人却承认，在实际的情况下，它们却始终是与法制权威相混合着 ①（Torrance,1991:163-164）。安德烈斯基则采取分析哲学的立场质疑韦伯"理念型"的可检证性，认为理念化只不过有如漫画一般以夸张的方式选择了一些自认具有意义，但却是直观且感性的特点来绘制，常常是自我制造出来的，未必有充分的实际经验证据做后盾。

_____

① 显然，倘若采取哲学家唐力权的分类学用语（唐力权,1989:414-415），托兰斯乃持着具"断而再断"性质的二元互斥对彰观来看待概念类型之间的关系。易言之，在托兰斯的认知里，传统、神才与法制权威三个概念彼此之间的界线必须是互斥而穷尽地对彰着，不能有所"重叠"，否则就是概念混淆不清，而这正是托兰斯批评韦伯的所在。同样的情形也表现在托兰斯对"结构"一概念的看法与对韦伯的批评上面（Torrance,1991:166）。总之，在西方社会学界中，不管是站在支持还是反对立场的，持有类似托兰斯这样的认知模式的，可以说是极为普遍。譬如，阿贝尔即采取实证主义的立场援引兹瑙涅斯基的分析归纳（analytic induction）方法来看待"理念型"，认为其功能之一是预测（prediction）以及以无暧昧之具逻辑－意义（logical-meaningful）性的方式来建构两个变项（如新教伦理与资本主义精神）之间的关系（Abel,1991,313-315）。我个人认为，以诸如此类的方式来理解韦伯的"理念型"，无疑是窄化，也"浪费"了其所可能衍生之更为深邃的蕴涵。假若我们转而以"断而未断"之概念相互搓揉摩荡的立场来看待，整个情形就将会不一样，而这正是我在下文中所将指陈韦伯的"理念型"在认识论上所可能开展的另类意涵的关键点。

安德烈斯基即举韦伯在《新教伦理与资本主义精神》中提到富兰克林的宗教伦理观作为例证。同时，他又诟病韦伯的科层制的理念，认为它说穿了只不过是韦伯那个时代之西欧社会中公家机构的一些主要特征而已（Andreski,1984:46-47）。

　　当然，力图替韦伯辩护的也不在少数，譬如，赫克曼即反对上面这些对韦伯方法论的批评。她把议题拉到当时（指二十世纪八十年代）流行的"结构 / 能动"（structure/agency）二元分析的脉络里来加以审视，认为整个争议的关键在于处理"理念型"此一概念上面。她指出，韦伯的"理念型"事实上同时包涵着双元面向——即行动（能动）与结构，亦即处理"行动者的主观意义"与"学者以制度结构为本的分析"彼此之间的关系和联结样态（Hekman, 1983:16）。因此，呼应着前面提到之布里坦的提问，韦伯到底是结构主义者抑或是行动主义者遂成为许多社会学者关心的议题（参看 Turner,1977）。对于这样的争议，赫克曼认定，韦伯乃以"理念型"的"客观化"方式化解了当时实证主义与主观主义（subjectivism）之间的争议，而这样地兼顾着结构与能动也正是二十世纪八十年代之后实证主义的综合性作为（Hekman,1983:149;同时参看 Fay & Moon,1977: 221）。

　　看起来，赫克曼对韦伯（特指"理念型"）的理解似乎是跨出了一大步，带来了启放崭新观点的一线曙光。然而，遗憾的是，赫克曼的基本立论基础依旧是建立在实证主义 / 主观主义这样之传统二元互斥对彰的思维模式上面，以至于她不只继续把韦伯视为"启蒙儿"[①]，还不自主地偷渡了实证主义取向的认识论暗流进来标签化了韦伯。难怪，她对韦伯的"理念型"有如下的批判性理解："若说韦伯对理念型的讨论是晦涩、纠结纷杂的，甚至几乎充满着折磨，但却应当是相当具启示性（instructive）的。"（Hekman,1994: 268-269）显然，诸如赫克曼这样的论点，与前述的许多观点一样，乃来自于"断而再断"思维模式的作祟

---

　　① 语出自1938年维滕贝格以"迟来的启蒙儿"（a child of the Enlightenment, born too late）来形容韦伯思想的内涵（Wittenberg,1988:119;同时参看 Hekmen,1994,Gane,2002）。在此，赫克曼认为韦伯形容伦理多元化是"危险"的，可谓是一直承接着启蒙认识论的典型思维产品（Hekman,1994:275）。

使然，以至于无法将韦伯的问题意识所可能衍生更加深邃的意涵发挥出来，才会导致终于宣告韦伯和尼采一样：即使对启蒙理性所营造的（先验）知识体（*episteme*）有所批判，但是，最后还是没超越过去（参看Hekman,1994:271,284）。

行文至此，为了展现韦伯的"理念型"具有更为深邃且宽广的理论性意涵，似乎有必要对韦伯使用概率（probability）这一概念背后可能的含义表示一点意见。韦伯确实多次使用"概率"一词来刻画社会现象。譬如，他即以"某种特定行动将发生的概率"来界定社会关系（如交易行为、科学研究……）。最为典型的莫过于，他以"一个具特定内容的命令（command）将被一群特定人们遵守的概率"来定义宰制（domination）关系（Weber,1978:26-27,53）。对此，帕森斯曾经以这样的口吻评论："透过这个概念（按：机遇 [chance][1]），韦伯以高度巧妙的方式把对意义的诠释和外表行动（overt action）必然具更加复杂的事实之间的裂罅弥补上来。"（Parsons,1947:100n）然而，帕森斯的美言似乎并没有获得其他学者们的普遍认同，不少英语世界的社会或哲学学者对韦伯这样的处理颇有微词。譬如，温奇即批评韦伯以统计概念来检验其了悟（*Verstehen*）的诠释主张，有着内在的矛盾（Winch,1958:112）。雷克斯则认定，韦伯乃意图在了悟社会学与实证方法论之间找寻平衡点（Rex,1974:53），而托兰斯以更剧烈的语言宣称韦伯这样以概率的概念来处理社会行动与社会关系的界定关系根本是不需要的，诚属多余（Torrance,1991:168）。

就我个人的立场来看，当韦伯使用概率的概念来刻画社会现象时，其最重要的意涵并不在于以具量化数据的"客观化"意涵来雕塑

---

[1]　在许多社会学家的心目中，在概念内涵上，机遇和概率几乎是孪生兄弟，可以当成同义词看待。显然，这是十九世纪以来以数学的概率理论为基础来建构社会统计学知识所带来的特有认知模式，而这正是问题的关键所在。易言之，（特别量化的）社会学家们认定我们可以"概率"来处理"机遇"现象，而这正是哈金所以使用《机遇的驯化》（*The Taming of Chance*）为名来刻画西方统计发展史的缘由（Hacking,1990）。相关的论述将在下文中再提到。

社会实在的本身①，而只是以此来展现其所勾勒之"理念型"心灵图像用来作为理解与诠释社会实在所可能彰显的意义"可能性"（或谓适宜性 [adequacy])，而这也正是前面引述帕森斯的评语所意图意涵的②。对此，赫克曼就相当能够掌握韦伯使用此一概念的意涵。她指出，韦伯所关心的是一个行动取向的纯粹类型，而非行动的具体发生频率，指向的是行动背后的意义③（Hekman, 1983:53）。就在这样以概率的概念来陈述"理念型"被具体行动予以体现的现实意义"可能性"的基础上，韦伯由"行动"的概念出发，以强制协作（imperatively coordinated）的概念来贯联"行动"与"关系"，而依序推衍至整个社会的"结构"。换言之，所谓"关系"以至"结构"，乃由具强制协作的行动所构成（Weber, 1978:26-27）。准此，诚如赫克曼诠释的，韦伯所持有的"结构"概念乃紧贴着主观意义而来，是一种心灵图像，本身是"非实在"的（unreal）（Hekman,1983:54-55）。因此，诸如乌斯怀特（1975）、特纳（1977）与斯图尔特（1978:348）等人企图以"结构乃是客体化之外在事实，而非

---

① 最为典型的莫过于涂尔干企图以所谓"平均类型"（average type）来刻画（因而，代表）社会实在本身。有关的讨论，尤其涉及与韦伯"理念型"的比较评论，参看叶启政（2001）。

② 特纳即指陈，韦伯有关行动的"因果"讨论，在早期（1903—1907）是比较接受了冯·克里斯概率说的影响，但到了后来呈现在《经济与社会》（Economy and Society）一书中的，则倾向于强调理性行动的"理念型"（Turner,1983）。维滕贝格更具体地认定韦伯乃深受当时已成气候之量化、强调形式-逻辑、理性-概念化的方法论影响（Wittenberg,1988[1938]:119）。尽管情形或许是如此，但是，此处所论及"概率"说的衍生意涵依旧是有被慎重看待的意义的。况且，就哲学人类学之存有论的角度来看，"机遇"此一概念蕴涵着古希腊式的"命运"（destiny）意思，因此，现实之意义"可能性"更是承担了另外一层更为深刻的文化意涵，这才是韦伯使用概率来界定诸多概念最值得重视的面向。更恰确地说，韦伯在以"概率"（或乃至"机遇"）的概念来处理与"理念型"关联的实际现象时，似乎并没有如与他同时代之量化取向的统计社会学们企图以"概率"来驯化顽强之"机遇"的意思。他期待更多的，应当是视之为一种无以顽抗与克服的"命运"，如尼采所说的，只能以热爱着它的方式来对待（参看 Nietzsche,1974:223, §276）。

③ 譬如，林格即以单一因果分析（singular causal analysis）来称呼"理念型"，并且认定它是一种具概率性（probabilistic）与反事实性（counterfactual）的推论，而非一般法则的演绎，也非表意的历史编纂学（idiographic historiography）（Ringer,2004:77,82）。

特定理念的随制演绎基模"的实证主义立场来诟病韦伯的思想自身有了矛盾的说法，基本上是不成立的。

进入二十一世纪以后，固然还是有学者继续鼎力支持韦伯的立场（如 Sica,2004），并指陈学者们对韦伯之论述的兴趣有复苏的趋势（Gane, 2002:1），但是，批评韦伯思想（尤其是有关"理念型"）的声浪依旧不断出现。譬如，布赖纳即认为，尽管韦伯的理念型指陈了政治行为之可能选择的多面性，但却总是只能以"部分的（partial）"来总结。（Breiner, 2007:104-105）布赖纳的意思是说，韦伯的"理念型"只是一种片面的关照，无法统摄"全局"。依我个人的观点，也是下面将讨论到的，无论就了解还是诠释的角度来看，这样以"全景敞视"观（panopticism）作为认识论的基本立场所引带出来的批评，无疑是让"理念型"在认识论上的另类深层概念内涵轻易地被滑溜掉。显然，布赖纳没有意识到韦伯的理念型方法可能蕴涵着另外一种别开生面的另类认知模式[①]。

同样地，东京大学的山胁亦企图以具体的历史反证"事实"来检视韦伯之"理念型"的经验有效性。他引用历史学者余英时在 1987 年出版之《中国近世宗教伦理与商人精神》一书中针对韦伯有关儒家思想的论述的批判，否定了韦伯对权力政治（power politic）之"理念型"概念的经验是实证有效性，认为其概念既无法有效地施用于东亚社会（如中国与日本），也不足以用来掌握后现代的政治场景。在山胁的眼中，韦伯之权力政治的"理念型"，无疑地乃局限在他所处那个时代（十九世纪末到二十世纪初）的西欧世界，甚至仅及于他的祖国——德国而已。因此，山胁力主，到了今天这样的二十一世纪，我们需要以全球在地化（glocal），而非以单纯之全球的（global）或在地的（local）观点来审视政治（Yamawaki,2007:214-220）。

无例外的，山胁这样的批评乃是采取实证的"客观"态度企图以具历史性的具体经验事实来检视韦伯"理念型"的价值与意义，完全忽视

---

① 这将在下文中适当的地方予以阐述。其中，法国人类学家杜蒙（1986:227; 1992:417-418）所提出对反涵摄（the encompassing of the contrary）之阶序观的思维逻辑，即是一种另类的认知模式。

了"理念型"本身在认识论上可能蕴涵之"断而未断"的更深层意义，即处理下面所欲探索之模棱两可与正负情愫交融的生命情境的潜力。山胁这样具"断而再断"性质的认识论立场，更可以从他比较韦伯与尼采的思想中看出端倪。他指出，韦伯同意尼采的见解，不相信具目的论的演化观以及肯定"进步"的历史观。但是，韦伯不同意尼采采取预言的方式企图以"超人"（overman, *Übermensch*）[1]的概念来治疗西方文明，而韦伯之所以如此，乃因为他不是哲学家，而是历史社会学家的缘故（Yamawaki, 2007:213）。姑且不论山胁这样的评论是否有可以接受的要件，显而易见，他企图以"哲学家/历史社会学家"来区隔尼采与韦伯，而似乎倾向于韦伯，乃在于肯定作为社会学家所应具备强调经验实证事实的学术素养，不能像尼采一般，可以"天马行空"地来为人类文明设想可能的前途。这样企图在"实然"与"可然"（甚至"应然"）之间画出一条明显的区隔界线，实是矜持实证主义（乃至实在论）者的基本信念，更是充分展现了"断而再断"思维观的精髓。

更加极端的是汉松的诠释。他认定韦伯论述在当代主流社会学科中一直是处于"次级"的边缘地带，原因是韦伯的研究策略并不是以预测为根本，尽管他的许多论述具有高预测性（Handson,2007:303-304）。汉松这样的论点相当程度地呼应或解说了阿达托与科尔的观察结果。在1981年阿达托与科尔发表了一篇对四种代表主流的美国社会学期刊援引韦伯著作的研究成果。他们发现，虽然韦伯的论述被引用的不在少数，但却常常只是仪式性的引述而已，与研究的实际内容实际上并无密切的关系[2]。对此，两位作者则犹如替这样的引述缓颊一般，以为这样的引述至少提供了一些有关这些学者是如何选择性地看待韦伯的提示作用。同时，他们指陈，韦伯的研究往往只是被一小群感兴趣于从事比较或宏观社会学研究的学者们当成例证来运用，以充当启发思考的作用（Adatto & Cole,1991:90-92,97）。无独有偶，2007年麦克福尔斯等人在他们所编辑

---

[1] 有关尼采本人对"超人"概念的描绘，参看Nietzsche（2002:39,§42;40,§43,44; 151-152,§257;163-164,§268）；至于作者对此概念的评介，参看叶启政（2013b:210-234）。针对韦伯与尼采在思想上之关系的讨论文献不少，但至少可参看Hennis（2000）。

[2] 同时参看第218页注释2中霍洛维茨的评语。

之有关韦伯的讨论文集的"结论"一章中，更是为韦伯的"理念型"方法下了这么一个似乎"只不过是仅只如此"的结论—有助于学者们自身的自我反思（self-reflexive）和自我判定（self-justifying）（McFalls, Simard & Thériault,2007:354）。邦奇更是扛着"实在主义"的大旗讥讽韦伯为魔影幻变的理念主义（phantasmagoric idealism）（Bunge,2007）。总而言之，这一切对韦伯的评论，不管是正面抑或负面的，基本上，讨论的重点在于秉承从启蒙时期慢慢衍生出来之实证主义（或实在主义）的信念，并以"全景敞视"观作为认识论的基本立场来进行批判与诠释，关心的焦点乃环绕着"理念型"的客观性（objectivity）、可经验检证度、经验有效性与无涉价值判断的自由（value free）等等的议题上面。

晚近已有学者意识到诸如韦伯所触及之有关"事实／价值"（fact/value）、"主观（主体）／客观（客体）"（subject/object）、"宗教／科学"（religion/science）等二元关系背后的深层意涵，特别是从后现代场景的角度来审视。譬如，亚历山大（1982）即以物质主义（materialism）与理念主义（idealism）的对彰来评论韦伯；林格（1997）则从主观与客观的二元对彰来检讨；恰法（1998）选择的是价值与事实的对彰作为批判韦伯之思想的基础。沃伦更是斩钉截铁地论断，韦伯的思想已离开了启蒙的观点，不是什么"迟来的启蒙儿"。在沃伦的眼中，韦伯的思想毋宁乃较为贴近尼采的思维，特别是有关理性的说法（Warren,1994:76）。在2005年，科舒尔更是具体地以"关系性概念"（relational concept）的立场重新诠释韦伯之概念的吊诡困境（Koshul,2005）。事实上，韦伯自己早已体认到，因为任何科学均摆脱不了预设，同时，更因此等预设所反映之真理的价值需要被肯定，所以，科学与信念（faith）之间其实仅只是一线之隔而已（Weber,1949b:110; 同时参看 Weber,1946a:153）。尽管，在当时，韦伯并没有充分意识到下文所要提到的"断而未断"思维模式与其"理念型"所蕴涵之类似行走者的身心状态，但是，至少从这句话，我们可以嗅闻到韦伯对以二极对反之概念所支撑开展的世界观有着不同于当时流行（甚至延续至今）之认知模式的敏锐感觉，深深自觉到需要走出另一取径，而这条取径正是"理念型"所要剔透、开展的。

三、柏拉图"理念主义"下"整体体系"的全景敞视图像

在这儿，我需要先行把"到底是什么心理驱力敦促我写这篇论文"做个说明，如此，读者们才比较可以理解我如此行文背后的心路历程。在2016年我曾经发表了一篇题目为《社会学家作为说故事者》的论文，文中借用法国社会学家德赛都的"行走者"（walker）譬喻以及阿根廷作家博尔赫斯在其诸多寓言故事，譬如《小径分岔的花园》（*The Garden of Forking Paths*），所叙述之逛花园的行动场景来描绘一种社会学家可以用来接近社会实在（特别是人们的日常生活世界）的另类研究策略（甚至可称之为"认识论"）①（叶启政，2016a）。当时，我仅从"方法策略"的面向来重塑韦伯"理念型"可能涉及的社会学内涵，并未把整个讨论扩及于后设理论的预设面向（特别是触及以模棱两可和正负情愫交融两种身心状态作为人存在的前提）。这篇文章就是为了弥补这样的缺憾而写的，而且，为了使得这样的论述获致更加完美的成果，以让读者可以更清晰地掌握我所将论述之内容背后的理路，所以特地安排了前一节这样的论述，先行简扼地描绘一下过去英语（特别是美国）社会学界是以怎样的方式来检视和讨论韦伯的思想，尤其是有关"理念型"的一般看法。我认为，唯有如此，我在下面对"理念型"所将从事的描绘，才可以有对照点帮助读者们进入我的认知世界②。准此，下面就需要同时对"行走者"的研究策略、当前甚具魔影幻变性的世界图像，以及"断而未断"③的搓揉摩荡观等三样我所依据的立论基准先有着简扼的说明，如此，重估韦伯"理念型"的意涵才可能有站得住脚的准头。

首先，让我从过去主流西方社会学家的基本世界观谈起。长期以来，西方人是活在柏拉图（Plato）理念主义（idealism）所经营起来的世界观里头。简单地说，不管是自然或人的世界，都被认定为本质上是有着"秩序的"；也就是说，秩序是内涵在存在的本身当中。理念的经营为的

---

① 以下以"行走者"一词来综合地涵盖德赛都与博尔赫斯两人的譬喻性描述。
② 倘若读者们想要更多地了解我个人对韦伯"理念型"有着怎样的看法，除了可以参阅上引2016年的著作之外，尚可参阅叶启政（2001:41-50;2008:327-377）。
③ 与"断而再断"概念一样，此一概念亦采自唐力权（1989:414-415）。

即是让这种"秩序"的本相得以还原彰显。无怪乎，在古希腊，几何学乃成为构作"数学"的最重要主角，主导着整个"数学"理性的思维。基本上，几何学的知识所指涉的即是有关"理想而完美"图形（如完整的圆形、正方形或长方形等等）所呈现（或内涵）的种种规律性特质，尽管，人们深知，在现实的日常生活世界里看到的，总是不规则，甚至扭曲着的碎形样子，事实上是难以找到完美的理想图形的。

十七世纪帕斯卡在《沉思录》（*Pensées*）中区分两种心智状态，其中一种他称之为几何型（*esprit geometrique*）的，即是这种以特定理念为基础架设出来之如同柏拉图理想国般的认知模式（参看 Pascal,1987:1-5）。根据帕斯卡的意见，毫无意外，数学里头的几何学思维，即是最为典型的几何型心智状态的表现形式，正因如此，所以才称之为"几何型"的心智状态。它的特点在于，透过严谨的抽象定义、公理预设和定理等等来从事演绎推论的功夫，强调的是定义清晰，且条理层次分明之种种原则的逻辑性铺陈[①]。然而，对帕斯卡来说，人的认知世界里尚有着另外一种他称之为纤细型（*esprit de finesse*）的心智状态。这种心智状态不同于几何型心智状态，甚至可以说是正相反；其所仰赖的是诸如直觉的想象力、敏锐的感应力、具渗透性的眼光与视野、透过经验累积起来的明智能力（prudence）等等。这种心智最为典型的莫过于表现在那些无法明确定义与运用推理逻辑来处理的事物或现象，诸如文艺作品（如诗歌）、爱情关系，或所谓的良好的政府等等上面。

撇开纤细型的心智状态不论，这样一种依照柏拉图理念"理想国"的认知模式（以下简称"柏拉图主义"）所经营起来的"几何"型的世界

---

① 自苏格拉底以降，特别柏拉图（在《智者篇》中，同时参见《巴门尼德篇》），强调透过对特定概念予以定义，并以下面将提及之后来西方社会学家所谓的"建构类型"方式来进行一再地细致分类来厘清现象。如此，具一定普遍共性，且并非具体可视存在的"理念"，乃是定义概念的根本依据，"本质"的肯定才得以确立。于是，"不存在的东西在某些方面具有存在，反过来也一样，存在的东西以某种方式是不存在的"。（241D,Plato, 2003,卷三:187）如此，我们可以在种种殊相之中确立"（同）一"的"共相"。"一"只能指一个事物，也就是说，它只能指一个名称（244D, Plato,2003,卷三:191）。

图像，在中古世纪里，并没有因为经过基督教势力的兴起而消逝或乃至衰退。相反，经过基督教教义的淬炼，"柏拉图主义"得到了一股具有无比威力之灵性力量（即"上帝"概念）的奥援，让其思想的基底更加巩固。"上帝"此一至高无上，且唯一的绝对"理念"，转身成为建构、诠释、理解世界图像的唯一"理念"依据。到了文艺复兴时期以后，这种"理念"独一至高化的情形，一样地，也并没有因为以"人"为本位的"理性"认知模式逐渐抬头而被摧毁。无独有偶，从十七世纪开始，则因自然科学（特别是物理学）与数学的紧密结合，以及所谓"科学方法"的突飞猛进，"柏拉图主义"的认知模式更进一步地根植于西方人的心灵里面①。这样的世界观正呼应着下文中将提到洛维特的见解，即：西方的历史观始终存有神学的成分（Löwith,1964）。

　　回溯西方社会思想的发展历史，把"柏拉图主义"的认知模式表现在有关人之行为与社会现象的探讨上面，最为显著的莫过于十九世纪时流行的社会有机体论，以及由此衍生出来，并强调定型化关系之结构形态的"体系整体观"，其中，以采取"功能"的概念来建构理论体系的结构功能论（如帕森斯与默顿），可以说是最为典型的表现形式。于是，"社会"被认为是有着一定完形（Gestalt）样态的秩序整体，基本上是一种具半封闭性的体系形式。套用德赛都的说法，这即是犹如窥淫癖者（voyeur）一般，从事着"全景敞视"的窥探（de Certeau,1984:92）。无疑，采取这样的认知模式来建构"社会"乃意味着，"自然"背后仿佛隐藏着一组看不见，但却可被肯确的目的，它犹如是无形的"上帝"，主导着"社会"以追求诸如均衡、整合、共识与自我调适等等状态为目的。

---

　　①　在十七世纪的西欧世界里，几何型的心智状态可以说是表现得淋漓尽致。首先，伽利略运用几何学来处理天体物理现象首开物理（继而自然）科学数学化的风气。英国的霍布斯还特地到意大利访问伽利略，后来以几何学的概念写就了名著《利维坦》（Leviathan）来讨论政治（社会）现象（参看叶启政，2013b:30）。在同一世纪里，笛卡尔发明了解析几何，结合了几何学与代数，也因此逐渐提升了代数在数学中的地位。同时，牛顿与莱布尼茨发明了微积分，更是把物理科学数学化带到一个更高峰。如此一来，西方科学之柏拉图主义化的根底更加往深处里扎，延续到今天（参看Baumer,1988:39）。

在这样带着浓厚目的论色彩之认知模式的支撑下，难怪帕森斯（1961）会主张变迁始终是一种"例外"的现象。

再者，十九世纪的西欧世界是一个强调个体"均质地"拥有自由、独立、平等而自主等等属性的民主时代，于是，以（中产的）资产阶级为主干所塑造出来的"人民"（people）此一具政治意涵的"类存有"（species-beings）范畴成为历史主体，有着塑造和确立社会正当性的神圣魅力。这么一来，假如"人民"（连带地，"民主"）的概念乃内涵均质的平庸性的话，那么，它无异即意味着，"平凡例行"即是神圣的。但是，就意涵而言，神圣之所以是神圣，乃因它是"非凡例外"而令人感到敬畏崇拜的缘故，于是，情形就变得十分地吊诡，"平凡例行"却成为是"非凡例外"的。说来，这是十九世纪西欧社会以中产阶级为历史主体的"民主化"所带来（或所依赖）的特殊历史场景。只有在这样一个平庸世界即是"非凡"的历史格局下，统计学上的常态分配模式才有了用处，也才得以成为具有神圣性的迷思信念。

自古以来，特别对西方人来说，追求上述"体系整体观"之具普遍校准的永恒知识与真理始终是一种无以名状的引诱。说来，其情形正像古希腊神话里塞壬女妖的歌声一般，充满着诱惑，但却总是把人们引向死亡的路子上去，因为它让人们无以抵挡，只能以塞住耳朵的消极方式来应对，总是缺乏经历挣扎与省思的苦难经验契机，以至事实上必须远离才行。再者，"体系整体观"是预设现象的"本质"，因此，总是显得平顺稳当而恒定，犹如尤里西斯（Ulysses）遇到船难漂流到卡里迪丝（Khavubdis）的永生（永远青春）之岛后，与仙女 Kalupsō[①] 所过的那种平静顺利、看似"幸福"，但却一成不变的"世外桃源"生活一样。然而，这种把苦难与折磨"隐藏"起来的稳当平顺生活，其实，说不上是真正的"幸福"，因为人们总是需要经过灾难与变化，才能印证自己，"幸福感"也才得以孕生。于是，只有当尤里西斯返回家乡再度历经苦难与折磨后，在其历经了妻子珀涅罗珀的种种考验，他才重新找到，也验

---

① 按韦尔南的说法，此字是从希腊文"隐藏"（*kaluptein*）这个动词转变过来的（Vernant,2003:147）。

证了自己——一个独特之非凡例外的自己[①]。这也就是说，除却展现稳当平顺之"常态"的"体系整体观"，我们可以有另类的选择，选择可以展现"苦难与折磨"之非凡例外经验的论述方式，而这正是"理念型"所蕴涵的论述特质。

　　总之，回顾十九世纪以来之整体西方社会学科的发展，具统计思维模式的社会思想家如凯特尔，视"均值人"一概念犹如物理学中的重心引力定律一般的"神圣"，并企图矮化，乃至消除"极端"现象的社会学意义，可以说即是在这样"体系整体观"的历史脉络下被供奉出来的。其所带来的结果最为明显的莫过于，统计学上的"常态性"被赋予了科学性的神圣迷思魔咒，而"极端"现象则被看成是"意外"的"黑天鹅"，降格成为具多余性质的误差（error），可以，也应当予以忽略。于是，任何极端元素（事件）可能蕴涵的特殊社会（历史）意义就这么轻易地被抹掉。如此一来，完美的"常态性"既可以保证"均值人"作为反映"社会实在"的绝对权威地位，把其原本意涵之单纯的"或然性"完全让位给具绝对意涵的"必然性"，又可以成就柏拉图主义所期待之具有涵盖（社会）"整体"之命题的有效性。就在这样的信念支持下，"均值人"乃与具神圣性的"人民"（people）（以及上述的民主、自由、独立、平等与自主等等）概念有着维特根斯坦所说的"家族相似"（family resemblance）的亲近性，可以看成是同属一组的概念群[②]。

　　正是在同时让柏拉图主义优势主导与"均值人"概念获得神圣地位的历史场景里，过去透过自然科学的认知模式所营造的辉煌成就，顺理成章地成为刺激（特别是美国）社会学家争相借用的认知典范，用来作为解析与认识社会实在的唯一依据。于是，在种种历史机缘的配合下，这促使"体系整体观"与经验实证社会学之间有了极为巧妙的结合。更具体地说，由柏拉图主义孕育出来的"体系整体观"，成为力主经验实证

_____

① 其中的一个考验是说出他与妻子所睡之床的特征。尤里西斯与妻子所睡的床是独特的，其中一只床脚是牢牢长在土中的橄榄树干，无法搬动，这是尤里西斯与妻子彼此之间的祕密，因此是两人再相认的证据。

② 有关我个人对此一历史性现象的描绘，参看叶启政（2001）。有关所谓"黑天鹅效应"，参看Taleb（2016）。

的社会学家从事经验研究以形塑如默顿提倡之中距理论（middle-range theory）的高阶（但却是基础的）理论依靠。其所衍生出来的是几乎所有接受过西方（特指美国）经验实证社会学训练之社会学家所稔悉，且为自然科学家惯用之拆零式的变项（variable）思考模式，尤其是透过量化的统计概念（如均值、可解释变异量的大小）来建构具因果意涵的解释（explanation）体系，强调的是变项之间的数量性关系和适宜性。他们所特别看重的，经常是具超越时空限域之普遍意涵的概念，强调定义（因而，操作定义）与命题具普遍有效的确定性，且基本上是一种以"均值人"为典范的命定真理宣称（fatal truth-claim），乃如古典几何学所体现的一般，把整个理论架构在以少数（甚至单一）预设命题（即公设[axiom]）为基底而演绎出来之具半封闭性的命题体系上面。于是乎，其所呈现出来的是一种倒三角式架构起来的定型化知识体系，其根底是一个或少数几个基本前提命题。说来，这是体质极为脆弱的认知模式，因为只要其基本前提预设命题受到质疑，整个后续由诸多命题所演绎推垒起来的论述就很容易立刻被"掐死"[①]。

在此，需要再特别提示的是，到底西方人习惯以怎样方式的"类"概念来理解世界呢？借用唐力权的说法，那就是前面已提及之从古希腊以来西方人即惯用"断而再断"的"类"思维模式。最为典型的，莫过于体现在以同一律、排中律与矛盾律等等所经营起来的逻辑系统里头。譬如，"若是'A'，则绝不会是'非A'"这样二元互斥且穷尽对

---

① 相对地，"理念型"则是以"极端人"为焦点之充满活力的叙事启思（vital discourse-illumination），其所经营出来的论述体质上较为柔润、有弹性，不是脆弱的。这将在下文中再予以讨论。至于有关这段（美国）经验实证社会学发展史之更细致的描绘和讨论，参看叶启政（2016b,2017）。关于以"均值人"来架设社会常模的社会学意义，参看叶启政（2001）。倘若套用鲍曼描述现代与后现代社会里知识分子有何不同时所使用的立法式（legislative）/诠释式（interpretive）的类型差异，我们可以说，柏拉图主义的思维是立法式的，而韦伯的则是诠释式的。之所以做这样的比拟，是因为前者倾向于以命定的命题来确立现象，仿佛即是以科学家的"命令"为权威来立法一般，而韦伯的"理念型"所意图剔透的，则只不过是提供人们作为参考的一条重要历史线索而已。因而，前者的思维模式是强悍的霸道型，而后者则是谦虚的王道型（参看 Bauman, 1987）。

绝地彰显着的思维理路。于是，当我们欲对事物加以分类时，绝对需要讲究在概念内涵上所区分出来的类型彼此之间，必须具备着"绝对断绝"的两个基本要件：（1）彼此是互斥，以及（2）穷尽了所有的可能。这尤其明显地体现在十七世纪笛卡尔主客互斥对绝的二元思想中。于是，分类就只能在这样"断而再断"的要求下延续下去以形成一种树枝分岔状的分类图像，而这遂成为西方科学类型学的基本特色，并视为是不可撼动的铁律。美国社会学家麦金尼即称呼以这样的方式来建构的类型为建构类型（constructed type），以区别于韦伯的"理念型"（参看McKinney,1970:244-253）。

四、"行走者"的研究策略——逼近多元交错搓揉摩荡下之魔影幻变的世界图像

现在，让我转移到与上述论述相对反的不同世界观和思维模式，从此再进入有关韦伯的"理念型"所可能衍生之现代意涵的讨论。首先，我要提到的是，有别于柏拉图主义意图透过"理念"理想国的图像来经营、肯定"秩序"的必然性和恒定性，世界可以被看成原是混沌的，而且，甚至一直是混沌着的。于是，幻象（illusion）才是宇宙的常轨，而有秩序的实在（reality）却一直是例外。易言之，"秩序"只不过是人类依着某种特定理念予以衍生想象而建构出来的结构体而已。世界并无所谓的"本相"，情形顶多只是犹如万花筒，轻轻地一转动，里面的图像就改变了，没有任何一个特定的图像可以被认定是"本相"。

如此一般对世界的想象施及于当代世界似乎相当传神，也深具启发作用。在我的眼中，有别于十九世纪所呈现之以"均值人"为典范的"平凡例行"化的时代，我们今天所处的则是一个以"极端"为导向的时代，必须对"非凡例外"的现象予以特别的关注，情形就像尤里西斯所经历的一般。或者，借用贝克（1992）的观点转个弯来说，这是一个充满风险的时代，而风险即是一种"极端"状态的表现形式。从根本的深处来看，现代社会显得"极端"（或谓，极端之所以显得重要），并

有着数不完的"风险",关键乃在于当代社会具有"创新"不断滋生的基本结构形态——科技创新滋生、消费滋生、符号滋生、发展滋生等等。处于这样一个对所有一切以"无限成长"(创新)为理想目标的时代里,人们乃企图以"永生"的形式存在,也以此自许。这导致"活生"与"死亡"之间有着不可跨越的鸿沟,它们无法交会以成为具有意义的循环。这也就是说,"死"乃与"生"断裂,而且被排除在"生"之外。这样的断裂使得人们的正面与负面感受难以有着产生交流回荡的机会(即下文中即将提及的正负情愫交融现象),以至于"生"的意义缺乏可用的对照面和互动面,仅仅让"生"本身不断地自我再制、滋生,且自渎着,意义于是乎被架空掉,处于感情中空化的冰冷状态。在这样的情况下,人们不需要刻意去追求意义,也不需要诸如苦楚、焦虑和恐怖等等的经验,要的只是飘荡着令人微醺的淡淡"喜悦"香气,乍现乍消。无怪乎,鲍德里亚会认定,在这样的社会场景里,没有真理、因果原则或任何特定的推论性规范(discursive norm),有的是诸多事件之诗意单一性与极端未确定性(the poetic singularity of events and the radical uncertainty of events),为人们带来的是正负情愫交融的身心状态(Baudrillard,2000:68)。

就体现在人们日常生活世界里的具体现象的角度来看,我们所处的时代更是一个非线性主导的时代,以图像(而非文字)为本,并强调感应(而非思想)的互联网世界就是一个明例。显得特别有意义的则莫过于,我们看到稀有(极为稀有)极端事件的发生与冲击(如极端气候频频发生)愈来愈多,也愈来愈严重,以至我们再难以如过去一般,以常态分配模式下的"均值人"作为设准点,并透过如此之认知典范所确立的定型因果关联性来构作社会实在(参看 Taleb,2014:344,2016:106)。塔利布即提醒着我们,经济、社会、政治,乃至金融等现象是变动不居的,不像水管的性质是稳定的,所以,它们总是有较多的机会受到"稀有事件"的影响。譬如,许多学术性、科学性与艺术性的活动(乃至包含金融投资)即属于极端世界。在这些领域里,极少数的"成功"赢家拿走了绝大部分的资源(如诺贝尔得奖者经常可以垄断学术资源,或少数畅销书的作者拿走了绝大部分的版税收入)(Taleb,2016:141)。易言之，场所的性质决定着常态性之假设的适用性，反过来，也即是决定了极端状态（或稀有事件）所可能呈现的（知识与现实社会性的）意义，而不应再如过去许多主流社会学家所认知的一般，单纯地认定那只是可以剔除或忽视的"误差"而已。更值得注意的是，因为整个场景实在是难以拼凑得令人满意，且事实上更是并无所谓"整个"的场景可言，所以，我们只能以回溯的方式来考察社会现象，而回溯最需要的是找到一条特殊的基本线索（即事件或现象）作为起点，让我们可以像侦探按图索骥般地寻找下去。其情形就正如塔利布所举例子一样：我们比较容易掌握由冰融化为水的状态，但由水回溯到冰的原型就不是那么容易掌握了。值得我们关切的是，过去的种种所谓"经验实证"研究，都只看到发生（成功）的事，并从此来推演或归纳现象的"真实性"，而未能知觉到未发生（失败）的事所可能蕴涵的意义往往更是值得重视。换句话说，我们不能只以成功来论英雄，而是要看整个奋斗过程中的表现。只重已发生者，而忽略了有可能发生者，就有极大的可能机会导致错误的归纳与推论。说来，这正是存着"天真无邪"心思之线性思维所隐藏的"危机"——一种表现在思想上之如（下文中将提到）鲍德里亚所说的完美罪行（Perfect Crime）（参看 Taleb,2016:203,289-290）。如此说来，就作为研究策略的立场来看，韦伯的"理念型"所意图施作的正是如此的功夫。

　　行文至此，我特别要提到塔利布说过的一段深具启发性的话，他是这么说的："在现实世界里，你并不知道概率，你必须去寻找概率，而且，不确定性的来源没有限定范围。"（Taleb,2016:196）哈金从思想史的角度告诉我们，在西方，特别是到了十九世纪以后，机遇（chance）的概念被统计学与其背后支撑的概率数学"驯化"（taming）了[1]（Hacking,1990）。因此，在统计学家的眼中，机遇（连带地，概率）被客观化，成为纯粹概念性的工具，可以"理性"地予以操弄着。然而，机遇其实只是人类对这个变动不居世界的一种想象，与命运（destiny）的概念一样[2]。塔利布即指出，"当随机的形貌改变，例如发生状态转换，情况可能变得更叫

---

① 此处重述了第 222 页注释 1 的部分论述，请同时参阅。

② 同时参看第 223 页注释 1。

人惊讶。一个系统的所有特质，变得让观察者难以辨识，就叫作状态转换。……由于突然发生的稀有事件，我们不是活在事物连续不断，往改善的方向'趋同'的世界中。生命中的各种事情，也不是以连续不断的方式变动"（Taleb, 2014:143）。这也就是说，情形经常是离散且不连续，不断地有所转折，甚至是剧烈而极端的转折。于是，"如果时间无限延长，那么，依据遍历性（ergodicity）① 推断，那个稀有事件肯定会发生"（Taleb, 2014:144）。

这样的说法乃意味着，上苍并没有为我们所存在的世界（特别是社会世界）预存既定的"秩序"形式等着人们去"发现"。情形毋宁说是：人们在混沌之中"发明"了"秩序"。是的，人类智慧表现在科技上的成就，诸如人造卫星、电脑、互联网、宇宙飞船登陆月球等等是伟大的，值得激赏。但是，如此表现在对设计出来之产品的一定有效控制，乃建立在对所掌握之素材从事组合的要件的认知逻辑上面。这并不表示我们即有能力充分掌握自然现象的特质，尤其是其千变万化的情况。一颗小小的陨石就足以破坏宇宙飞船玐的航线，能否重返预设的航线，还得端看这艘特定宇宙飞船玐自身的方向控制、引擎能力、航天员的应变能力等等。同样地，河中的流水，只要一碰到小石块，就可以使得原来平稳的状态改变，激起小浪花；一缕烟缓缓升起，开始总是笃定平稳地上升，但是，到了一个临界点之后，烟就扩散，以至于乱掉了。又，一只小蝴蝶展动着双翅，鼓动了空气，足以产生使得遥远的地方带来风暴的所谓

---

① 所谓遍历性指的是，在某些状况下，一旦把时间拉长，所有的可能性都将有着较多机会发生过，最后看起来彼此相似。所以，"幸运的傻瓜可能因为生命中的某些好运而受益；长期而言，他的状况会慢慢趋近于运气没那么好的白痴。每个人都回归自己的长期特质"（Taleb, 2014:108）。根据这样的理路，假若我们要增加自己的行事弹性与强韧度以克服脆弱性，那么，套用塔利布所使用之金融投资操作市场的惯用语言来说，此一反脆弱的第一步就是先降低下档损失，而不是提高上档利益；也就是说，减少暴露在负面"黑天鹅"的概率，并让自然的反脆弱自行运作（Taleb, 2013:223）。施之于社会研究策略上面，韦伯的"理念型"可以说正展现了这样的特性。事实上，它乃针对具"黑天鹅"效应（即下档效应）的极端历史－文化现象（如理性）进行理解，并从事解析，基本上可以说是一种对"反脆弱"的可能性从事具反思性的了解与解析功夫。

"蝴蝶效应"（参看 Prigogine & Stengers,1984）。

这样的"蝴蝶效应"表现在人的社会世界中更是值得予以重视。这也就是说，我们只能从一个（或几个）特殊事件（而且经常是极端的事件）出发，透过考察其发展的过程轨迹来了解现象。把这样的观点施及于社会的历史现象，很明显即意涵着，社会与历史本身并没有既成的所谓"整体"实态，有的只是"过程"，而且只能借由某一特殊事件引动而出现的一连串现象以随机应变的方式来掌握。换句话说，诸现象的实际发生过程背后并没有恒定的"本相"，也没有绝对定型的规律可循，有的是各种力量的相互冲撞而孕育的结果。规律只出现在人们脑中的"理念"里头，乃人们体现在"理念"上所内涵的思维认知理路，而这样的思维认知理路经常是不完整、脆片化、不时易动，且甚至相互矛盾的。鲍德里亚不也和塔利布一样，提示着我们吗？他指出，今天人们所处的是一个极端现象日益显著的时代，不只是矛盾和非理性充斥着，而且，处处也显得吊诡（paradox），充满着灾难性的机会，人们也因而很容易感染着迷般的强迫症状（Baudrillard,2000:67）。

过去，西方社会思想里常常强调"距离"与"障碍"，借此展开主／客体二元互斥对彰的格局，而克服障碍与把握距离则被认定是彰显主体，且证成"实在"的一种方式（参看 Tester,2010）。但是，在像今天这样处处铺盖着拟像符号的世界里，特定的指涉对象消失，人们不必寻找什么具实在性的表象，也不必用想象来摹塑实在，有的只是如鲍德里亚所说之"比真实还真实"的过度真实（hyper-real）情形。这使得人与实在之间基本上并没有什么"距离"的问题，一切总是很容易就可以滑溜过去。此时，终极性也被撤销了，"活生"在"死亡"缺席的情况下不断跳跃浮现。如此一来，同一／差异、非凡／平凡、虚拟／真实不断地相互让渡，历史的缘起状态在此更是不再具有任何意义（参看 Baudrillard,1983:100-102）。

处于如此一般之虚拟实在（virtual reality）的世界里，过去语言为人们彼此之间进行象征交换之介体的实质功能变得毫无意义，它转而仅充当点拨（illuminating）之用而已，以至于语言（进而符号本身）给予人们一种近乎无条件的实现，穷尽了所有的可能。更耀眼的是，它却又随时更易、流动，甚至暧昧地隐藏起来。对这样的现象，鲍德里亚的评论相当传神，且有着高度的象征意涵，他称呼这个实现是一种完美罪行（Perfect Crime）。这样的罪行之所以是"完美"的，是因为总是有着不在场的证明，以至于罪行不会被发现，甚至仿佛根本就没发生过一般。鲍德里亚即形容这样的历史场景极具天启（apocalypse）的性质。我们面对的，不只是如尼采所宣告的"上帝已死"，"实在"更是不在，时间（与历史）则处于昏睡（coma）之中，人们经常不再以"加"的（以至无限），而是"减"的方式（如火箭发射计时倒数到零）来面对。于是，终点的末端是虚拟实在，诸如情绪、记忆、智力与性事（sexuality）都变得愈来愈无用，所谓的异化（alienation）更是成为赘言，留存的只有理念、梦境、幻想与乌托邦，如此而已。难怪，鲍德里亚会宣称，在这样的场景里，我们需要的是具吊诡性的思维模式（Baudrillard, 2000:36-37,66-70）。换言之，传统西方人惯用之二元互斥穷尽对彰的逻辑已经变得无效，换来的认知理路乃倾向于二元概念处于相互搓揉摩荡之纠结涵摄状态的"断而未断"思维，有如《易经》里所剔透之阴与阳的关系（如"负阴抱阳"一说）。情形或许也正如精神分析家维尔姆塞告诉我们的：对立的东西可能有着共同的基础亲近性（引自Lasch,2014:248）。任何心灵的感觉总是与其所否定的对立感觉彼此相互纠结缠绕着。

法国人类学家杜蒙对这种"断而未断"的思维模式（或谓现象）曾经有着相当传神的描绘，值得在此引述。首先，杜蒙认定阶序原则是构作人类社会的原始特质，然而，对他而言，此一阶序并不是一串层层相扣的命令，也不是尊严等第依次降低的一串存有锁链，更不是一棵如上述麦金尼所说之"建构类型"的分类树。它是一种"把对反包含在内"（the encompassing of the contrary）的关系（Dumont,1992:417-418）。这怎么说呢？杜蒙引述《圣经》中《创世纪》第一章第二节有关亚当与夏娃的源生关系来解说他所主张的这种"对反涵摄"的阶序观。杜蒙是这样说的：

> 上帝先创造亚当，他是一个未分化的人，"人类"的原型，这是第一步。第二步则从亚当身上抽出另外一种不同的存有。亚当与夏娃面对面，这是两性的原型。这项奇特的手术一方面改变了亚当的

性质：原本未分化的，变成一个男人。另一方面，出现了一种既是人类种属的一员，而又和该种属的主要代表不同的生物。亚当这个完整的个体，或者我们（西方）的语言中的"man"（人，男人），把两种合而为一：既是人类种属的代表，又是这个种属中的男性个体的原型。在第一个层次上，男与女是同等的；在第二个层次上，女人是男人（或人）的对立物或反面。这两种关系显示阶序关系的特质，此项特质以包括着未来的夏娃之原料，是来自第一个人亚当身上为其象征，真是十分适切。此一阶序关系，就其最广义者而言，即是一个整体（或一个集合）和其中的一个要素的关系：该要素属于那个整体，因而在此意义上与那个整体同质或同等；该要素同时又和那个整体有别或与之相对立。这就是我说的，"把对反包括在内"的意思（Dumont,1992:418）。

换言之，男 / 女性的对立（乃至互斥）区分乃是在原是作为未分化之人类原型的亚当被上帝摆弄而产生了夏娃之后才成立的。然而，无论如何，就其源生关系来说，亚当与夏娃分别作为男性与女性之原型的对反关系，乃相互涵摄在未分化的人类原型当中。准此立场来看，这是一种"断而未断"的纠结缠绕关系，彼此相互搓揉摩荡着①。

无疑，就西方人思维（感知）模式的发展历史来看，十七世纪的笛

---

①　其实，以这样之"断而未断"的纠结缠绕关系来刻画世界的诞生，也见诸古希腊的神话之中。譬如，当大地盖娅（Gaia）此一万物之母出现之后，接着，从大地诞生出来的是象征着天空的乌拉诺斯（Ouronos）与象征着水（海洋）的庞多斯（Pontos）。单就盖娅和她的"孩子"乌拉诺斯的关系来说，乌拉诺斯一诞生，他即与母亲盖娅完全相反——一是天空，另一是大地，但是，他们却又相合着——乌拉诺斯一诞生即紧紧且完全覆盖地躺卧在他的母亲之上。于是，天空可以说是另一个大地，但又是大地的对立者。对此，韦尔南是这么说的："从这个时候开始，世界有了阴阳之分，天空是阳，而大地则为阴性。乌拉诺斯出现后，爱乐思也开始有了另外的作用。因为从此之后，盖娅不再独自孕生出体内的东西，但也不是由乌拉诺斯执行同样的任务，而是爱乐思使他们结合，经由男性的天空与女性的大地结合，生下不同于大地，也有别于天空的个体"（Vernant,2003:32）。在此，爱乐思指的是最初的爱神Eros，不是后来出现之专为了结合两性与处理性事的爱神丘比特（Cupido）。此一原始的爱神乃是继混沌（Chaos）（转下页）

卡尔的主客二元互斥对彰观所彰显出的"断而再断"的思维模式，特别是在被"数学"充分洗礼之所谓"理性"的自然科学的认知模式取得了主导权之后，"断而未断"的思维模式乃被亵渎，也被诅咒着，终至被驱逐出学术殿堂之外。于是，在一般人的日常生活中常看到，甚至一向被看成理所当然，且习以为常的"模棱两可"与"正负情愫交融"现象被认定的"非理性的不正常"现象，应当予以纠正或乃至完全摒弃。然而，别的不说，单就实际体现在人之社会行为上的情况来看，这样被认定的"非理性的不正常"现象却是屡见不鲜，可以说是相当"正常"的。韦伯以"理性"此一在人类历史上实属非凡例外，且具极端性的感知特质作为具典型性的"理念型"来勾勒当代文明，说穿了，这是一种相当程度地掌握了特定历史质性（historicity）之具"过程"性的思考模式。"理性"乃用来对照所谓的"非理性"，以彰显在产生过程中其间纠结缠绕的关系是如何相互搓揉摩荡着。①

（接上页）与大地盖娅出现的第三位神祇。祂表现的纯粹是宇宙中的一股推动力和生命力。"如同大地从空无之中涌现出来，大地在爱乐思的推动下，也将深藏在她内部的万有万物生产出来。大地不需要与其他东西结合，就能生育万物，而生长于大地外部的东西，其实原本早就隐藏在她内部。"（Vernant,2003:30）但是，乌拉诺斯不断将他的体液注入为他所压盖之盖娅的体内，因为他的唯一活动就是性爱。于是，大地不断地怀孕，但因天空与大地之间根本就没有空隙，以至没有办法让孩子生下来，离开母亲的肚子而成为独立的个体。盖娅要求其体内的孩子们帮助她来反抗天空乌拉诺斯，结果，最小的儿子克罗诺斯（Kronos）决定帮忙母亲，就在一天乌拉诺斯再向盖娅倾泻体液时，克罗诺斯举出预藏的镰刀砍下乌拉诺斯的性器官。被砍断的阳具流出大量的血，溅洒在大地上，最后掉入大海。从此，乌拉诺斯逃到世界的顶端，与盖娅脱离，大地与天空之间也因此有了空间，而盖娅体内的诸多孩子们也可以生出来，在大地上活动着。克罗诺斯这位泰坦（titan）诸神中的最小神祇更因此成为宇宙的第一位统治者。从这个神话，我们可以看出，天空之神乌拉诺斯乃出自大地盖娅，但却又反过来与大地对立（也对合）着，彼此之间产生纠结缠绕，且相互搓揉摩荡的复杂关系，其关系可以说是剪不断理还乱。这样对宇宙世界的观点绝非后来那种强调"断而再断"之思维（感知）模式所能想象的。

　　① 有关韦伯对现代"理性"与相关议题（如除魅与再赋魅）的讨论与评论，尤其，讨论时持有之"断而再断"的思维模式立场，可参看 Gane（2002）。有关此一课题将在本文的最后一节中再以更多的篇幅予以讨论。

　　无疑，这样特别选择某一种特定历史质性作为分离点来检视历史发展过程，是不同于前述有关整体体系观所彰显之犹如窥淫癖者（voyeur）从事"全景敞视"窥探的情形。借用德赛都的说法，它即是犹如都市里的行走者（walker）一般，重点在于行走者的局面（phasic）不断地交相置换行走，也就是说，回归到行动主体所展现不时应变的局面操弄（Certeau,1984:97-99）。其情形也正如同博尔赫斯在《小径分岔的花园》中所描绘的：其可以选择的路径基本上是无限可能的，谜底是（无限系列之背离、汇合和平行的）时间（织成不断增长，且错综复杂的网络），因此，重点在于当下此刻与转折点的选择以及行走者持有之具选择性的感知态度为主轴[①]（Borges,1964:25-26）。尼采有一段话相当能够用来刻画行走者的情形。他是这么说的：当我们说"去认识"时，乃即把自己摆置在对某件事物（或东西）之条件性的关系当中，以及被此事物（或东西）制约下自己的感觉和自己对此物所予以的制约。因此，不管在怎样的情况下，"去认识"乃是对所处之条件的意识建构、外延指涉与制造（而不是推向实体或事物的物自身 [in-itself]）（Nietzsche,1967:301,§555）。于是，相对于前述之主流的整体体系观乃从人际关系的"外部"特质（即认定"体系"所内涵之预设性的"理念"特质）来审视社会互动，"过程"式的考察则是从人们在生活世界里实际运用的概念策略来下手，可以说是从个体的主体内部本身来加以审视的。连带地，综合前面所陈述的，我们可以做如此的简单结论：前者观点着眼点在于以"均值人"为本所呈现的对称性和平凡例行性；后者所看重的则是"极端人"所展现的不对称性与非凡例外性。对我个人来说，这是理解韦伯的"理念型"

―――――――――――

　　① 十九世纪法国诗人波德莱尔在其诗作中形容当时游荡于巴黎街头的人们（特别是文人骚客）如何透过自己作为"主体"以"凝视"（gaze）的方式来既观察、了解与刻画，又同时参与巴黎的都市活动。对此，波德莱尔以游荡者（flâneur）来称呼这些人。到了二十世纪三十年代本雅明在叙述波德莱尔之诗的著作里把这样的人视为现代都会人的典型。从此，"游荡者"一词遂成为普遍使用的词语，特别指涉生活在都会里的学者、艺术家与作家。德赛都以"行走者"来刻画乃与这样的历史背景有关。特斯特在其著《后现代性下的生命与多重时间》（*The Life and Times of Post-modernity*）的第六章讨论"他人"这一概念，其中的论述颇值得参考（Tester,2010:138-161）。

与传统主流"整体体系"的"理念"认知模式有所分离的基本设准点。

五、利益／理念二元论的后设理论基础——"意志"的衍生意涵

1965 年帕森斯在一篇讨论韦伯对社会科学贡献的文章中曾经宣称，韦伯的概念经营乃在于科学方法论的面向，不是认识论的层面，因为，对具意义与动机性质的行动从事经验研究时，韦伯从不问及如此之研究可能的基础何在的问题，而是把它当成理所当然来看待（Parsons,1991:335）。我以为这样的评论是不公允的，单以"理念型"来说，韦伯的论述其实即已充满着丰富之有关认识论和后设理论的讨论，只是，这样的涉及或许略嫌间接而迂回而已。

过去，甚至有些学者认为韦伯在方法论上有着矛盾的立场[1]（参看 Bruun,1972; Burger,1976;Factor,1984），其中，予以最严厉批判的莫过于奥克斯了。他认为，韦伯的方法论乃徘徊于诸多对彰的主张之中。首先，他被宣判游移于文德尔班和里克特的超验理念主义（transcendental idealism）以及以狄尔泰与齐美尔为代表的历史理念主义（historical idealism）之间。同时，韦伯也显得处于强调科学单一性的准实证主义（quasi-positivism）和以尼采的观点主义[2]（perspectivism）来对此一实证主义予以批判的冲突之中。更明显的是。奥克斯进一步控诉，韦伯认定"社会－文化"实在的完整图像是不可能存在的，这则与以"理念型"对社会实在的某特定面向予以建构的主张相互矛盾。凡此种种的"感觉"让奥克斯做了这样的评论：关于社会文化科学之基本方法论、认识论、形上与价值学（axiological）的议题，韦伯似乎都采取了对反互照（antithetical）的立场；亦即，一方面是方法论的一元论（monism），另一方面则是概念多元论（conceptual pluralism），以至于使得人们有产

---

[1] 就实际的社会议题（现象）而言，施鲁赫特指陈韦伯对科学与政治之间关系的态度亦是展现着正负情愫交融的情结，而且也不完整（Schluchter,1979b:112）。

[2] 有关尼采观点论的评介，参看叶启政（2013b:144-162）。

生吊诡（paradox）的印象，而这构成韦伯之作品的特色，特别是方法论的著作。因而，奥克斯指责韦伯严重地犯了方法论上的正负情愫交融（methodological ambivalence）毛病（Oakes,1982:591-593）。很明显，奥克斯的批评乃立基于笛卡尔主客二元互斥对彰的思考理路，也就是说，方法论的一元论与概念多元论是绝对互斥对彰，不能够同时并存的，因此，由此而衍生的吊诡与正负情愫交融现象都是不合"逻辑"，乃不被允许存在的。奥克斯如此一般的思维模式正如前面所陈述诸多对韦伯思想的批评一样，彰显的是西方社会学家典型之"断而再断"的思维模式。倘若我们改采"断而未断"的思维模式来看待，那么，整个情形则将完全改了观。对此，在进行认识和理解韦伯如何看待社会实在的过程中，不管就研究者或实际的社会行动者本身的角度来看，我们需得先从"理念"此一概念在韦伯的思想中到底有着怎样的位置谈起，因为从"理念"拉出人作为认识和行动之主体的认知模式可谓是韦伯之"理念型"的基本内涵。

　　韦伯以具意向性（intentionality）与意义（meaning, Sinn）与否作为判准，进而区分人的作为为三类：行为（behavior）、行动（action）和社会行动（social action）。首先，行为概指一向心理学家所说之非意向"意识"作用的反射动作，如打喷嚏。行动指涉的是具有意向意识的作为，因而具有主观的意义，只是并不指向他人（如口渴找水喝）。社会行动则不同，它指的是一个人的行动不只具有意向性，而且此一意向性必然是指向他人（可以是具体、抽象，乃至虚构的个人或人群），因此有社会互动性的文化意义（Weber,1978:22-24）。尤有进之的是，就行动者（包含研究者）的立场来看，任何的行动判断都是针对在当下此刻且此在之时空中出现的事件，且必然承载着特定的文化意义。因而，"过去"与"未来"只能分别以"记忆"和"期待"的方式呈现在当下此刻的"现在"；这也就是说，人们只能根据自我限定的世界中对个别物的限定来思考和体认，而且是受制于特定的文化内涵，以至于意义的选择乃随着条件而被制约着。对行动者而言，如何选择和确立意义于焉是首要之务，跟着来的是，对行动者的动机（意向）背后所具之价值的判断，遂成为不能不关照的关键面向了。

　　打从根底来看，此一意义的选择和确立，基本上是一种由"无"转为"有"之攸关"可能性"（进而，启发性）的问题。在此，值得特别强调的是，这样"可能性"的经营，除了认知判断之外，尚涉及意志。事实上，也只有是"意志"的，行动者的主体能动性才可能有所彰显。对此，日本京都学派的创始人西田几多郎的说法颇具启发性，值得引述。西田几多郎认为，在知识之中，是由"无"照映"有"，但是，涉及意志时，则是由"无"生"有"。此时，其背后是"创造的无"，此一"无"是比照映的"无"更为深层的"无"（即同时超越了"有"和相对于"有"之"无"的"绝对无"），乃是对矛盾对立的超越。因而，意志是一种绝对矛盾的统一自我（西田几多郎，2013:136,192）。易言之，意志的世界不是全然逻辑的，它所面对的必然是矛盾而吊诡着的，必须是统一在当事人的自身上面，否则，人们就不需要使劲地赋予意志了。因此，意志的根底是关照着行动本身不断面对之矛盾与吊诡的一种自我反思过程，对行动本身已意涵的诸多意义（与价值）进行着搓揉摩荡式的"调整"（或"矜持"）。在这个过程中，认知只不过是意志所碰触的一部分，情感流动与具体行动才是展现意志的最佳体现，而当下此刻的"现在"与此地的此在才是无限世界的接触点。无怪乎，西田几多郎把"现在"与意志画下等号——"现在"即是意志，无限的世界可以感知的乃透过意志来结合（西田几多郎，2013:128-129）。西田几多郎于是乎说："在意志中的特殊者是主体，成为意志的主体的特殊者，必须是在无的镜子中所映照出来的东西，它并不是包摄在受限定的全般概念当中的特殊，而是打破这种'有的场所'所显现出来的一种散乱"（西田几多郎，2013:223）。

　　我所以引述西田几多郎对意志的说法的用意很单纯，只是希望剔透出一个基本的立场，即：作为一个人（尤其是尼采所主张之"超人"），意志是实现主体能动性的前置身心状态，更是由"无"中创造存在意义的心理要件。更重要的是，这进而意味着"理念"是意志之所以凝聚和得以展现之不可或缺的载体。在人的社会世界里，"理念"即是事实的，"事实的"也必然是理念的。然而，诚如玛南提示的，对任何社会性的事与物，未能确定（indetermination）并不是不可企及的深渊，而仅是在允诺"善良"（good）的前提下所呈现的复杂性而已（Manent,1998:166）。怀着"理念"的意志于是乎是人面对着世界时唯一能够展现勇气的要件，"善良"只是对此意志之一种具（道德）价值判断性的"理念"陈述而已。职是之故，从人自身的角度来审视，历史并没有预设的既定全貌，有的只是意志如何被展呈的问题。在展呈的过程中，选择某一特定事件作为线索，可以说是揭露历史之秘密的唯一途径，情形正像一个具深度意涵之人的行走一般（如本雅明所说之都会中的游荡者 [*flâneur*]）。因此，譬如，当韦伯选择"理性"作为片面强调的"理念"时，其"理念型"的建构乃旨在探索于历史过程中其表现在具特殊性（且是极端）的个别事件（现象）中之（语意上的）"全般性"的渗透能力程度。基本上，这是一种自我照明启示不断且无限扩展与深掘的过程。

就西方社会思想史的发展脉络来看，韦伯采取经验实证的立场以"理念"作为基本座架来剖析社会（行动），可以说是承继德国理念主义对历史的理解传统，呼应着黑格尔的绝对精神（the absolute spirit），以及诸如宇宙人生观（*Weltanchauug*）、时代精神（spirit of age）与历史质性等等说词的意涵。更重要的是，韦伯巧妙地移挪了柏拉图主义（即力主具哲学先验性之本质的理念主义 [idealism]），使之转化成为具社会学先验性，且经验现象化的经验理念主义（empirical idealism），让理念可以"科学"地予以探讨着。

晚近，对于韦伯这样之有关理念的"科学"论述，科舒尔即这么阐述：

> 就作为了悟社会学而言，只有探讨者其探讨过程中能够克服事实 / 价值的二分，韦伯式的社会学才有可能。一方面，探讨者必须认识并接受意义（*Sinn*）（主观价值）乃以诸多的经验行事（或为社会事实）来表呈。这即意味着，探讨者必须体认和接受一项事实，即只有透过探讨者对客观事实所具备之精确且细致的知识，对一个行动者所赋予之主观价值的科学性了解才有可能。另一方面，探讨者需要认识到他（她）自己在探索过程中的角色和位置，尽管探索乃指向客观事实的研究，但只能透过探讨者自己的主观价值理念的观点才可能发生（Koshul,2005:55; 同时参看 Weber,1949b:82）。

准此立论回溯地来看，事实上，韦伯自己早已体认到科学真理背后基本上有着具哲学性（乃至是宗教性）的预设了（Weber, 1946a:153）。

洛维特对韦伯这样有关"科学／信仰"亲近性与其内涵的所谓"免于价值判断的自由"（value free）的说法即提出了这样的评论："这确实是一条细致的线分隔了科学和对终极价值的信仰。没错，科学判断从来就无法与评价性的估定完全分离，我们只是需要在两者之间维持区隔而已。就科学客观性的事理（cause）而言，我们能够且必须去点显，且使之可阐明的，正是那些非科学可证明，但却又与科学有关的种种因素。"（Löwith,1989:146）

在此，姑且不去细究任何进一步的评述，简单地说，针对理念作为探讨社会行动与现象的基本座架，韦伯基本上探问了三个层次的议题：一、理念是什么？这涉及的是，理念同时作为一种社会"事实"与"价值"时的分野与其间的纠结关系；二、如何足以客观而恰确地拿捏着理念？这涉及了主观（体）与客观（体）的分际和契合的问题；三、为什么必须重视理念？这关系到的是，对理念作为文化现象从事科学研究的根本议题：宗教（象征）与科学的分际，亦即赋魅或除魅的问题。我们甚至可以说，这构成了整个韦伯之社会思想的核心架构。

由于这并不是本文所欲关心的核心议题，在此就悬而不论了，而把整个论述焦点转移到韦伯所关切之另外一个具对照性质的关键概念——利益（interest）[1]上面。显然，身处十九世纪与二十世纪交接，且资本主义盛行的时代里，韦伯同时也吸收了十七世纪以来英国自由主义传统强调利益的基本论述架构，而视为是理解当代"理性"社会不可或缺的核心概念。这于是构作了他有名的"理念／利益的二元观"。简扼地来说，韦伯的基本命题是这个样子的：推到源头，利益乃是基于人所具有的本能驱力推动出来的，而理念则是表呈着人们的心灵图像（mental image, *Gedankenbild*），乃带着神圣意涵的象征交换载体[2]。因此，直接支配人类

---

[1] 有关的讨论，参看 Hirschman（1977）。

[2] 根据洛维特的说法，不管是透过古希腊的宇宙秩序观与命运的说法还是经过基督教的洗礼，西方人的历史观原本带着浓厚的神学意味——历史乃是实现（特指唯一之上帝）神意（特指救赎是最主要的"目标"）的一种表现。直到伏尔泰，强调人的意志与理性乃决定历史运作的真正动力之后，这种意涵着进步（progress）概念的历史哲学才逐渐取代了传统（特别是基督教）的历史神学。对此，洛维特认为，倘（转下页）

行为的是物质与精神利益（material and ideal interest），但是，利益只是
"煤炭"而已，理念所创造出来的世界图像则犹如铁路轨道上的转辙器，
才是决定火车行走之方向的关键；这也就是说，理念真正地决定着被利
益动态所驱动之行动的方向（Weber,1946b:280）。更深刻地说，利益仅
具动能因（momentum as a cause）的能量特性，而理念则是展现集体权
能意志（collect will to power）以形构人之社会行动本身与形塑具历史质
性的文化性依据，也才是根本的课题。换言之，在韦伯的心目中， 固然
意志有着人性上的依据[①]，但是，透过理念来展现意志基本上则是一个攸
关历史与文化的问题。然而，针对理念作为探讨社会行动与现象的基本
座架，除了上述的三个层次的议题之外，韦伯到底主张采取怎样的策略
来切入呢？这样的切入又具有着怎样的后设理论意涵，这是下面所要追
问的课题。

六、"理念型"作为片面强调之乌托邦性的认知模式——文化关 联性的后设理论意涵

在上文中，我已提过，整个韦伯思想的核心焦点乃摆在人体现
在"社会行动"中指向他人之"意向"所蕴涵的意义。在这样的前提
下，韦伯深深地意识到，行动者（因而，连带地，研究者作为一类的
行动者）对其由"社会行动"内涵之意向意义所形构的心灵图像，基
本上乃是一种存有特定预设立场与价值关怀的抽象化世界图像（说
是"幻象"亦不为过）。诚如瓦格纳与齐帕里安所指出的，任何的探
讨对象或解释对象其实都早已被特定的概念造型所解释（Wagner &
Zipprain,1986:42）。因此，在韦伯的心目中，任何的社会研究连带地都
有着特定预设立场，所谓的社会"秩序"，说穿了，只不过是在某些特

（接上页）若人类的存在有其追求的终极意义的话，那么，伏尔泰之后的史观是丧失了
"家园"的。这也就是说，我们不能仅凭经验知识本身来获取人们之社会行动的历史进
展的答案，而是必须追问行动内涵的终极意义。因此，任何的历史背后基本上都有着
"神学"的成分（Löwith,1964:1,3-4）。

定具体之个别"实在"，在对人们有着兴趣和意义的情形下，被建构出来的。这也就是说，充其量，人们只是，且只能是在仅具特定文化价值的条件下来接近社会实在，形成一个具内在一致性之概念关系的和谐秩序宇宙。于是乎，任何的社会研究的重点乃在于研究者的评价观念，否则，对主题缺乏了选择原则，也就无法对具体实在有具意义内涵的知识了（Weber,1949b:78,82）。

　　就在上述的认知架构下，韦伯才会诚恳地提醒我们，（科学的）社会学研究乃在于对"社会行动"的意义以及其可能具有的因果性从事诠释性的了解（interpretive understanding, *Verstehen*），其意义涉及的是行动者的行事意向，也就是动机（motive），而这只能透过具集体意涵的文化关联性角度以拟情了悟（empathic understanding, *Nachfühlendes Verstehen*）方式来掌握。换句话说，当韦伯强调行动的动机（或意向）时，他只不过是肯定人的心灵所具有的内在秉性（inner disposition）乃是了解人之社会行动的不可或缺要件。他意图告诉我们的，不是像心理学家一向所强调的个别行动者的"个别"动机本身，而是类似这样的意思：具集体意识性质的时代精神（或宇宙人生观）（如理性精神）具有促使人行动的"动机"作用；或者说，他所强调的是，以拟情了悟的方式来为人的心理禀性寻找并确立具文化制约意涵的可诠释性（Weber,1949b:88-89）。因此，韦伯所关心的是具集体意涵的文化面向，是"社会"的。准此，埃尔德里奇认为不宜称呼韦伯为心理化约论者，说来，这样的评论是有见地的。但是，对他坚持给予韦伯所谓"方法论的个人主义"的标签，我则是难以苟同（参看 Eldridge,1970:17）。更别论托兰斯同时以心理化约论与方法论的个人主义来形容韦伯这样的"动机"说，可以说是相当天真的误解（参看 Torrance,1991:168）。

　　更重要的是，隐藏于"客观"体现在社会"实在"的种种个别现象背后，事实上是有着诸多的"理念"可以爬梳。然而，作为理解和诠释社会实在之整体表现的概念载体，这些理念彼此之间总是在诠释历史实在的有效性上有着优劣势的区别。对韦伯而言，能够明智而敏锐地选择其中最（或较）居优势主导，且具深邃文化－历史意义的理念，也就是能够触及一个事件（或现象）之"客观"核心特质（essential features）

的部分，可以说是任何社会学家从事社会分析时必须具备的能力，也是任务。然而，此一"客观"核心特质的部分为何，无疑是跟着而来的关键课题了。

为了回应这样的问题，首先，让我强调韦伯乃有意识地反对使用"体系"（system）一概念的。在《罗茨和克里斯》（*Roscher and Knies*）一书中，韦伯即明确地反对他们持有机整体观以追求历史发展之一般法则的历史学派经济学，并讥称之为发散主义（emanationism）[①]（Weber,1975; 同时参看 Ferratotti,1982:5）。在韦伯的眼中，人的观念与感情世界始终是无限分化，且呈现着高度矛盾的混沌状态（Weber,1949b:96）。在这样的前提下，社会学家的任务即在于：如何从混沌之中寻找到人们行动的可能"秩序"。这个秩序不只是对他自己（指社会学家），也是对历史进程中的实际行动者存在着，且相当程度地影响了历史运作轨迹。准此，针对"混沌"元型状态，"理念型"乃是社会学者（作为行走者）建构"秩序"所施予之一种具文化关联，且足以引发感受和想象的概念"切线"（且是其中之一条而已），用来彰显行动者（作为另类之行走者）所以如是行事的"动机"动力依据，其内涵的理路是人所设定的一种具历史质性之经验可证性的想象（如把"理性化"推及科层制、城市、音乐、会计制度，乃至宗教等等）。推到极致，它是演绎逻辑所可能获致讯息数量与幅度达到临界点的一种表现[②]。其社会意义在于此一临界呈现所内涵之颠覆自身的潜在动力，情形乃有如《易经》中之卦象转变的情形，而不是现实实在的完整经验实际体现。准此，尽管，韦伯的"理念型"（如理性）意涵着，作为被发现的"客体"会反过来制约了认识和界定它的主体，甚至发明了主体，但是，显然，其所主张之"行动者（包含研究者）本身以具了悟理解的方式单向地强调某个特定理念"，实乃逼近社会实在之唯一具策略性的研究进路，可以提供我们一个机会认识人作为行动主体在历史演进过程中所可能具有自我反思的自觉能力（参看 Löwith,

---

① 林格认为，称之为"本质主义"（essentialism）也一样有效且适当（Ringer, 2004:90）。

② 譬如，韦伯所说的工具理性过度膨胀即成为"非理性"，除魅推到极致则是一种再赋魅。

1982:106;Landshut,1989:100）。其中的关键是经验适宜性（adequacy）与以意向为考量的意义性（meaningfulness）问题（Weber,1978:4,341）。

如此一来，问题的关键转而在于"如何掌握一个'理念型'所可能彰显之文化关联性的意义"以及其在认识论上可能衍展的意涵了（Weber,1977:109;1978:4）。就此，韦伯以为，首在以单面向强调，且具乌托邦性质的"理念型"来诠释的基座。更具体地来说，在韦伯的心目中，一个"理念型"乃对一或多个观念（如理性）予以单向强调而形成，它综合了许多杂乱、离散、多少是呈现，但偶尔却是未见及的具体个别现象。对这些现象，我们依着单向强调的观点予以安排，使之成为一个合一（unified）的分析建构（analytical construct），亦即具逻辑一致性（logical consistency），也展现了特定的理论目的，就逻辑上而言，它是"完美"的[①]。其情形就有如一个胸怀特定目的的行走者沿途寻找他要的东西一样，以猎犬不断嗅闻[②]（snooping）的方式沿途查看寻找着自己所要的猎物。

无疑，在前面所提及之视"整体体系之全景敞视"观为唯一的科学方法的社会学家的眼里，这样嗅闻的研究策略当然是"不科学"的，充满着研究者的主观偏见，是不足取的。然而，在我的观念里，诚如麦卡锡所意指的，尽管在许多科学家眼中，科学与逻辑所规定下来的准则有如铁笼[③]一般牢固，始终不允许人们须臾跨越雷池一步，可是，事实上，所有自然科学顶多只不过是企图了解人自身，本质上是一种人类学而已（McCarthy,1997:27）。尼采也曾经明确地告诉我们，世间里没有"不预设有前提"的科学，那样的科学是不可想象，也不合逻辑的。在科学之上，

---

① 此一"在逻辑上而言的完美"是在1904年6月14日韦伯致里克特的信中提到的（引自 Bruun,2007:214）。

② 不同于寻迹嗅闻作为一种策略，尚有随机狩猎的"猎捕"（hunting），可以只猎捕自己想要的猎物，而让其他的得以幸免。此外，还有一种策略乃类似钓鱼（fishing）一般，钓者没有任何选择的机会，钓上的是什么就是什么。钓者所能做的只是，看到钓上的不是自己想要的鱼时，把鱼儿再丢回水中而已。

③ 使用尼采的说法，则是"与禁欲主义理想同生于一片土壤上"（Nietzsche, 1996:295-296）。

总是有着一种哲学、一种"信仰",以使得科学从中获取一个方向、意义、界线、方法和存在的正当性（Nietzsche,1996:293-294）。因此,意图抬高某种特定的"科学"观,如前面所提到之力主整体体系全景敞视的实证主义科学观,事实上只是一种高度向主流科学观倾斜的"偏见"而已。有鉴于此,"客观"并不是仰赖特定（如实证主义者所主张）的研究方法和步骤来保证。韦伯主张以文化关联性作为确立客观性的基础,基本上可以说是在体认"混沌"（因而,幻象）乃是为社会存在所铺陈的后设性预设以及接受多元观点主义的双重前提下不断予以淬炼得来的切入立场。譬如,前面所举之以"理性"的"理念型"来检验各个生活面向即是一项明例（参看 McCarthy,1997:77）。

　　有这样的认识之后,我们就可以明白何以韦伯会肯定地接受如下的基本立场:建构类似自然科学家所惯用之纯粹、抽象且形式化的命题,而"理念型"即是其中的一种形式,且看成是分析和以知性掌握"社会生活"复杂体的唯一手段,尤其,相当程度的,主控权是掌握在作为"行走者"的研究者手上,而不是操在类似"上帝"之既定的"自然"规则手上（Weber,1949a:43;1949b:78,87）。借用施鲁赫特的说法,情形就是:从具历史有效性的价值面向（尤其是冲突的角度）来切入,一直是韦伯以概括的价值－理念（value-ideas in general）为终极根本来审视社会－文化现象的基本策略（Schluchter,1981:19; 同时参看 Weber,1949b,112）。无疑,这样的研究策略相当程度地呼应着尼采的观点主义主张。易言之,任何的当下此刻此在都有一个具主导优势性的文化样态（形式）,更重要的是此一样态必然涵摄着其对反的形式,否则即无以成立,也无从运转。正是这样的对反形式的不断翻转构成了无穷搓揉摩荡的"眩目之朦胧"（dazzling obscurity）[①]因果循环,其情形有如一个持着特定目的的行走者

---

　　① 语出五世纪末至六世纪初之新柏拉图主义的基督教神学家伪狄奥尼修斯（2017）。又,此处所言的"搓揉摩荡"的交结作用基本上不是所谓的"辩证",因为它并不预设特定内涵的"正""反"与"合"形式,其转化前后的状态为何,基本上乃取决于情境（时机）,并无定型。其情形正有如行走者总是让走过所看、所感的总是随着种种条件的制约移传到下一个当下此刻此地的场景来参与判定与感受。因而,过去的记忆和未来的期待乃在当下此刻此在中相互搓揉摩荡交融,而非具命定规则性的辩证替代。

不时必须以对反方式（如应当向左或向右转、应当买这个还是那个等等）来检验着整个行走的情况，以确保选择的是否适宜着"期待"。

没错，如同许多崇信实证主义的社会学家一样，韦伯基本上以归因（imputation）的方式来安顿文化现象的因果关系，讲究的也是意图建构具客观有效性的知识（objectively valid knowledge）。然而，诚如前面已提及的，不同于实证主义者追求具全然性的真理以证成知识的确定性（certainty），韦伯强调的仅是可能性（possibility）而已（Weber,1949b:78,87）。基本上，此一可能性的判断乃指向我们所认定之理法知识（nomological knowledge）与经验实在之间予以归因的效度（validity），而此一用来从事因果归因之理性，同时具经验－技术性与逻辑性的理念建构即是"理念型"（Weber,1949a:42;1949c:173ff）。依照这样的思维脉络，显而易见，"理念型"所涉及的，不是可经验实证之已发生（或存在）的"实在"本身，而是一种逻辑上关联，但却隐藏在行动背后之具转撇作用的抽象"念头"，它意涵的只是一种趋势（tendency）而已[①]。准此，"理念型"乃是一种心理性的建构（mental construct），用来细致地研究与系统地刻画那些深具文化—历史意涵之个别具体行动模式的独特性（Weber,1949b:100）。

如此一来，显而易见，对人们而言，任何的"理念型"可以说是具随制性质的心灵图像，也是一种具源起性（genetic）的概念工具，乃是纯粹概念性的东西，涉及行动者的价值性（axiological）态度，这是所以让韦伯强调具"事实性"意涵之动机（作为具动能之文化性的符号动力）的关键所在（Weber,1949b:89,99;1975:142;1978:12-13）。易言之，"理念型"指向的是被铸了型的意义行动（patterned meaningful action），即承认社会行动背后在某个程度上是共享、持续、稳固，且具方向性之优势的文化理路，足以产生因果效用（causal efficacy），因而得以形成一种理法知识（nomological knowledge）的格局（参看 Kalberg,2008:275-276）。

进而，尽管在经验上"理念型"并不自存在任何实在之内，且与

---

① 倘若使用阿尔都塞的说法，即是进行着症状性沉默（symptomatic silence）的解读（Althusser,1979）。

实在本身都有着落差，但是，它却并不完全否定"客观"事实，只不过，每个个案可能均不同，必须予以标示。（Weber,1949b:90-92；同时参看 Weber,1975:168）总之，"为了了解实际的因果关联，我们建构了一个不实在的东西"（Weber,1949c:185-186）。更重要的是，它不是实证主义者所认知的假设（hypothesis）自身，而只是表现着形塑假设的基本方向，其重点基本上不在于以历史实在来从事经验检证的问题上面，而是用来系统化经验之历史实在的一种理解与诠释建构，且是无止境的再诠释过程（参看 Käsler,1988:183-184）。无怪乎，维姆斯特会给我们这样的结论：韦伯的理念型不只具有着文化启发作用的意涵，更是可以实际推动历史进程的一种模式设计（modeling device），甚至把它比喻成为自然科学家所运用的实验设计，具有库恩所宣称之"典范"（paradigm）的性质（Whimster,2007:132,247,265-266）。维姆斯特这样的评语相当有启发性，其所以视之为推动历史迈进的模式（或典范），毫无疑问乃因为，在韦伯的眼中，理念是推动人们行动的"转辙器"，有着落实于社会实在的潜在概率。同时值得一提的是，特别从政治的角度审视韦伯之"理念型"的社会学意涵时，布鲁恩指出，"理念型"的主要价值在于其可以引介入不同价值与用意的弹性度（flexibility），其更具初基性的意义乃在于以行动者（在此，即是政客）的动机来予以考量。对政治分析来说，这是一套相当有所助益的概念工具（Bruun,2007:235-236）。于是，诚如韦伯自己告诉我们的，就经验的层面来看，"理念型"的意义在于它是一种深具文化意义的启发性设想（heuristic device），是一种具历史随制性质（historical contingency）的选择性亲近（elective affinity, *Wahlverwandtschaft*）功夫[1]。

---

[1]　格特与米尔斯即认为，选择性的亲近乃是韦伯用来贯联理念与利益的决定性概念（Gerth & Mills,1946:62）。斯塔克则恭维韦伯此一概念乃另类于机械因果论与准有机（quasi-organic）功能论的理论性概念（Stark,1958:256）。梅耶亦指出，此一概念联系了存在（existence）与意识（consciousness）（Mayer,1975:707）。根据豪的论述，此一概念来自 1775 年瑞典化学家托尔贝恩·伯格曼对 51 个化学元素彼此之间所具特殊亲近的研究。后来，此一概念被歌德借用于文学中的隐喻，更是见诸康德纯粹理性的论述当中。在这样一系列的知识性背景支撑下，此一概念乃普遍出现在德国人之智思世界（*Mundus Intelligibilis*）的语言表达当中，高度地受制于语言社群（Howe,1991:194,196-197,204-206）。

（Weber,1949b:86; 同时参看 Howe,1991:195）因此,"理念型"指涉的不是数量性的因果,而是具价值意涵之品质性的关联。如同前面已提及的,它着重的是非凡例外事件所可能展呈之具不对称性的关系,而这正是"选择性亲近"的基本立足点,韦伯有名之有关基督新教伦理与资本主义精神之间的关系,即是一个最典型的例证（Weber,1958）。

七、代结语——模棱两可与正负情愫交融作为"理念型"之核心的潜在后设理论意涵

根据洛维特的说法,特别是经过基督教的洗礼,西方人的历史观带有着浓厚的神学意味,认定历史乃是实现（特指唯一之上帝）神意的一种表现,救赎可以说是最主要的目标。直到十八世纪伏尔泰强调人本身的意志与理性乃决定历史运作的真正动力之后,意涵着进步（progress）概念的历史哲学才逐渐取代了传统（特别是基督教）的历史神学。对此,洛维特认为,倘若人类的存在有其追求的终极意义的话,那么,伏尔泰之后的史观是丧失了"家园"的。这也就是说,一旦我们不想仅凭经验知识本身来获取人们之社会行动的历史进展的答案,则必须追问行动内涵的终极意义。情况是如此的话,任何的历史背后基本上都必然要有着"神学"的成（Löwith,1964:1,3-4）。

洛维特所说源自（希伯来与）基督教思想的历史观,强调的是未来实现的来世观,也是一种预言与救世的一神论（prophetic and messianic monotheism）。尽管洛维特指出,具线性进步观的理性现代化思想,表面上看起来似乎丧失了追问具源起意涵的"家园",但是,其对未来的观念与理想想象却依旧涂染着厚厚的历史来世论概念（eschatological concept of history）的色彩,并承认它始终是一个具有普遍性的必要平台,形构的还是预言与救世之一神论的样貌（Löwith,1964:18）。因此,就现代历史哲学而言,前文中曾经提及之黑格尔的"绝对精神"观念或德国学者所认定,且喜欢谈论的概念,诸如时代精神、宇宙人生观,抑或历史质

性等等，不论其指涉的是否为理性的信念（如进步的现代化），基本上乃源自此一（希伯来与）基督教的思想（即强调未来实现的来世观），而耶稣基督之死则说明了历史质性的一切（即救赎乃是一种终结的开始 [the beginning of an end]）（Löwith, 1964:196-197,203）。

假若洛维特这样对西方历史观的诠释是可以接受的话，接下来我们要探问的莫过于：这样深具线性特质之强调未来实现的来世观也存在于韦伯的思想里吗？"理念型"作为逼近社会"秩序"实在的研究策略，难道也摆脱不了这样之历史观的宿命吗？对此，我的答案是否定的，因为韦伯的思想是尼采的，也是希腊悲剧的，而不是基督教的。其中关键的因素可以说是在于"理念型"的论述中所衍生的隐涵着的两个核心概念——模棱两可与正负情愫交融使然着。

人性是持续不变的，但历史世界本身则始终是变动不居的。（Löwith,1964:201）这样的命题施及于韦伯的思想，即是利益源自人性，是不变的，变动的是作为转辙器来为世界引导方向的理念。洛维特不就提示我们：当宣称历史有着终极意义时，其实即意涵着人的行动是有意图（purpose）或目的（goal）的，而这总是超越了实际事件本身所能界定的范畴，让人们活在希望（hope）之中（Löwith,1964:6）。当然，此一意义与用意的认定并非唯一，它本身也不排除其他意义系统的可能性。但遗憾的是，希望却总是无法告诉我们未来必定更好。再者，人的希望更经常是盲目的，既缺乏知性，也常失算，欺瞒与幻觉总是如影随形（Löwith,1964:207）。因此，历史的体现永远是暂时的，其演变始终就是随制着，受制于理念以具创造性之破坏的方式来经营世界的"转辙"运作。

如此一来，当我们希望获取社会行动之历史进展的答案时，尽管追问行动内涵的终极意义（即"理念"）或许是必要的，但却绝非前面提到洛维特所提示的那种"预言与救世的一神论"的典型静态形而上模式。随制而变动不居的现象乃意味着，我们需要以动态趋势（即过程）角度来检视其潜在效果如何被人们实作（即如何作为推动行动的转辙器）着。于是，回归到行动者体现在历史过程中的种种实际作为样态（正犹如一个在都市中行走者的行径取向一般）来加以审视成为必要的策略①。若是，接着而来的无疑则是，在历史过程中行动者是以什么样的样态实际作为着？欲回应这样的提问，自然必须让韦伯的"理念型"论述走出传统由基督教教义所主导之重未来实现的来世观以及由此衍生出来的预言与救世一神论，而开辟一种具另类格局的历史观了。

就韦伯的思路脉络来看，要成就这样的另类历史观，首先必须接受"历史既非为理性，也非基于神意"这样的命题，并进而学习把历史看成是基于机遇（chance）带来的一种命运（destiny）（参看Löwith,1964:201）。在前面，我说过，这样的说法具有尼采（也是希腊悲剧）的色彩，剔透的是一种诸神斗争交战后有着多元可能结果的历史观，与十九世纪以来统计学概念主导的定型秩序观显然是扞格不入的。此一后者秩序观指的是：企图以诸如"均值人"（因而，包含着"离散度"）等具或然性的概念来篡夺"必然性"的皇位，并自认以此等概念与衍生的理论足以"驯化"混沌中的机遇，让人们找出一条可依循的"秩序"定则（参看Hacking,1990）。相对于此一意图"自然"化的历史定则观，机遇所带来的历史"命运"观则不一样，因为机遇带来的"命运"基本上是一种非凡例外且不对称的极端状态，是无法驯化的，它总是让人们徘徊在两极对彰搓揉的"断而未断"情境里。处在这样的情境里，人们经验到的，基本上正是模棱两可与正负情愫交融的身心状态，紧张与冲突的"困境"才是"常态"，假若一定要使用"常态"这样的概念的话。正因为情形是如此，才可能让危机成为转机，孕育尼采所宣称之"危险的或许"（dangerous perhaps）的未来契机（参看Nietzsche,2002:6, §2）。如此说来，前面提到杜蒙的"对反涵摄"阶序观所欲刻画和处理的正是这样的历史场景。

更具体地来说，当人们处在具模棱两可与正负情愫交融之例外非凡的历史状态时，其所面对的正像行走者总是不时地面临着两难的抉择困

---

① 借用罗特的语言来说，这亦即：行动者本身的理念（与意向），而非社会演化的客观"科学"原则，才是推动历史发展的基本动力。罗特因而认定韦伯的历史哲学是实用的（pragmatic），而非悲观的（pessimistic）（Roth,1979: 205）。

境。这是一种类似黑天鹅效应的极端状态，绝非具"均值"特点的平凡例行"正常"状态。针对他当时所处的西欧社会，韦伯不就认定资本主义的产生是历史的偶然，理性更是历史随制条件所逼出来的"意外"吗？正是类似这样之历史性的"非凡例外"促逼了社会学家在处理"理念的形塑过程时必然会经历到前面所提及之韦伯的三组吊诡对彰情况；即价值/事实、主观（体）/客观（体）与宗教/科学之具对彰搓揉摩荡性的不断移位问题"①。顺理成章，认知上具模棱两可与情感上具正负情愫交融的身心状态才会跟着降临，而衍生指向的也才会是，在模棱两可与正负情愫交融的身心状态下，让特定社会现象（如理性）有自我递回镶嵌，也不断地与"命运"（和机遇）以搓揉摩荡的转折递变方式交锋着的情形出现，就像在都市（或迷宫，或小径分岔的花园）中的行走者犹如猎犬一样，不停地"嗅闻"着其所经过的轨迹，而于其中找出一条既紧扣"时代精神"，又可让自己感到具"选择性"之意义与启发作用的道路。因此，就研究策略来说，"理念型"提供的是一种极具不对称性的"理性"作为，可选择性高，且深具强韧弹性的空间。此时，社会学者作为"嗅闻"者，他扮演的是尼采所形容之查拉图斯特拉（Zarathustra）的角色，任务只是导览与提醒，不是训诫或指导，因此不是先知。说来，这正是韦伯透过"理念型"的论说所希望传递给我们之讯息的真谛。

　　以如此的论点作为基础，"理念型"因而可以说是，一个社会学者针对着具优势之社会结构理路所从事的一种极具"命运"色彩之"现实"世界图像（幻象）的对照性的描绘。需要特别予以强调的是，其间同时渗透着"自由"的力道；亦即，展现了对"命运"产生具创造性之破坏

---

① 在这儿，我要指出，在透过理念型的知性道具（intellectual apparatus）来为社会实在从事具历史质性之"归因"诠释功夫的过程中，韦伯事实上已经体会到其间具有紧张而冲突的局面，多少暗示着"正负情愫交融"的心理状态必然存在着，尽管韦伯并没有明确且正面地对待这个概念。准此，韦伯是这么说的："过去透过分析而发展出来的知性道具，或更真确地说，对某一直接面对之实在的分析性再安置，以及透过它，后者经由概念的整合以符应其知识状态和兴趣焦点，乃与我们由实在所实际或希望扭曲的新知识有着恒定的紧张。文化科学即在如此的冲突中产生，其结果是对这些概念需要予以永恒不绝的重构，并由此寻求对实在有所理解"（Weber,1949b,105）。

作用，且递回镶嵌之文化意涵的历史"焦点困境"[①]。如此说来，这正犹如行走者，乃以在当下瞬间姿态来观察周遭世界与自身以及彼此相互关系所营造的一种具选择亲近性的"依据"。诚如罗特以相当传神的笔锋所形容的，韦伯这样之历史视野的特点乃在于对人的意志与决心（resolution）开放着的"逆流而游"（swimming against the stream），保持着"未来即历史"的坚持（如民主个人主义、理性除魅），情形犹如尼采自称其哲学为"未来哲学"一般[②]（Nietzsche,2002）。准此，难怪罗特会认定"理念型"是一种经验规则（rules of experience）、形态（figuration）、模式（model）或世俗理论（secular theories）（Roth,1979:201-202）。但是，显然，以这样的词来刻绘韦伯的"理念型"是不足，乃至可质疑的，理由即在于没有掌握了其论说内所可能蕴涵的模棱两可与正负情愫交融这两个关键概念。

　　下面，让我以韦伯对"理性"（或"理性化"）的论述充当彰显整个讨论之焦点的例子。首先，我要再次特别提示：既然缔造历史的既非理性本身，也非基于神意，而是充满机遇性的命运，那么，韦伯何以还是一直抓着"理性"不放来作为讨论的焦点议题呢？对此一提问，最直截了当的回答可以说是：诚如在前文中我已阐明的，世间原本就没有无条件的真理。机遇的说法指向的，因而不是可以透过某种方式（如统计学上的显著水准检定、抽样等等）来弥补"条件"的未知所引起之"全然性"的缺憾，而是混沌（幻象）本身的内涵特质。准此立论基础，对韦伯来说，"理性"并非单纯地是启蒙时期以来西方人所信仰的历史（或自然）法则本身，而只不过是受制于特定历史－文化条件的一种优势社会

---

　　① 这样具尼采式的诠释是过去社会学者理解韦伯的"理念型"内涵所明显缺乏的观点。譬如，林格的阐释即是典型的模式。他认为，韦伯的"理念型"有三种功能：一、依循着更宽广的因果方析策略，逐步挤出诠释过程中的阶段；二、可以让诠释者清晰地衔接他在某种特殊行动或脉络中所使用之意义的关系；三、"理念型"取向强调了研究者在选择行动与信仰中的主动角色，提供正确的理性（right rationality）（即合理而正确的阐释）（Ringer,2004:103-104）。在此，"理念型"所可能隐涵地碰触到之具历史－文化意涵的"焦点困境"并没有被注意到。

　　② 有关对尼采此一哲学观的评介，参看叶启政（2013b:144-162）。

现象本身而已。这也就是说,"理性"是一种历史现象;亦即:在"理性"的钢索上行走,正是现代人无以回避的"现实"命运,韦伯所要刻画的即是这样的历史命运为人类带来的"问题",特别是其所内涵之正负情愫交融为"理性"本身带来之心理感受上的"困境"问题。

在分析韦伯有关西方理性主义(rationalism)的论述时,施鲁赫特把理性主义的实际呈现分成三类:(1)科学-技术的(scientific-technological),(2)形上-伦理的(metaphysical-ethic),(3)实用的(practical)。符应启蒙时期以来之整个西方世界的发展,第一种"理性"基本上乃体现在科学与技术面向上;第二种则表现在哲学人类学上的诸多存有预设里头,其中最为根本的莫过于攸关宗教与伦理意识;第三种涉及的基本上是把意义和利益的构作予以制度化(特别是具政治性)的面向(Schluchter,1979a:14-15)。以此三类为基础,施鲁赫特把韦伯的整个讨论聚焦在(1)与(2)(具体地说,即科学与宗教)之间所内涵的吊诡性上面。就此,针对韦伯有关伦理的论述,他以所谓"人类中心主义"之二元论(anthropocentric dualism)的立场提出了三类的伦理形式:(1)信念伦理(ethic of conviction),(2)调适伦理(ethic of adjustment),以及(3)责任伦理(ethic of responsibility)。根据施鲁赫特的说法,信念伦理重视的是道德的适当性,而非现实的效率;调适伦理强调的则是与信念伦理正相反的情形。至于责任伦理,即力图以某种特定的条件来平衡道德本身与效率。倘若以科学理性作为判准来审视,情形即是:信念伦理完全忽视科学理性,而调适伦理正相反,乃高估了科学理性。责任伦理则持其中道,以批判立场检验着科学理性,但却让科学理性可以返回来检验其自身(Schluchter,1979a:57)。换句话说,也诚如前面提示过的,假如理性作为被发现的"客体"的话,它会反过来制约认识和界定它的"主体"(即行动者自身),并且发明了"主体"。但是,行动者作为"主体"却也可以透过自我反思来重新检验,并体验着理性"客体",而这体现在责任伦理中特别明显。因而,责任伦理本身内涵着较明显的正负情愫交融身心状态,在"理性"作为优势之历史-文化动力的驱使下,承担着较多之心理感受上的焦虑"吊诡困境",而这正是韦伯所关心之现代人的基本课题。

韦伯深切感受到，至少自十八世纪的启蒙运动发皇以来，理性带来的不只是除魅（disenchantment）与知性化（intellectualization），更因此一双重威力的作用，引来了一个未预期的结果——意义流失（meaninglessness）（或退化）的现象。这于焉成为二十世纪西方社会思想的重要课题，以至我们需要评估的不只是价值与实在间的二元论，同时也指向价值多元的问题。对此一意义流失的一般现象，韦伯认为，纵然（特别科学）理性带来的诸如效用、效率与控制能力等等堪称是具分化性的进步（韦伯称之为"进步的分化"[progressive differentiation]）指标内涵的核心价值，但是，这样的"进步"却带来一个令人困惑且讽刺的窘境："没有精神的专家，没有心灵感动的原始感觉，这样的虚空却想象着是已达致了文明史无前例的高峰"（Weber,1958:182）。因此，此一进步的分化需要有更深层的伦理意涵，其中，知性自觉（self-awareness）与增进表达和沟通能力的自我表达（self-expression）显得更为重要（Weber,1949a:28,35）。沃伦即相当精准地指出，韦伯的责任伦理实即把尼采所强调的"责任"予以"政治化"，诚其然也（Warren,1994:74）。对这样的主张，施鲁赫特认为，我们可以体认得到，肯定着责任伦理，实即强调个体自觉的自主责任的表现，如此，人们也就比较能够处理理性所带来的吊诡性问题（Schluchter, 1979a:58）。单就政治议题而言，无疑，科学理性知识乃被认定为厘定政策时之责任伦理的认定基础（Schluchter,1979b:106-112）。但是，情形显得令人深感沮丧的是，现代人所必须面对的不只是"政治议题"，尚牵涉上述之生命意义的问题。其情形正有如对一个怀着特定目的而行的行走者来说，固然以自觉和自我表达为根本的责任伦理犹如行走所依据的理法（economy），但是，其底蕴却始终是带着感性之攸关生命的终极价值理念。在这样之具感性的终极价值信念驱动下，人们如何恰适地行走，无疑是一项令人困惑的难题。

透过以上有关伦理意识的描绘，我们看得出，责任伦理可以说是韦伯用来描述（也是处理）欧洲"现代化"过程中"现代化"的第一主角——"理性"如何从历史的既有轨迹"过渡"转化出来的一种较为"理想"（合理）的"理念型"。假若允许我们以较为粗略涵摄的方式来形容，在以自由民主结合着资本主义作为历史轴线的背景下，此一以"逻辑与科学方法"为主轴的"理性化"可以说是针对着过去以宗教－政治为主轴所经营起来之封建体制的种种"非理性"表现而来的。换句更简扼的话说，整个"现代化"的历史过程可谓是以"理性"来形塑，并挑战着"非理性"的除魅（disenchantment）过程。

在我的观念里，这样的除魅过程其实是一种对理性不断施予"再赋魅"（re-enchantment）之动能的搓揉摩荡过程[①]。说得更平白些，理性与非理性的相互搓揉摩荡是一种深具"对反涵摄"阶序性之双重递回镶嵌的过程，亦即：一方面，理性与非理性相互搓揉摩荡地递回镶嵌；另一方面，诚如韦伯已意识到的，理性自身也进行着内在的递回镶嵌（如以铁笼譬喻现代的科层制）（Weber,1958: 181-182）。在这样的格局里，就历史质性的源起状态而言，无疑，"理性"是由既有的"非理性"形式（如神意）中以"对反涵摄"的方式返照而生的。这也就是说，"理性／非理性"必然是以同时对彰（乃至是紧张）姿态相互涵摄着，不是以接续相互"辩证"取代的方式存在着。这种"理性／非理性"共时性是使得模棱两可与正负情愫交融之身心状态必然孕生的要件，而且是发生在行动者（包含研究者）产生行动的"此在"与"当刻"的时空当中。如此，它构成一个不断易变而流动，但却又需要"同一"在行动者之自我身上的行动链。

显然，在如此一般"理性／非理性"共时回递搓揉摩荡的过程中，"理性"本身并没有任何预设前置的先验理念作为绝对的后盾，乃在特定之"理性／非理性"的历史情境中承受着机遇的命运制约。于是，"理性"作为历史质性的绝对形式，必须包含着"非理性"的历史形式作为其相对者，才可能圆成其"绝对性"。这也就是说，"理性"的意义不

　　[①]　希尔茨即曾指出，尽管韦伯以法制权威（legal authority）作为历史典范形式来刻画权威的理性化（rationalization），并以此来与传统权威与神才权威（charismatic authority）做区隔，也进而确立神才权威乃是权威形式进行转换时的一种过渡形式。但是，事实上，任何的权威形式都必然具备着"神圣性"（sacredness），也就是有着"神才"的特质（Shils,1965）。因此，（即使体现在法制权威形式中的）"理性化"本身即具有"赋魅"作用的神圣性，基本上也可以说是一种"神才"的形式。有关作者对"理性"之如此内涵的更细致论述，参看叶启政（2013a:77-102）。

在于其自身所意涵的理念本身，而在于让理性成为"理性"的根源——"非理性"之历史质性的对彰涵摄，情形正如活生／死亡的对彰一般。结果，"理性"本身必然是矛盾的，必须学习到懂得自我弃绝其本身，"理性／非理性"之具共时涵摄性的递回搓揉摩荡才可能成就不断自我融会的契机。

说来，历史即在这样之动能相互搓揉摩荡的过程中，有如行走者一路走来一般，不断在可能的"局面"里交相置换选择当中摆荡着。只是，我们不知其决定之历史命运"断裂点"将在何时发生，即使我们知道了"断裂"的条件。因此，韦伯的"理念型"策略实有着具随机性之修补术（bricolage）的特性，反映着行走者的漫游艺术（即不时调整着步伐、行走方向、态度、心境、浏览焦点等等）。在这样的过程中，事实／价值、主观／客观，以及宗教／科学不断地以模棱两可与正负情愫交融的身心状态相互搓揉摩荡着，展现的正是尼采所说的永恒轮回（eternal recurrence）现象（参看叶启政,2013b:169-195）。

韦伯赐给我们的世界是一种诸神永恒交战的历史场景！对现代人来说，这当然是一项严峻而艰难的挑战，然而，面对着当代充斥着象征交换、虚拟与实在交错移位，且充满着幻想（fantasy）的场景，我们的"困境"似乎已不是韦伯所说的除魅而已，而是神圣性一再被亵渎与质疑，且又不断流动更易的"再赋魅"。甚至，整个情形是让人类所有的存在意义消失在"虚拟实在"的寰宇里。此时，意义的流失将可能是不成为"问题"的，那么，模棱两可与正负情愫交融的身心状态是否也就跟着未必然会为人们带来任何的心理焦虑"困境"呢？这，就让我们拭目以待吧！

（本文乃根据 2017 年 5 月 15 日于政治大学社会科学院主办之《社会科学前沿课题论坛》系列演讲的演讲稿《韦伯之"理念型"的后设理论启示》扩充改写而成。是文随即刊登在政治大学社会科学院出版之《社会科学论丛》，第 11 卷第 1 期，I-XIX，2017）

参考文献

西田几多郎

2013　《西田几多郎哲学选辑》。(黄文宏译)台北:联经出版社。

唐力权

1989　《周易与怀海德之间:场有哲学序论》。台北:黎明文化出版社。

叶启政

2001　《均值人与离散的观念巴贝塔——一统计社会学思考迷思的两个基石》,《台湾社会学》,第 1 期,1-63。

2008　《迈向修养社会学》。台北:三民书局。

2013a　《象征交换与正负情愫交融:一项后现代现象的透析》。台北:远流出版社。

2013b　《深邃思想系链的历史跳跃:霍布斯、尼采到弗洛伊德以及大众的反叛》。台北:远流出版社。

2016a　《社会学家作为说故事者》,《社会》,第 36 卷,77-98。

2016b　《经验实证取向主导下的美国社会学:1880—2000(上)》,《社会分析》,第 13 期,1-48。

2017　《经验实证取向主导下的美国社会学:1880—2000(下)》,《社会分析》,第 14 期,1-38。

Abel, Theodore

1991　"Some contributions of Max Weber to sociological theory," in Peter Hamilton (ed.) *Max Weber: Critical Assessments I, Volume One*. London: Routledge, 309-326. (原文刊于 *Research Reports in the Social Science* 1968, 2:1-18)

Adatto, Kiku & Stephen Cole

1991　"The functions of classical theory in contemporary sociological research: the case of Max Weber," in Peter Hamilton (ed.) *Max Weber: Critical Assessments I, Volume One*. London: Routledge, 80-102. (原文刊于 *Knowledge and Society* 1981, 3:137-162)

Alexander, Jeff. C.

1982 *Theoretical Logic in Sociology , Volume 3: The Classical Attempt at Theoretical Synthesis: Max Weber*. Berkeley, Ca.: University of California Press.

Albrow, Martin

1990 *Max Weber's Construction of Social Theory*. London: Macmillian.

Althusser, Louis

1979 *Reading Capital*. (with Etienne Balibar) London: Verso.

Andreski, Stanislav

1984 *Max Weber's Insights and Errors*. London: Routledge and Kegan Paul.

Baudrillard, Jean

1983 *In the Shadow of the Silent Majorities*. St Louis, Mo.: Telos Press.

2000 *The Vital Illusion*. (ed. by Julia Witwer) New York: Columbia University Press.

Bauman, Zygmunt

1987 *Legistlators and Interpreters: On Modernity, Post-modernity and Intellectuals*. Oxford: Polity Press.

Baumer, Franklin L.

1988 《西方近代思想史》(*Modern European Thought: Continuity and Change in Ideas,1600—1950*)(一李日章译)。台北：联经出版社。

Beck, Ulrich

1992 *Risk Society: Toward a New Modernity*. London: Sage.

Bendix, R.

1962 *Max Weber: An Intellectual Portrait*. New York: Anchor Books.

Bendix, R. & Guenther Roth

1971 *Scholarship and Partisanship: Essays on Max Weber*. Berkeley, Ca.: University of California Press.

Borges, Jorge Luis

1964 "The garden of forking paths," in *Labyrinths: Selected Stories and*

Other Writings. New York: A New Directions Book, 19-29.

Breiner, Peter

2007 "Ideal-types as 'utopias' and impartial political clarification: Weber and Mannheim on sociological prudence," in Lawrence McFalls (eds*.) Max Weber's "Objectivity" Reconsidered*. Toronto, Canada: University of Toronto Press, 89-116.

Brittan, Arthur

1973 *Meanings and Situations*. London: Routledge and Kegan Paul.

Bruun, Hans H.

1972 *Science, Values and Politics in Max Weber's Methodology*. Copenhagen, Demark: Munksgaard.

2007 "Values as an instrument of scientific inquiry: the ideal type," in *Science, Values and Politics in Max Weber's Methodology*. (new expanded edition) Aldershot, England: Ashage, 207-237.

Bunge, Mario

2007 "Did Weber practice the objectivity he preached?," in Lawrence McFalls (eds*.) Max Weber's "Objectivity" Reconsidered*. Toronto, Canada: University of Toronto Press,117-134.

Burger, Thomas

1976 *Max Weber's Theory of Concept Formation*. Durham, N. C.: Duke University Press.

Certeau, Michel de.

1984 *The Practice of Everyday Life*. Berkeley, California: University of California Press.

Ciffa, Jay

1998 *Max Weber and the Problem of Value-Free Social Science: A Critical Examination of Wertulteilsstraeit*. Cranbury, N. J.: Associated University Press.

Derman, Joshua

2012 *Max Weber in Politics and Social Thought: From Charisma to*

Canonization. Cambridge: Cambridge University Press.

Dumont, Louis

1986　*Essays on Individualism: Modern Ideology in Anthropological Perspective*. Chicago, Ill.: The University of Chicago Press.

1992　《阶序人：卡斯特体系及其衍生现象》(*Homo Hierarchicus: The Caste System and Its Implications*)(王志明译)。台北：远流出版社。

Eldridge, J. E. T.

1970　*Max Weber: The Interpretation of Social* Reality. (edited with an introductory essay) London: Michael Joseph.

Factor, Regis A.

1984　"Reason and decision: Weber core doctrine and value choices," in *Max Weber and the Dispute Over Reason and Value: A Study in Philosophy, Ethics and Politics*. London: Rutledge and Kegan Paul, 30-69.

Fay, Brian & J. Donald Moon

1977　"What would an adequate philosophy of social science look like?," *Philosophy of Social Science* 7(3):209-227.

Ferrarotti, Franco

1982　*Max Weber and the Destiny of Reason*. Armonk, New York: M. E. Sharpe.

Gane, N.

2002　*Max Weber and Postmodern Theory: Rationalization Versus Re-enchantment*. New York: Palgrave.

Gerth, Hans & C. Wright Mills

1946　"Introduction," in Max Weber *From Max Weber: Essays in Sociology*. (translated and edited by Hans Gerth & C. Wright Mills) New York: Oxford University Press.

Giddens, Anthony

1976　*New Rules of Sociological Method*. New York: Basic Books.

Hacking, Ian

1990   *The Taming of Chance*. Cambridge: Cambridge University Press.

Hanson, Stephen E.

2007   "Weber and the problem of social science prediction," in Lawrence McFalls (eds.*) Max Weber's "Objectivity" Reconsidered.* Toronto, Canada: University of Toronto Press, 290-308.

Hekman, Susan J.

1983   *Weber, the Ideal Types, and Contemporary Social Theory*. Notre Dame, Indiana: University of Notre Dame Press.

1994   "Weber and post-positivist social theory," in Asher Horowitz & Terry Maley (eds.) *The Barbarism of Reason: Max Weber and the Twilight of Enlightenment*. Toronto, Canada: University of Toronto Press, 267-286.

Hennis, Wilhelm

2000   "The traces of Nietzsche in the work of Max Weber," in *Max Weber's Ceneral Question*. (2nd edition)(translated by Keith Tribe) Newbury: Threshold, 149-170.

Hirschman, Albert O.

1977   *The Passions and the Interests: Political Arguments for Capitalism Before Its Triumph*. New Jersey: Princeton University Press.

Hobbes, Thomas

1998   *Leviathan*. (edited with an introduction and notes by J. C. A. Gaskin) Oxford: Oxford University Press.

Horowitz, Irving L.

1991   "Max Weber and the spirit of American sociology," in Peter Hamilton (ed.) *Max Weber: Critical Assessments I, Volume One*. London: Routledge,72-79. (原文刊于 *Sociological Quarterly* 1964, 4:344-354).

Howe, Richard H.

1991   "Max Weber's elective affinity: sociology with the bounds of pure reason," in Peter Hamilton (ed.) *Max Weber: Critical Assessments II, Volume Two*. London: Routledge, 193-209.

Kalberg, Stephen

2008　"The perpetual and tight interweaving of past and present in Max Weber's sociology," in David Chalcraft, Fanon Howell, Marisol L. Menendz & Hector Vera (eds.) *Max Weber Matters: Interweaving Past and Present*. Surry, England: Ashgate, 273-288.

Käsler, Dirk

1988　*Max Weber: An Introduction to His Life and Work*. (translated by Philippa Hurd) Cambridge, England: Polity Press.

Keat, Russell & John Urry

1975　*Social Theory as Science*. London: Routledge and Kegan Paul.

Koshul, Basit B.

2005　*The Postmodern Significance of Max Weber's Legacy: Disenchanting Disenchantment*. New York: Palgrave Macmillan.

Landshut, S.

1989　"Max Weber's significance for intellectual history," in Peter Lassman, Irving Velody with Herminio Martins (eds.) *Max Weber's "Science as a Vocation"*. London: Unwin Hyman, 99-111.

Lasch, Christopher

2014　《菁英的反叛》（*The Revolt of the Elites*）（二版）（林宏涛译）。台北：商周出版社。

Löwith, Karl

1964　*Meaning in History*. Chicago, Ill.: The University of Chicago Press. (8th Impression) (1949).

1982　*Max Weber and Karl Marx*. London: George Allen Unwin.

1989　"Max Weber's position in science," in Peter Lassman, Irving Velody with Hermino Martins (eds.) *Max Weber's "Science as a Vocation"*. London: Unwin Hyman, 138-156.

Manent, Pierre

1998   *The City of Man.* (translated by Marc A. LePain) Princeton, New Jersey: Princeton University Press.

McCarthy, George E.

1997   *Romancing Antiquity: German Critique of the Enlightenment From Weber to Habermas.* New York: Rowman & Littlefield Publishers.

McKinney, John C.

1970   "Sociological theory and the process of typification," in John C McKinney & Edward A. Tiryakian(eds.) *Theoretical Sociology: Perspectives and Developments.* New York: Appleton-Century-Crofts, 235-269.

Mayer, Carl

1975   "Max Weber's interpretation of Karl Marx," *Social Research* 41(4):701-719.

McFalls, Lawrence with Augustein Simard and Barbara Thériault

2007   "Conclusion: the 'objectivist' ethic and the 'spirit' of science," in Lawrence McFalls (eds.) *Max Weber's "Objectivity" Reconsidered.* Toronto, Canada: University of Toronto Press, 351-373.

Nelson, Benjamin

1973   "Weber's protestant ethics: its origins, wanderings, and foreseeable future," in Charles Y. Glock & Phillip E. Hammond (eds.) *Beyond the Classics ?: Essays in the Scientific Study of Religion.* New York: Harper & Row, 71-130.

Nietzsche, Friedrich

1967   *The Will to Power.* (translated by Walter Kaufmann & R. J. Hollingdale) New York: Vintage Books.

1974   *The Gay Science* (translated by Walter Kaufmann). New York: Vintage Books.

1996   《悲剧的诞生》(*The Birth of Tragedy*)(缪朗山译)。海口：海南国际新闻出版社。

2002   *Beyond Good and Evil.* (edited by Rolf-Peter Horstmann & Judith Norman, translated by Judith Norman) Cambridge: Cambridge University Press.

Oakes, Guy

1982   "Methodological ambivalence: the case of Max Weber," *Social Research* 49:589-615.

Outhwaite, W.

1975   *Understanding Social Life: The Method called Verstehen.* London: Allen and Unwin.

Pascal, Blais

1987   《沉思录》（*Pensées*）（孟祥森译）。台北：水牛出版社。

Parsons, Talcott

1947   "Introduction," in Max Weber *Theory of Social and Economic Organization.* (translated by A. M. Henderson & Talcott Parsons; edited with an introduction by Talcott Parsons) New York: Free Press, 3-86.

1961   "Some considerations on the theory of social change," *Rural Sociology* 26:219-239.

1991   "Evaluation and objectivity in social science: an interpretation of Max Weber's contribution," in Peter Hamilton (ed.) *Max Weber: Critical Assessments I, Volume One.* London: Routledge, 327-343. （原文刊于 *International Journal of the Social Sciences*, 1965,15: 196-204)

Plato

2003   《柏拉图全集》。共五卷（王晓朝译）。台北：左岸出版社。

Prigogine, I. & I. Stengers

1984   *Order Out of Chaos: Man's New Dialogue with Nature.* New York: Bantam Books.

Pseudo-Dionysius the Areopagite

2017   *Mystical Theology.* http://www.esoteric.msu.edu/VolumeII/

MysticalTheology.html.

Rex, John

1974   *Sociology and the Demystification of the Modern World*. London: Rutledge and Kegan Paul.

Ringer, Fritz

1997   *Max Weber's Methodology: The Unification of the Cultural and Social Sciences*. Cambridge, Mass.: Harvard University Press.

2004   *Max Weber: An Intellectual Biography*. Chicago, Ill.: University of Chicago Press.

Roth, Guenther

1979   "Epilogue: Weber's vision of history," in Guenther Roth & Wolfgang Schluchter *Max Weber's Vision of History: Ethics and Methods*. Berkeley, California: University of California Press, 195-206.

Ruciman, W. G.

1972   *A Critique of Max Weber's Philosophy of Social Science*. New York: Cambridge University Press.

Scaff, Lawrence A.

2011   "Max Weber's reception in the United States," in *Max Weber in American*. Princeton, N. J.: Princeton University Press,197-244.

2014   "Max Weber in the United States," *SOCIETAMUTAMENTPOLITICA* 5(9):271-291.

Schluchter, Wolfgang

1979a   "The paradox of rationalization: on the relation of ethics and world," in Guenther Roth & Wolfgang Schluchter *Max Weber's Vision of History: Ethics and Methods*. Berkeley, California: University of California Press, 11-64.

1979b   "Value-neutrality and the ethic of responsibility," in Guenther Roth & Wolfgang Schluchter *Max Weber's Vision of History: Ethics and Methods*. Berkeley, California: University of California Press, 65-116.

1981   *The Rise of Western Rationalism: Max Weber's Developmental History*. (translated with an introduction by Guenther Roth) Berkeley, Ca.: University of California Press.

Shils, Edward

1965   "Charisma, order and status," *American Journal of Sociology* 30:199-213.

Sica, Alan

2004   *Max weber and the New Century*. New Brunswick, N. J.: Transaction.

Stark, Werner

1958   *The Sociology of Knowledge*. London: Routledge and Kegan Paul.

Stewart, John

1978   "Verstehen and dialectic: epistemology and methodology in Weber and Lukács," *Philosophy and Social Criticism* 5(3-4):319-366.

Taleb, Nassim N.

2012   《反脆弱》(*Antifragile: Things That Gain From Disorder*)(罗耀宗译)。台北：大块文化出版社。

2014   《随机骗局》(*Fooled by Randomness*)(罗耀宗译)。台北：大块文化出版社。

2016   《黑天鹅效应》(*The Black Swan: The Impact of the Highly Improbable*)。(二版)(林茂昌译)。台北：大块文化出版社。

Tenbruk, Friedrich H.

1980   "The problem of thematic unity in the works of Max Weber," *British Journal of Sociology* 31(3):316-351.

Tester, Keith

2010   《后现代性下的生命与多重时间》(*The Life and Times of Post-modernity*)(李康译)。北京：北京大学出版社。

Tiryakian, Edward

1975   "Neither Marx nor Durkheim...Perhaps Weber," *American Journal of Sociology* 81:1-33.

Torrance, John

1991　"Max Weber: method and the man," in Peter Hamilton (ed.) *Max Weber: Critical Assessments I, Volume One*. London: Routledge,155-189. (原文刊于 *Archives Européennes de Sociologie* 1974, 5:127-165)

Turner, Bryan

1977　"The structuralist critique of Weber's sociology," *British Journal of Sociology* 28(1):1-16.

Turner, Stephen P.

1983　"Weber on action," *American Sociological Review* 48:506-519.

Vernant, Jean Pierre

2003　《宇宙、诸神、人：为你说的希腊神话》(*L'univers les Dieux les Hommes*) (马向民译)。台北：猫头鹰出版社。

Wagner, Gerhard & Heinz Zipprian

1986　"The problem of reference in Max Weber's theory of causal explanation," *Human Studies* 9:21-42.

Warren, Mark E.

1994　"Nietzsche and Weber: when does reason become power," in Asher Horowitz & Terry Maley (eds.) *The Barbarism of Reason: Max Weber and the Twilight of Enlightenment*. Toronto, Canada: University of Toronto Press, 68-96.

Weber, Max

1946a　"Science as vocation," in *From Max Weber: Essays in Sociology*. (translated and edited by Hans Gerth & C. Wright Mills) New York: Oxford University Press, 129-156.

1946b　"The social psychology of world religion," in *From Max Weber: Essays in Sociology*. (translated and edited by Hans Gerth & C. Wright Mills) New York: Oxford University Press,267-322.

1949a　"The meaning of ethical neutrality in Max Weber," in *Max Weber on the Methodology of Social Sciences*. (translated and edited by

Edward A. Shils and Henry A. Finch) Glencoe, Ill.: Free Press, 1-47.

1949b "'Objectivity' in social science and social policy," in *Max Weber on the Methodology of Social Sciences.* (translated and edited by Edward A. Shils and Henry A. Finch) Glencoe, Ill.: Free Press, 49-112.

1949c "Critical studies in the logic of cultural sciences: a critique of Eduard Meyer's methodological view," in *Max Weber on the Methodology of Social Sciences.* (translated and edited by Edward A. Shils and Henry A. Finch) Glencoe, Ill.: FreePress,113-188.

1958   *The Protestant Ethics and the Spirit of Capitalism.* (translated by Talcott Parsons) New York: Charles Scribner's Sons.

1975   *Roscher and Knies: The Logical Problems of Historical Economics.* (translated by Guy Oakes) New York: Free Press.

1977   *Critique of Stammler.* (translated by Guy Oakes) New York: Free Press.

1978   *Economy and Society.* (ed. and translated by Guenther Roth & Claus Wittich) Berkeley, Calif.: University Of California Press.

Whimster, Sam

2007   *Understanding Weber.* London: Routledge.

Winch, Peter

1958   *The Idea of a Social Science and Its Relation to Philosophy.* London: Rutledge and Kegan Paul.

Wittenberg, E.

1988   "The crisis of science in Germany in 1919," in Peter Lassman, Irving Velody with Herminio Martins (eds.) *Max Weber's "Science as a Vocation".* London: Unwin Hyman,112-121.

Yamawaki, Naoshi

2007   "Rethinking Weber's ideal-types of development, politics and scientific knowledge," in Lawrence McFalls (eds.) *Max Weber's "Objectivity" Reconsidered.* Toronto, Canada: University of Toronto Press, 206-224.

图书在版编目（CIP）数据

穿越西方社会理论的省思 / 叶启政著. — 杭州：
浙江大学出版社，2019.6
ISBN 978-7-308-19176-0

Ⅰ. ①穿… Ⅱ. ①叶… Ⅲ. ①社会学－研究－西方国
家 Ⅳ. ①C91

中国版本图书馆 CIP 数据核字（2019）第 102543 号

穿越西方社会理论的省思

叶启政 著

责任编辑	王志毅	
责任校队	杨利军	牟杨茜
装帧设计	蔡立国	
出版发行	浙江大学出版社	
	（杭州天目山路 148 号　邮政编码 310007）	
	（网址：http://www.zjupress.com）	
排　　版	北京大观世纪文化传媒有限公司	
印　　刷	北京时捷印刷有限公司	
开　　本	635mm×965mm　1/16	
印　　张	18	
字　　数	268千	
版 印 次	2019年6月第1版　2019年6月第1次印刷	
书　　号	ISBN 978-7-308-19176-0	
定　　价	58.00元